教養としての日本史

偉人たちの人生図鑑

山﨑圭一 監修

Keiichi Yamasaki

宝島社

はじめに

2019年の5月、あたらしい元号が「令和」になりました。この「令和」というのは、『万葉集』にある、大宰府にあった大伴旅人邸で開かれた「梅花の宴」で詠まれた32首の歌の序文から採用されました。私が生まれ育った福岡の太宰府が、新しい元号の由来の地になったのは、誇らしいことだと思います。また、大宰府は本書で紹介する菅原道真の晩年の任地となり、太宰府天満宮に「学問の神様」として祀られることとなります。また、坂本龍馬がここに滞在していた公卿のもとを訪れ、薩長同盟の布石を打ったことでも知られます。

本書は日本の歴史を彩った100人の人物の人生を「図鑑」の形で紹介したものです。日本の歴史の魅力のひとつは、その人物の生きていた地に簡単に行けるところだと思います。足を少し延ばせば古戦場や城郭、寺院や神社など、その人物の足跡を容易にたどることができます。ぜひ、本書で紹介する人物の名前を目にする機会があれば、その前後の人生にも想いをはせてほしいと思います。

本書の中には政治的指導者もいれば、軍事に高い功績をあげた人物もいますし、すぐれた作品を残した人々もいます。この本に登場するすべての人物が、現在、私たちの生きる日本を形作ってきた、なくてはならない人物たちです。

本書はそうした偉人たちの「色とりどり」の人生を親しみやすいイラストで紹介しています。本書をめくりながら、「もっと知りたい！」という知識欲が湧き、歴史を身近に感じるきっかけにしていただけると幸いです。

山﨑圭一

本書の見方

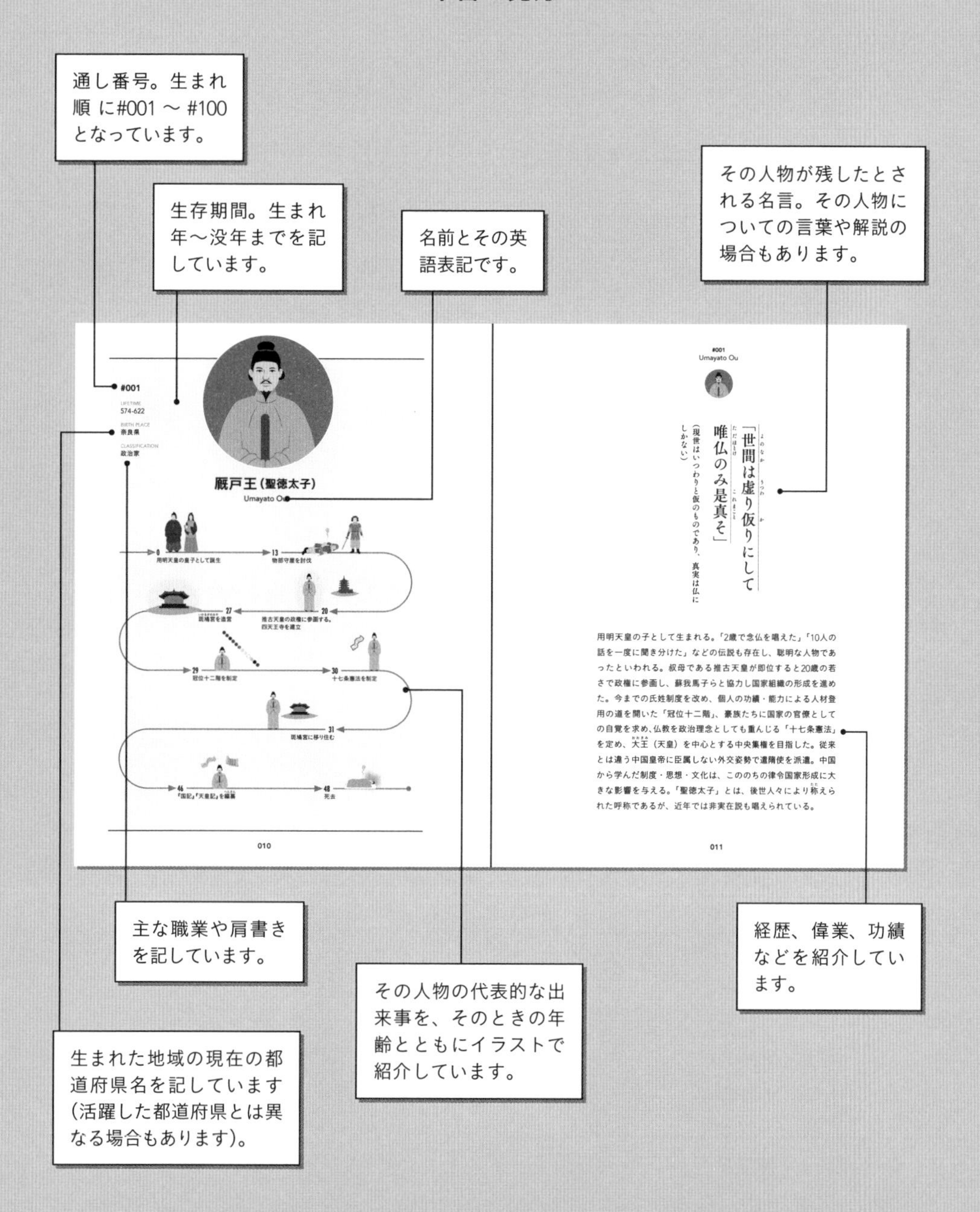

※LIFETIME、BIRTH PLACE、CLASSIFICATION、出来事が起こった年齢（年号）などについては諸説あるものもあります。
出来事が起こった年齢については、該当年の誕生日を過ぎたときの満年齢で記載しています。

Contents

PAGE

002 はじめに / 003 本書の見方

010 厩戸王(聖徳太子) 574 622
012 天智天皇(中大兄皇子) 626 671
014 天武天皇 631頃 686
016 行基 668 749
018 聖武天皇 701 756
020 桓武天皇 737 806
022 最澄 767 822
024 空海 774 835
026 菅原道真 845
028 紀貫之 870頃
030 平将門 903
032 藤原道長
034 清少納言
036 紫式部
038 平清盛
040 源頼朝
042 運慶
044 北条政子
046 藤原定家
048 親鸞
050 後鳥羽上皇
052 北条泰時
054 道元
056 日蓮
058 北条時宗
062 吉田兼好
064 後醍醐天皇
066 楠木正成
068 足利尊氏
070 足利義満
072 一休宗純
074 北条早雲
076 足利義政
078 千利休
080 織田信長

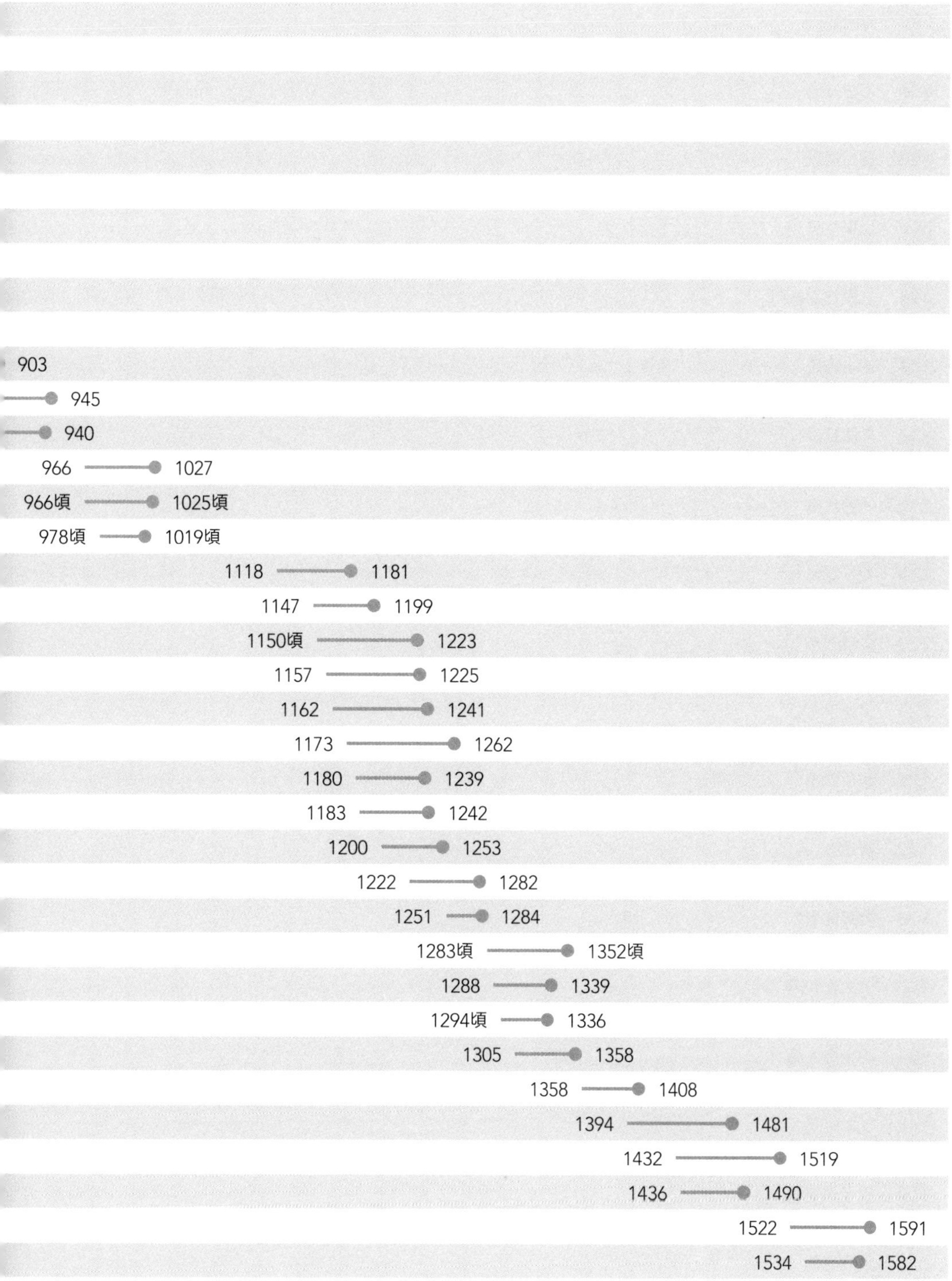

903
945
940
966 1027
966頃 1025頃
978頃 1019頃
1118 1181
1147 1199
1150頃 1223
1157 1225
1162 1241
1173 1262
1180 1239
1183 1242
1200 1253
1222 1282
1251 1284
1283頃 1352頃
1288 1339
1294頃 1336
1305 1358
1358 1408
1394 1481
1432 1519
1436 1490
1522 1591
1534 1582

Contents

PAGE		
082	豊臣秀吉	1537 1598
084	徳川家康	1542 1616
086	石田三成	1560 1600
088	伊達政宗	1567 16
090	徳川家光	1604
092	井原西鶴	1642
094	松尾芭蕉	1644
096	徳川綱吉	1646
098	近松門左衛門	165
100	新井白石	165
102	徳川吉宗	
104	田沼意次	
106	本居宣長	
108	杉田玄白	
110	伊能忠敬	
114	上杉鷹山	
116	松平定信	
118	葛飾北斎	
120	小林一茶	
122	間宮林蔵	
124	大塩平八郎	
126	水野忠邦	
128	歌川広重	
130	井伊直弼	
132	勝海舟	
134	岩倉具視	
136	西郷隆盛	
138	吉田松陰	
140	大久保利通	
142	桂小五郎(木戸孝允)	
144	岩崎弥太郎	
146	福沢諭吉	
148	坂本龍馬	
150	土方歳三	
152	榎本武揚	
154	天璋院(篤姫)	
156	板垣退助	

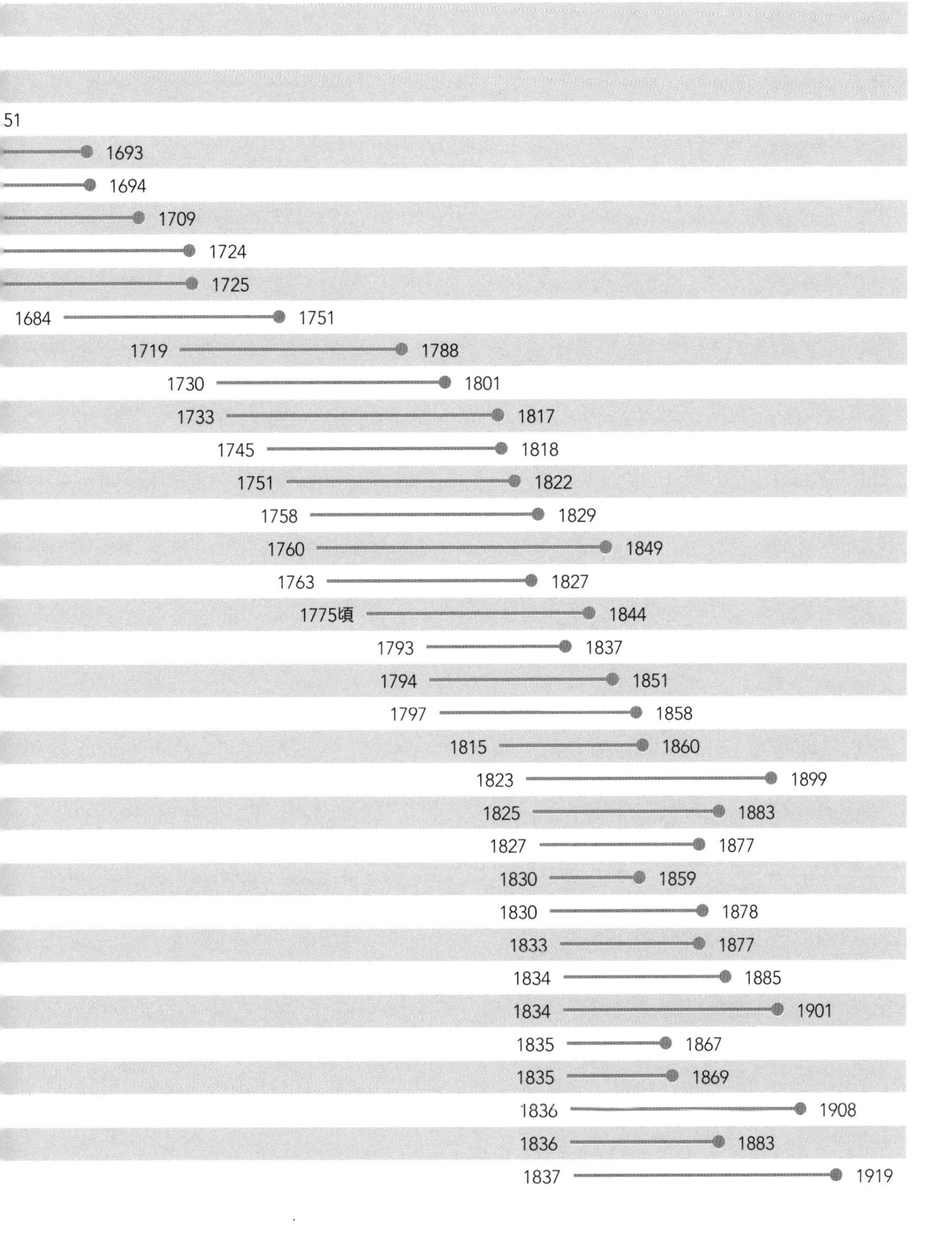
51
1693
1694
1709
1724
1725
1684 1751
1719 1788
1730 1801
1733 1817
1745 1818
1751 1822
1758 1829
1760 1849
1763 1827
1775頃 1844
1793 1837
1794 1851
1797 1858
1815 1860
1823 1899
1825 1883
1827 1877
1830 1859
1830 1878
1833 1877
1834 1885
1834 1901
1835 1867
1835 1869
1836 1908
1836 1883
1837 1919

Contents

PAGE

158 徳川慶喜 1837
160 大隈重信 1838
162 山県有朋 1838
164 高杉晋作 1839 1867
166 渋沢栄一 1840
168 伊藤博文 1841
170 田中正造 1841
172 東郷平八郎 1847
174 辰野金吾 1854
176 高橋是清 1854
178 犬養毅 1855
180 小村寿太郎 1855
182 原敬 1856
184 森鷗外 1862
186 新渡戸稲造 1862
188 津田梅子 1864
190 夏目漱石 1867
192 正岡子規 1867
194 樋口一葉 1872
196 野口英世 1876
198 与謝野晶子 1878
200 東条英機 18
202 石川啄木 18
204 芥川龍之介 18
206 宮沢賢治
208 佐藤栄作
210 湯川秀樹
212 手塚治虫

060 コラム① 世界的な名声を得た人物
112 コラム② 困難を克服した人物
214 コラム③ 出身都道府県分布図

216 索引 五十音順
218 索引 分類別

220 おわりに / 221 参考文献

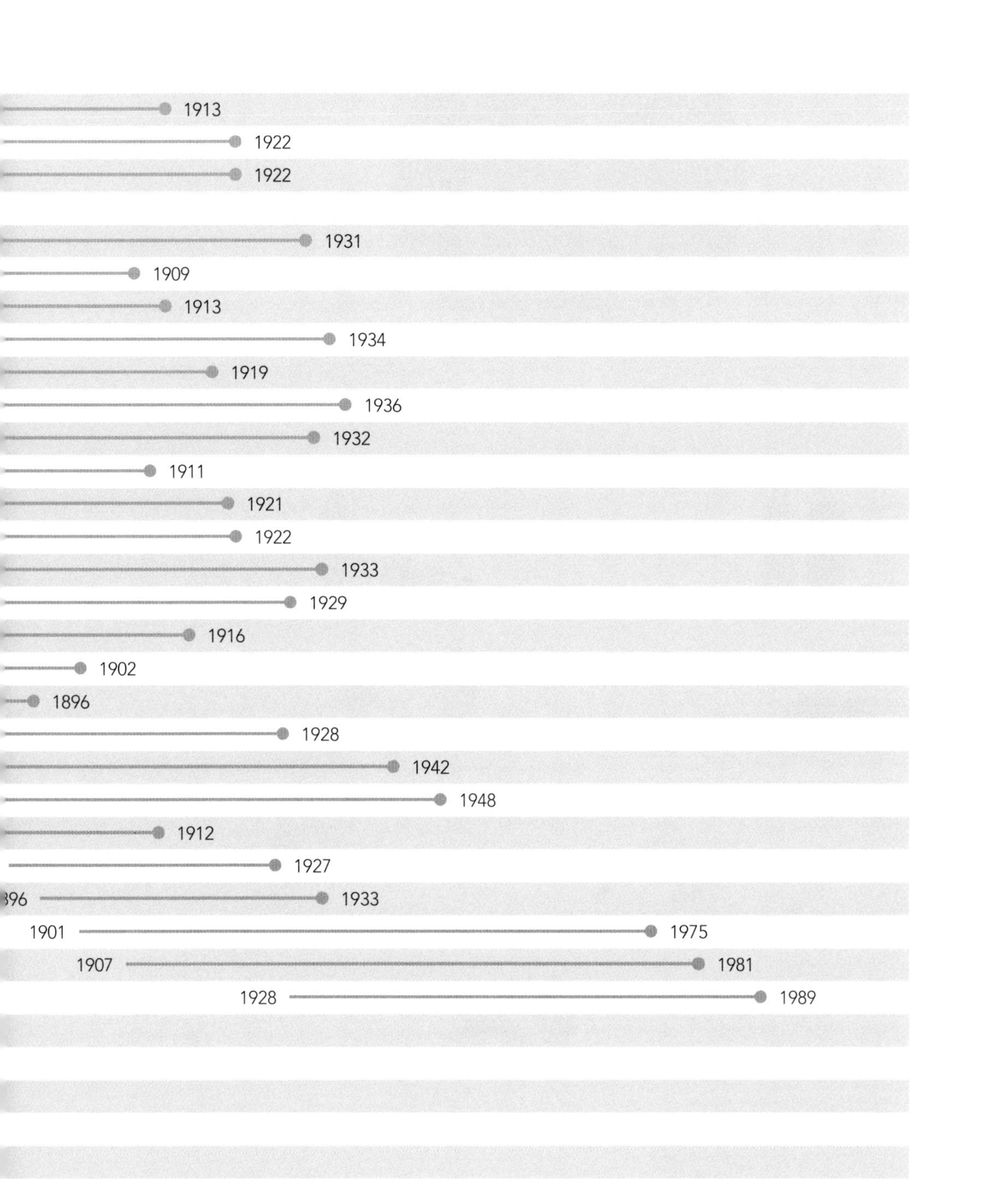

1913
1922
1922
1931
1909
1913
1934
1919
1936
1932
1911
1921
1922
1933
1929
1916
1902
1896
1928
1942
1948
1912
1927
396
1933
1901
1975
1907
1981
1928
1989

#001

LIFETIME
574-622

BIRTH PLACE
奈良県

CLASSIFICATION
政治家

厩戸王(聖徳太子)

Umayato Ou

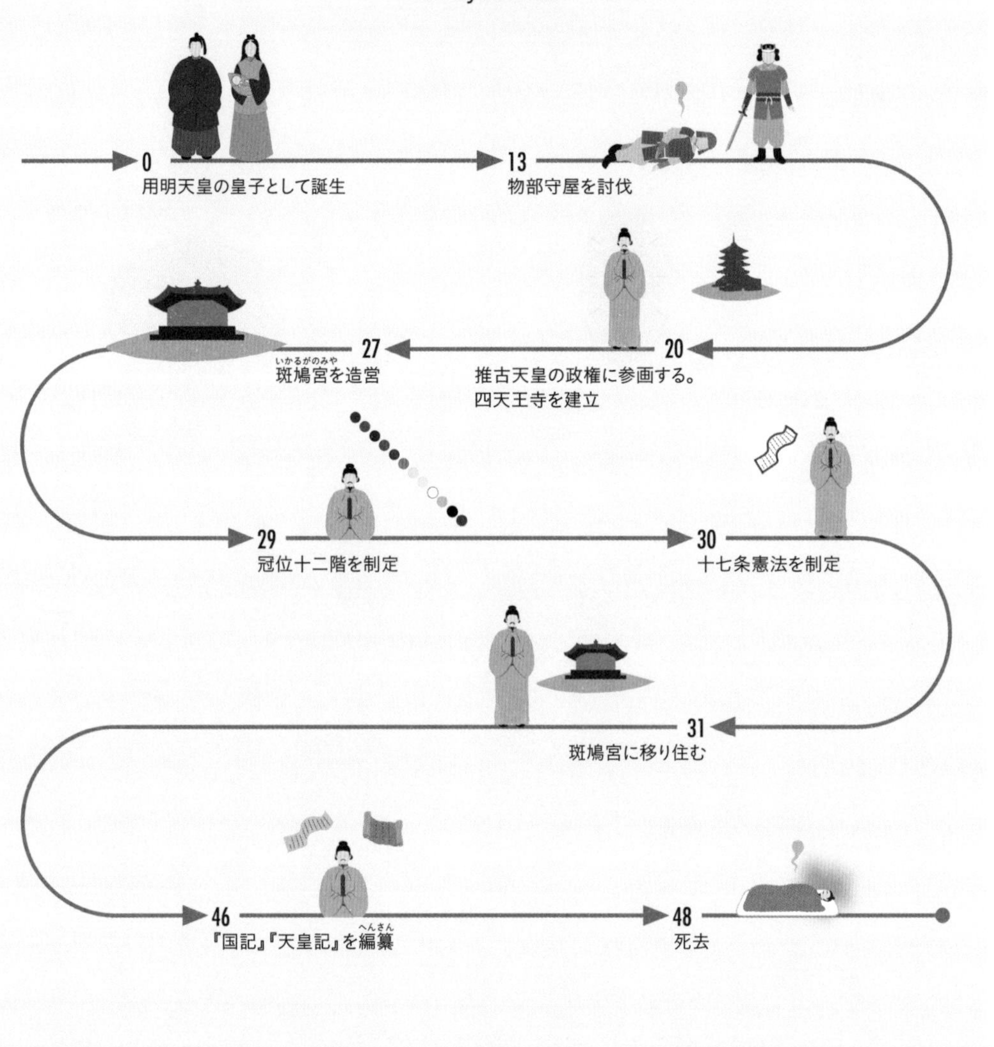

#001
Umayato Ou

「世間は虚り仮りにして唯仏のみ是真そ」

（現世はいつわりと仮のものであり、真実は仏にしかない）

用明天皇の子として生まれる。「2歳で念仏を唱えた」「10人の話を一度に聞き分けた」などの伝説も存在し、聡明な人物であったといわれる。叔母である推古天皇が即位すると20歳の若さで政権に参画し、蘇我馬子らと協力し国家組織の形成を進めた。今までの氏姓制度を改め、個人の功績・能力による人材登用の道を開いた「冠位十二階」、豪族たちに国家の官僚としての自覚を求め、仏教を政治理念としても重んじる「十七条憲法」を定め、大王（天皇）を中心とする中央集権を目指した。従来とは違う中国皇帝に臣属しない外交姿勢で遣隋使を派遣。中国から学んだ制度・思想・文化は、こののちの律令国家形成に大きな影響を与える。「聖徳太子」とは、後世人々により称えられた呼称であるが、近年では非実在説も唱えられている。

#002

LIFETIME
626-671

BIRTH PLACE
奈良県

CLASSIFICATION
天皇

天智天皇（中大兄皇子）

Tenji Tennou

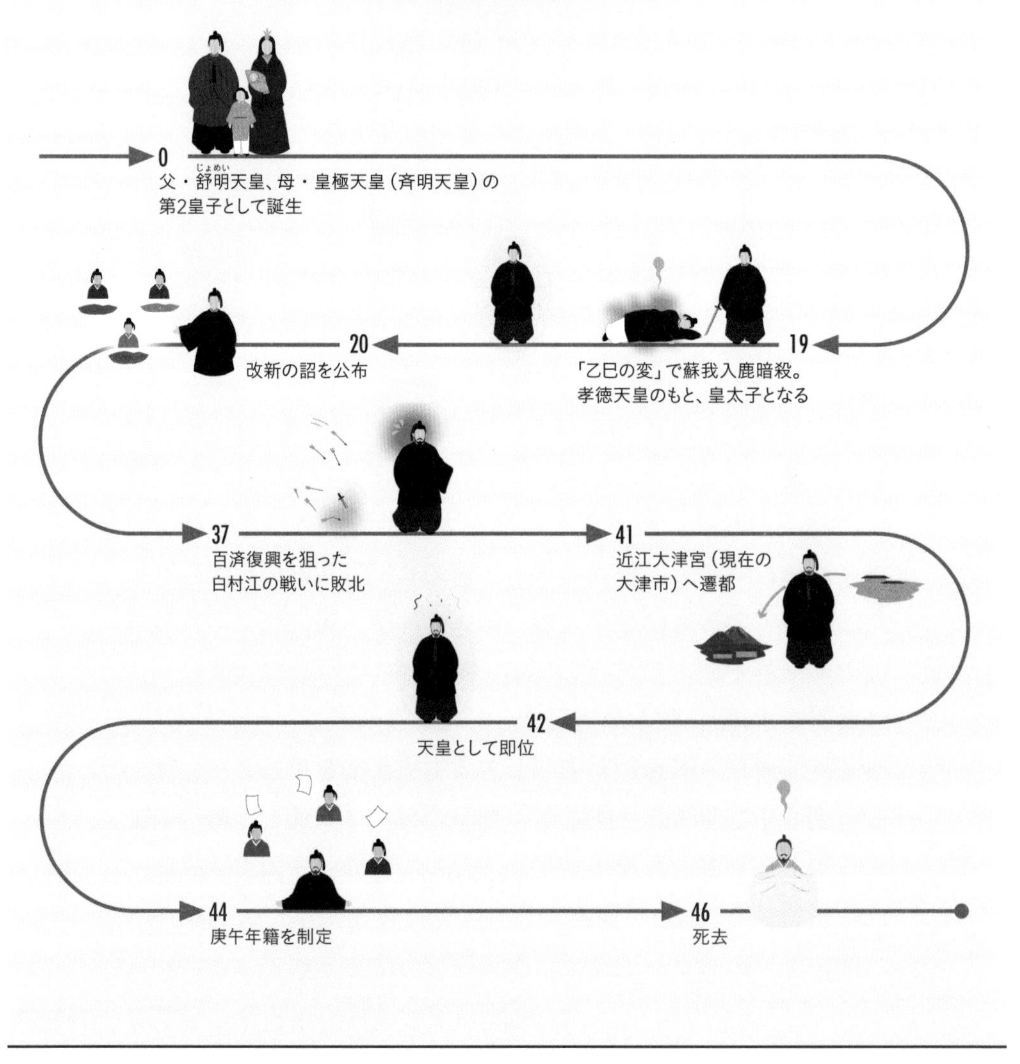

#002
Tenji Tennou

「豈、天孫を以て鞍作に代へむや」

（入鹿は天皇家を滅ぼして、自分がそれに代わるつもりです。そんなことはさせられません）

即位前の名は、中大兄皇子。中臣鎌足らとともに、クーデター「乙巳の変」により蘇我入鹿を暗殺し、天皇をしのぐ勢力をふるっていた豪族・蘇我氏を滅亡させる。孝徳天皇が即位すると都を飛鳥から難波へ移し、皇太子として「改新の詔」を発令。中国の律令制度にもとづき「公地公民制」「国郡里制」「班田収授法」「租調庸の税制」といった律令国家の礎となる政治改革「大化の改新」をおこなった。孝徳天皇の没後、皇極（天皇）が再び即位し斉明天皇となり、都は飛鳥に戻った。中大兄皇子は皇太子のまま政治をとった。唐と新羅に攻められた百済救済の軍を朝鮮に送ったところ、663年に白村江で大敗。都を近江大津宮に移し即位。天智天皇となった後も、日本で最初の戸籍である庚午年籍を作るなど、政権の確立に捧げた生涯だった。

LIFETIME
631頃-686

BIRTH PLACE
奈良県

CLASSIFICATION
天皇

天武天皇

Tenmu Tennou

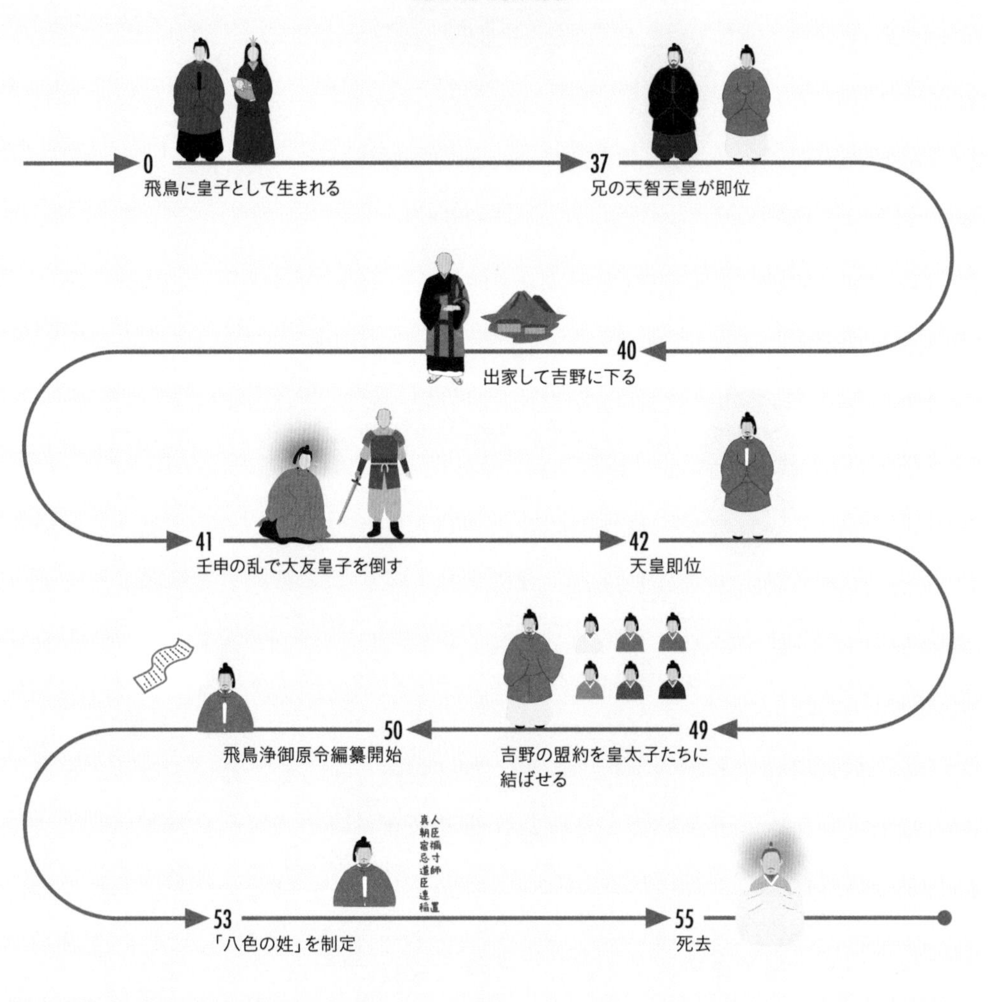

#003
Tenmu Tennou

「およそ政の要は軍の事なり」

（国家統治の要は軍事体制の構築・強化にある）

舒明天皇の子、天智天皇の弟で大海人皇子という。668年、兄が即位すると、後継者と目され政治を助けたものの、天智天皇の子の大友皇子が成人すると、皇嗣問題で両者の溝が深まり、大海人皇子は吉野に引きこもった。大友皇子との間で皇位継承をめぐる戦い「壬申の乱」が起きると、大海人皇子は東国・美濃での東国豪族の協力による軍事動員に成功し、これに勝利。飛鳥浄御原宮で即位すると、新たな身分制度となる「八色の姓」を制定。天皇中心の新しい身分秩序を編成し、皇親政治をおこなった。この頃「大王」にかわり「天皇」という称号が用いられるようになったといわれる。また浄御原令や国史の編纂、新たな都として藤原京の造営など新しい試みをはじめるが、それらが完成する前に病により崩御する。

#004

LIFETIME
668-749

BIRTH PLACE
大阪府

CLASSIFICATION
僧侶

行基
Gyouki

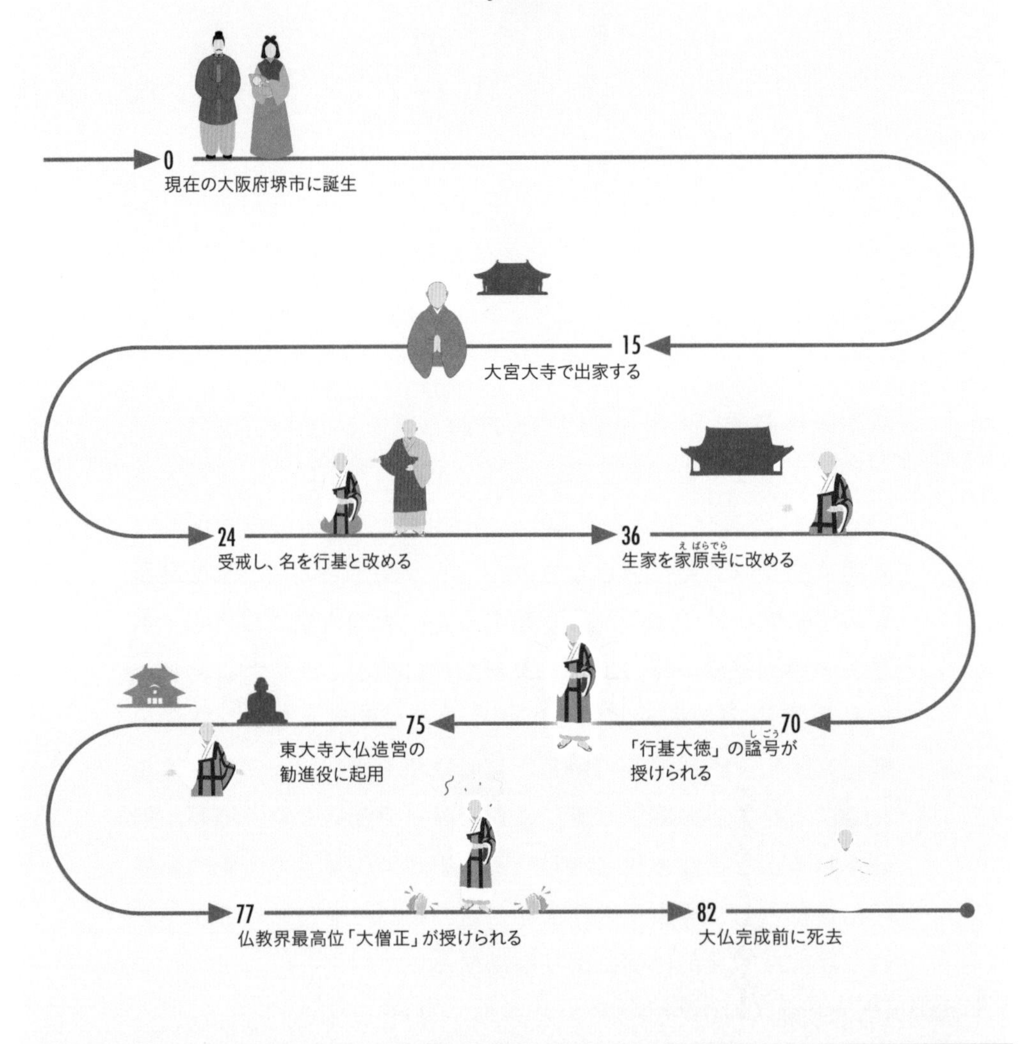

#004
Gyouki

「山鳥のほろほろと
鳴く声聞けば
父かとぞ思ふ
母かとぞ思ふ」

（山鳥がほろほろと鳴く声を聞いていると、父が呼ぶ声かとも、母が呼ぶ声かとも思われ、たいへん懐かしい）

15歳で出家し、24歳で受戒。飛鳥寺（あすかでら）や薬師寺で法相宗を学んだ後、山林修行に入る。当時仏教は政治をおこなうための学問であり、民間に布教することは禁止されていた。これを飢饉（ききん）や疫病で苦しむ民に寄りそって救うという本来の仏教の姿にすべく、朝廷から弾圧を受けながらも民間布教に奔走（ほんそう）。貧しい人々に宿泊と食料を提供するための布施屋（無料宿泊所）や寺院を各地に建立、道路・橋・ため池などの整備など、社会事業にも尽力する。行基の活動は民衆から「行基菩薩」と呼ばれ支持された。やがて朝廷もその影響力を認め、聖武天皇からの要請により東大寺の大仏建立に携わることとなる。この功績により日本初となる仏教界最高位「大僧正（だいそうじょう）」に任命されたが、大仏の完成を待たずに静かにその生涯を閉じた。

#005

LIFETIME
701-756

BIRTH PLACE
奈良県

CLASSIFICATION
天皇

聖武天皇

Shoumu Tennou

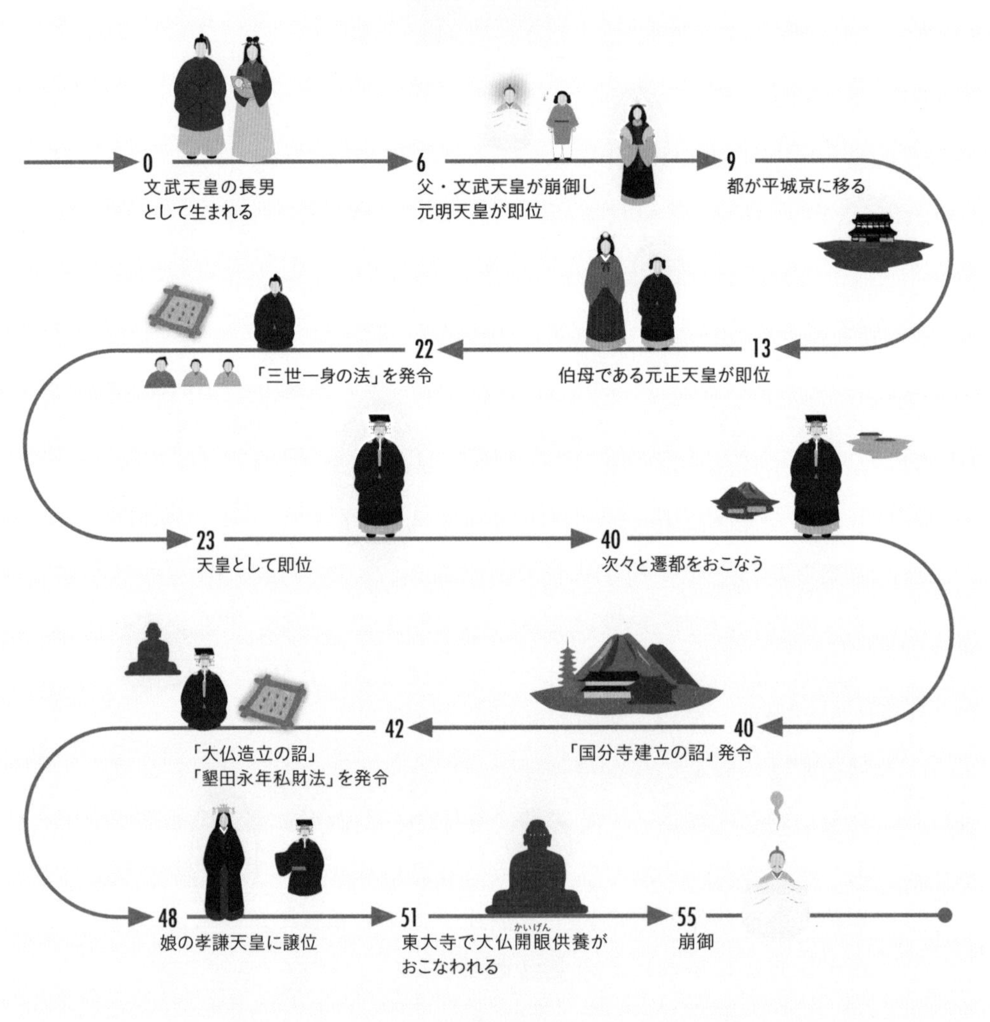

#005

Shoumu Tennou

「夫(そ)れ、天下(あめした)の富を有(たも)つは
朕(われ)なり
天下の勢いを有つは
朕なり
この富と勢いを以って
この尊き像を造らむ」

(大仏造立は、天下の富と勢いを独占する自分の力があってこそはじめて可能である)

724年に即位した第45代の天皇。遣唐使を派遣して積極的に唐の文物・制度を採用した。730年前後の平城京は、最高権力者であった長屋王(ながやおう)が自殺に追い込まれるなど、貴族たちの権力争いの場となっていた。ところが全国的に広がる疫病により次なる政権担当者であった藤原四氏が全員相次いで病死してしまう。貴族の反乱、伝染病の流行、地震などの自然災害が続いたため、これと並行してわずか5年の間に平城京から恭仁(くに)京、難波宮、紫香楽宮(しがらきのみや)と次々と遷都をおこなう。仏教に深く帰依し、国分寺建立や東大寺盧舎那(るしゃな)仏像の造立を進め、同時期「墾田永年私財法」を定めた。貴族の内乱による政治の乱れに加え、飢饉や地震などの自然災害も続くが、結局混乱は収まらず、平城京に戻ることとなり国家財政が乱れる結果となってしまう。

#006

LIFETIME
737-806

BIRTH PLACE
奈良県

CLASSIFICATION
天皇

桓武天皇
Kanmu Tennou

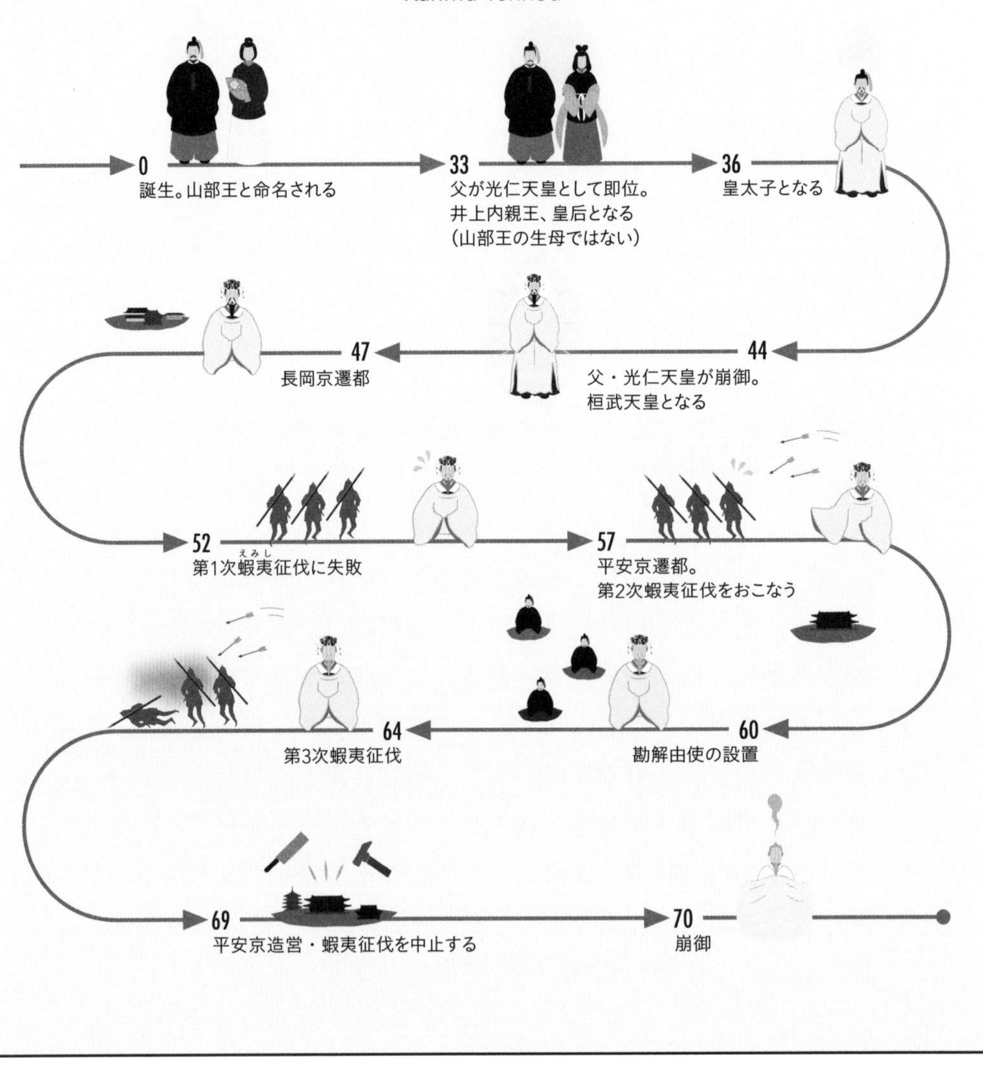

#006
Kanmu Tennou

「葛野の大宮の地は
山川も麗しく
四方の国の百姓の
参出で来む事も
便りにして云々」

（葛野の地は山や川が麗しく、四方の国の人々が集まるのに交通や水運の便が良いところだ）

天智天皇の孫・光仁天皇と渡来人の血を引く母・高野新笠の間に生まれた第50代の天皇。即位後、784年に仏教政治の弊害改めと天皇権力強化を目的に、平城京から長岡京に遷都する。しかし腹心である藤原種継の暗殺や水害など、良くないことが続き、わずか10年で平安京に再遷都することとなる。こうした造都と並行し、東北地方の勢力である蝦夷征伐もおこない朝廷の支配地域を拡大させた。しかしこの二大事業は莫大な費用とともに民衆への負担となり、結果として、造都・征夷の事業中止の決定を下すこととなった。そのほかにも、地方の国司が交代する際の書類を審査する「勘解由使」、民衆からの徴兵を廃止し郡司の子弟を兵にする「健児」など、民衆が安定して農耕に励めるような制度を実施した。

#007

LIFETIME
767-822

BIRTH PLACE
滋賀県

CLASSIFICATION
僧侶

最澄

Saichou

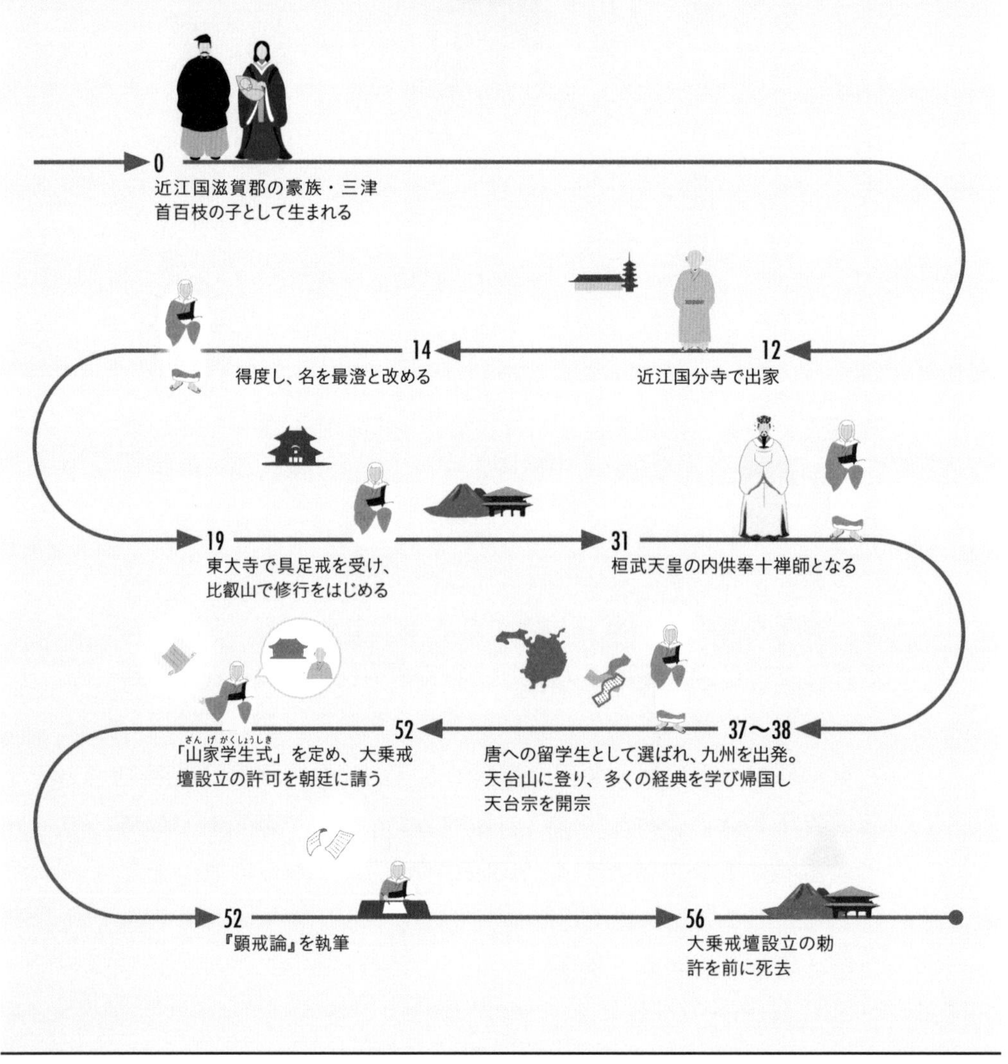

#007
Saichou

「因(いん)なくして果を得、この処(ことわり)あることなく、善なくして苦を免(まぬ)がる、この処あることなし」

(原因がないのに結果を得ることはできないように、善いことをしないで、苦しみを免れようとする道理は存在しない)

豪族の子として生まれるが、信仰深い両親の影響で12歳で出家する。19歳で正式に東大寺で僧になる資格を得るが、大きな寺には入らず、比叡山に草庵を構え修行に入る。そして桓武天皇のもと、全国から抜擢された高僧がつく「内供奉(ないぐぶ)」の職務につき、宮中の内道場に奉仕することとなる。遣唐使に従って空海と同じ船で唐に渡り、天台の奥儀と密教・禅を学ぶ。帰国後、法華経の思想をもとに禅・密を総合した天台宗を開く。これが南都の諸宗から反対を受けることとなったが、『顕戒論(けんかいろん)』を著して反論。比叡山に天台宗独自の「戒壇院」設立が勅許されたのは、彼の死後7日目であった。以降、本朝三戒壇にこれを加え四戒壇といわれる。最澄が開いた教えは仏教教学の中心となっていく。

LIFETIME
774-835

BIRTH PLACE
香川県

CLASSIFICATION
僧侶

空海
Kukai

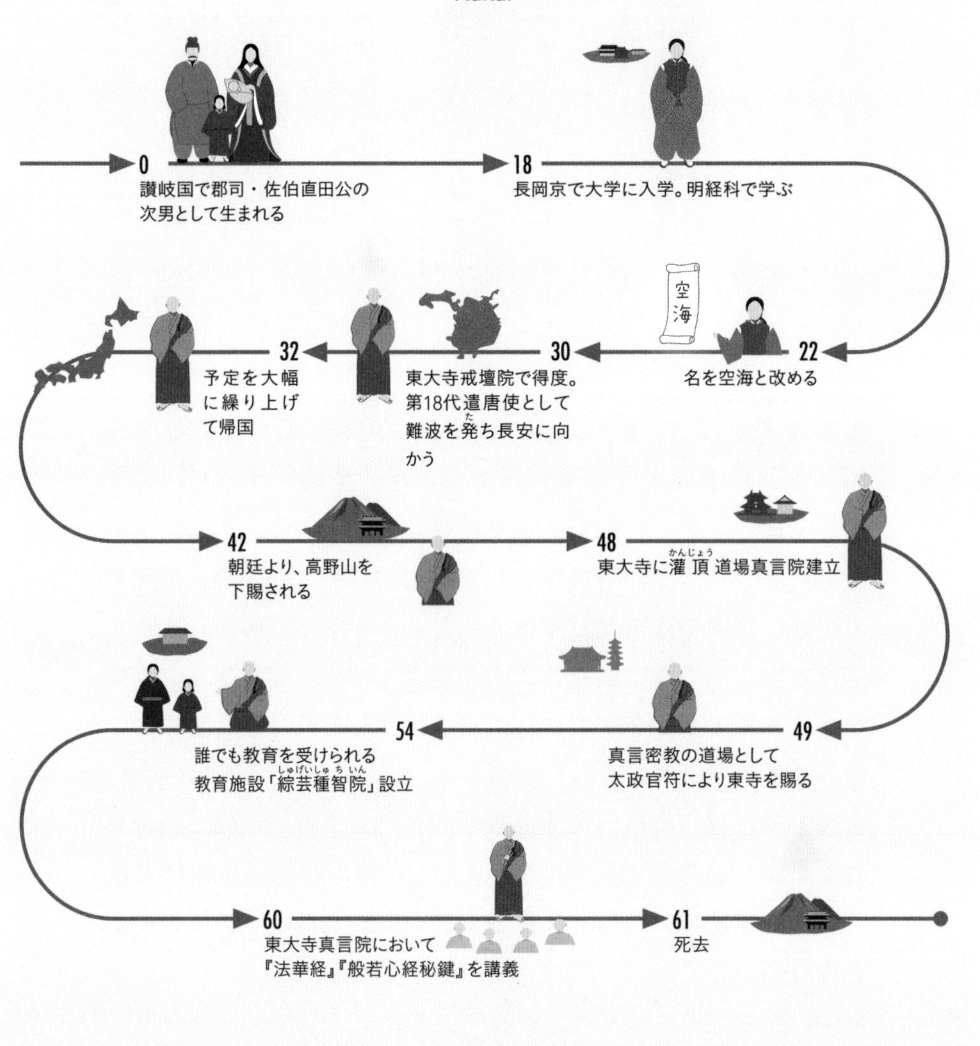

#008
Kukai

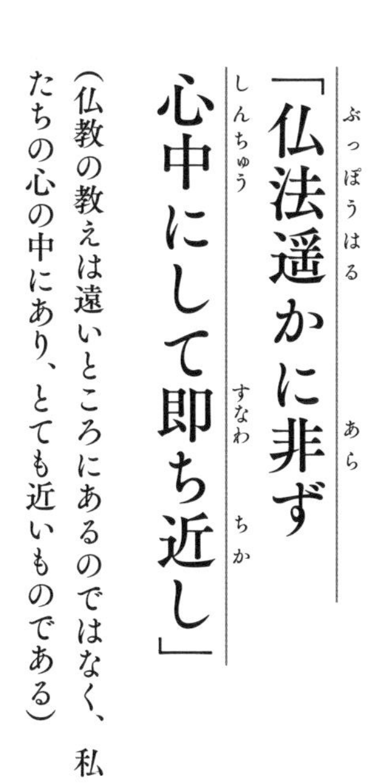

中国（唐）より密教を持ち帰り、真言宗の開祖となった平安時代初期の僧。「弘法（空海の諡号）にも筆の誤り」ということわざがあるほど、書の名人としても有名。讃岐（現在の香川県）から長岡京へ上京し、大学に入るが出家。その後、奈良や四国の山林で仏道修行中、大日経などの密教経典に出合うことになる。東大寺にて出家し「空海」を名乗り、無名ながら遣唐使として長安（現在の西安市）に留学。印度僧や密教の僧に師事し、密教奥義を伝授され、膨大な教本経典を日本に持ち帰った。その後、高野山に真言密教の道場を開き、全国へ布教の旅に出て各地に多くの伝承を残す。嵯峨天皇より与えられた東寺を「教王護国寺」と名付け皇室の安泰を祈願し、そこに五重塔を建立。死後、醍醐天皇より「弘法大師」の諡号が贈られた。

#009

LIFETIME
845-903

BIRTH PLACE
京都府

CLASSIFICATION
政治家、歌人、学者

菅原道真

Sugawara No Michizane

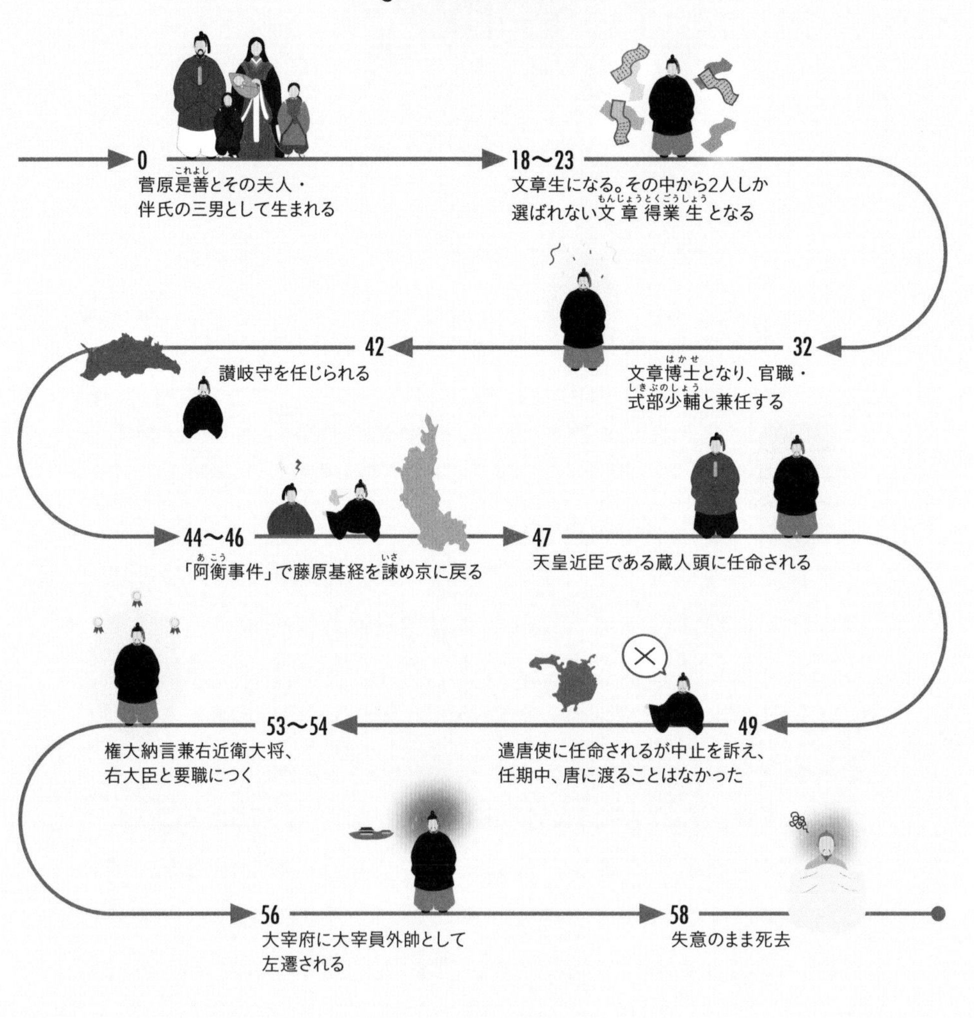

#009
Sugawara No Michizane

「東風(こち)吹かば
にほひおこせよ梅の花
あるじなしとて
春な忘るな」

(春になって東の風が吹いたならば、花の良い香りを私のもとまで送っておくれ、梅の花よ。主人がいないからといって、春を忘れてくれるなよ)

全国にある天満宮の主神で「菅公(かんこう)」として信仰を集める。学問の神様、雷の神様としても祀(まつ)られている。学者の家系に育った道真は、幼い頃より漢学や詩歌に優れ、大学や官吏登用試験に合格、若くして順調に朝廷で出世し、宇多天皇に重く用いられる。時の天皇に娘を嫁がせるなど朝廷内での影響力を強めていった。醍醐天皇の世になると藤原氏を中心とする貴族から反感を買い、謀反の罪を着せられて大宰府に左遷される。自らの身を嘆きながら2年の謹慎生活を過ごし、59歳で大宰府にて死去。道真の死後、都で多くの災いが起こり「道真の怨霊」として人々から恐れられた。その怒りを鎮めるため「天満大自在天神」として北野天満宮に祀られた。その後、神格化がさらに進み、993年、一条天皇の時代には太政大臣の位が贈られた。

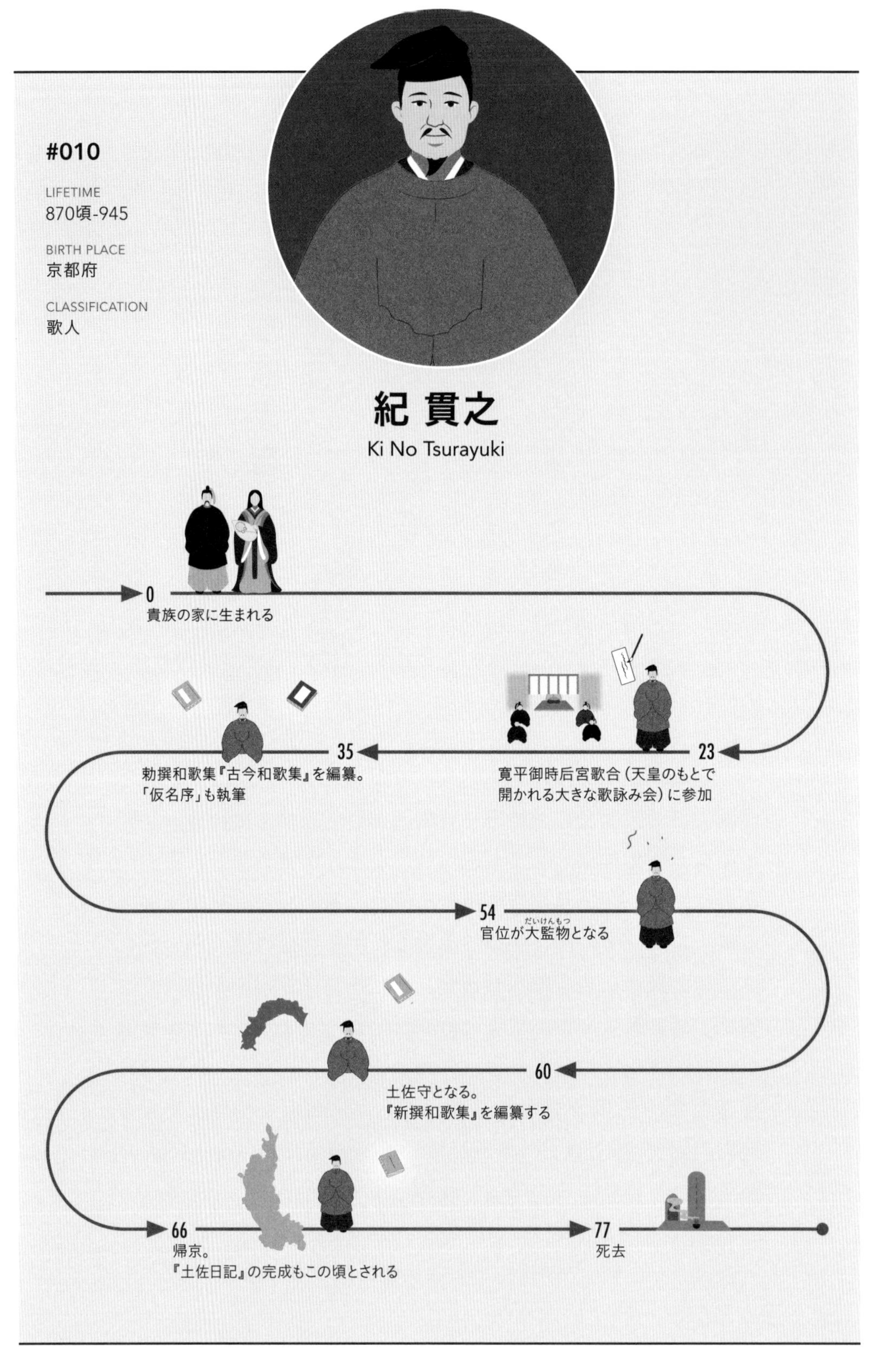
#010
LIFETIME
870頃-945
BIRTH PLACE
京都府
CLASSIFICATION
歌人
紀 貫之
Ki No Tsurayuki
0
貴族の家に生まれる
23
寛平御時后宮歌合（天皇のもとで
開かれる大きな歌詠み会）に参加
35
勅撰和歌集『古今和歌集』を編纂。
「仮名序」も執筆
54
官位が大監物（だいけんもつ）となる
60
土佐守となる。
『新撰和歌集』を編纂する
66
帰京。
『土佐日記』の完成もこの頃とされる
77
死去

#010
Ki No Tsurayuki

「人はいさ
心も知らずふるさとは
花ぞ昔の香に
にほひける」

（人の心は変わりやすいので、さあ、あなたの心の内はわかりません。しかし、昔なじみのこの土地では、梅の花が昔と変わらずにすばらしい香りで匂っていることだよ）

三十六歌仙の一人。紀氏は政界の名門だったが、貫之の時代には藤原氏が台頭していた。40代なかばで従五位下となり地方官を務めたものの、最後は従五位上に終わり、官人としては恵まれなかった。若いときから大きな歌合に参加し実力をつけ、905年、醍醐天皇からの命を受け、従兄弟の紀友則・壬生忠岑・凡河内躬恒らと『古今和歌集』を編纂。序文に平仮名で書かれた「仮名序」、漢字で書かれた「真名序」があり、この「仮名序」を貫之が執筆した。全20巻、1111首の大作が913年〜914年の間に完成した。その後、土佐国の国司になり、任期を終えると、土佐国から都へ帰京する間に起きた55日間の出来事をまとめた『土佐日記』を執筆。日本ではじめての日記文学となる。女性が書いている体で全編、平仮名で書かれた。

#011

LIFETIME
903頃−940

BIRTH PLACE
千葉県

CLASSIFICATION
豪族

平 将門

Taira No Masakado

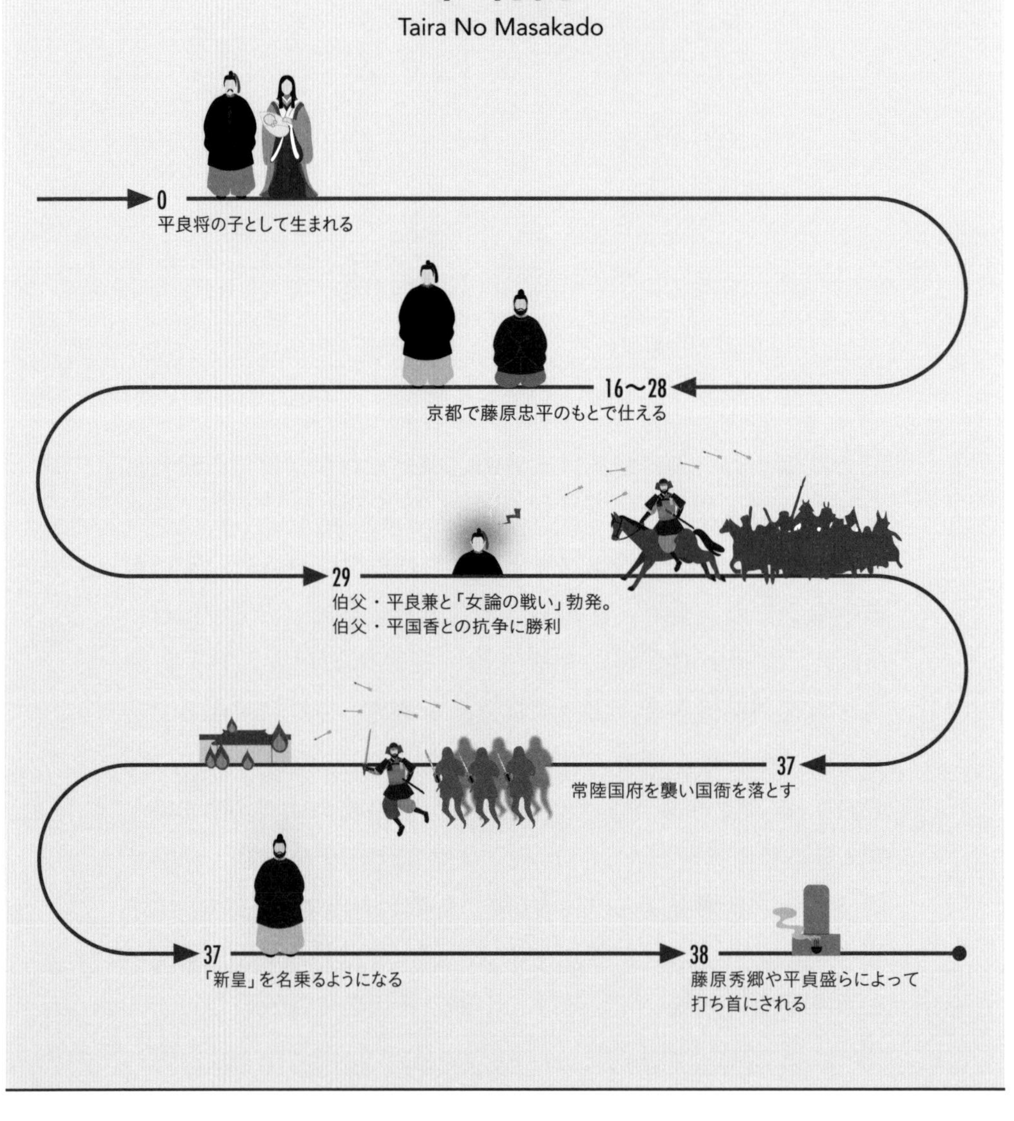

#011
Taira No Masakado

「人の世は、必ず撃ち勝つを以て君と為す」

(今の世の人は、勝った者を君主とする)

短く激しい生涯を戦いで終えた鬼神。父は平良将。将門は桓武天皇の5世先の子孫にあたる。青年期は、京都の最大勢力であった藤原忠平のもとで奉公した。在京中、検非違使として叙位されることを望んだが、認められなかった。相続すべき土地などが親族に奪われそうになったため、将門は関東に戻り戦いをはじめる。あまりの暴れぶりに朝廷に呼び戻され、しばらくして地元に戻ると伯父たちから命を狙われ再び戦(いくさ)になる。一族の争いはやがて関東一帯を巻き込み、将門は常陸国府を襲うことになり、朝廷に反旗を翻した形となった（平将門の乱)。この戦いで関東を制圧すると、京都の朱雀(すざく)天皇に対抗して「新皇(しんのう)」を名乗り、ついに朝敵となった。しかし、たった2カ月たらずで、藤原秀郷(ひでさと)らによって討伐され、晒(さら)し首となり生涯を終えた。

#012

LIFETIME
966-1027

BIRTH PLACE
京都府

CLASSIFICATION
摂政

藤原道長
Fujiwara No Michinaga

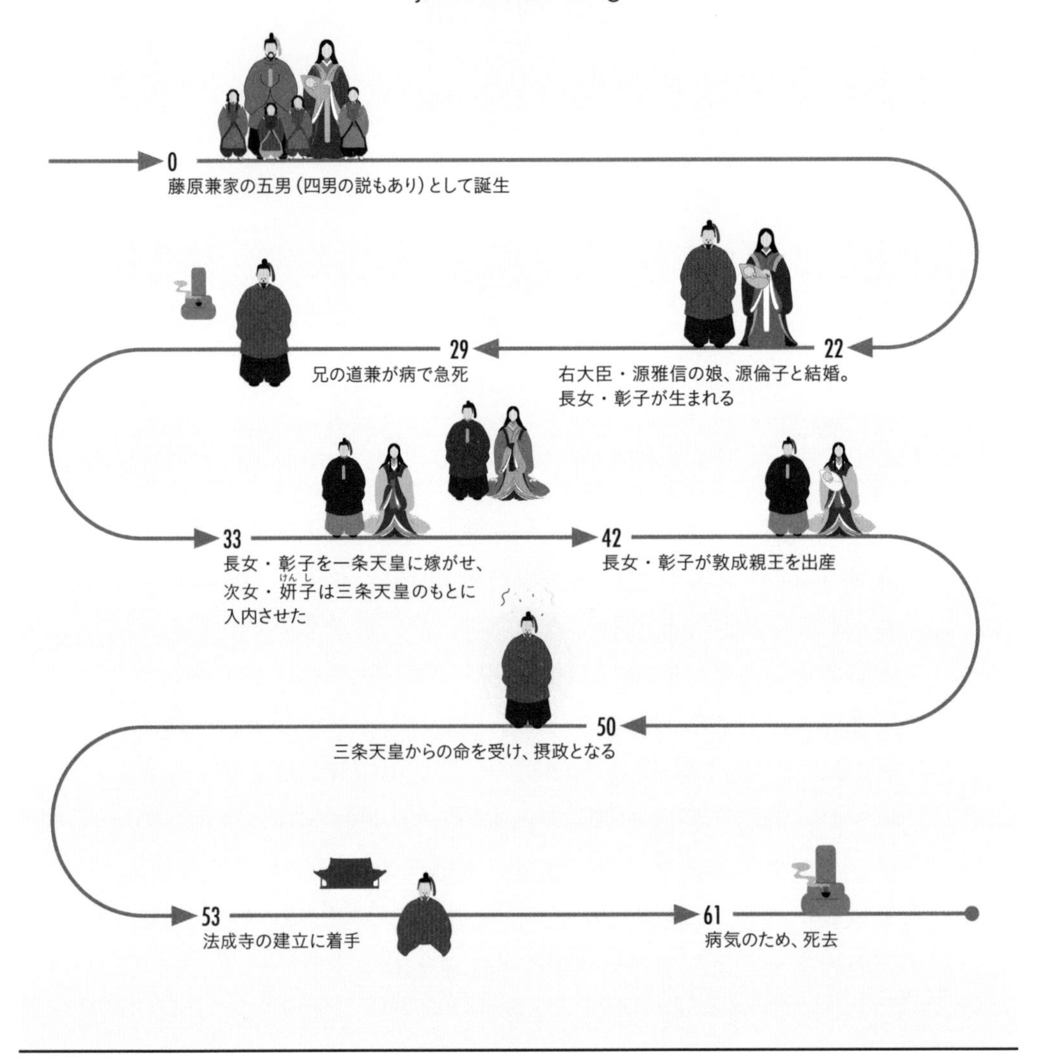

#012
Fujiwara No Michinaga

「この世をば わが世とぞ思ふ 望月の 欠けたることも なしと思へば」

（この世は自分のためにあるようなものだ。満月のように何も足りないものはない）

兄の関白道隆・道兼が相次いで亡くなると後継者争いに勝ち、内覧の宣旨をたまわったのち、左大臣として政権を掌握した。道長は子だくさんでもあり、自分の娘を次々と天皇に嫁がせ成り上がった。一条天皇に嫁がせた長女・彰子（しょうし）の産んだ子（敦成（あつひら）親王）が、わずか9歳で後一条天皇に即位すると、道長は摂政となる。1年ほどで摂政の座は嫡子の頼通に譲り、後一条天皇には三女の威子（いし）を嫁がせ中宮にさせると、「一家三后」と周りからは驚かれた。威子が立后の日に開かれた祝宴で「この世をば　わが世とぞ思ふ　望月の　欠けたることも　なしと思へば」の歌を残した。晩年は法成寺（ほうしょうじ）の建立に心血を注いだ。最後はこの法成寺に住んだが、子供たちに先立たれ自分自身も病気がちで61歳でこの世を去った。

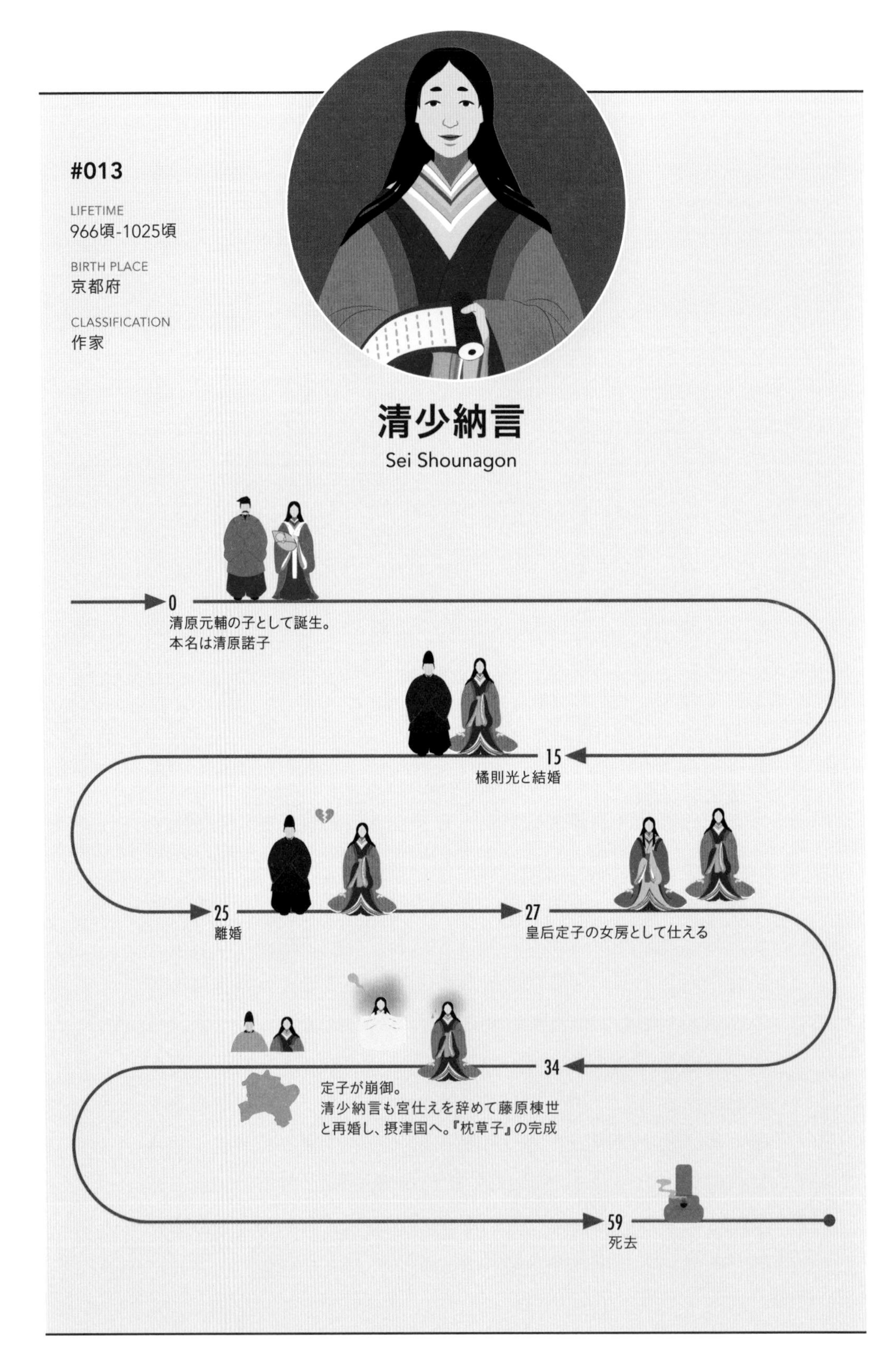
#013
LIFETIME
966頃-1025頃
BIRTH PLACE
京都府
CLASSIFICATION
作家
清少納言
Sei Shounagon
0
清原元輔の子として誕生。
本名は清原諾子
15
橘則光と結婚
25
離婚
27
皇后定子の女房として仕える
34
定子が崩御。
清少納言も宮仕えを辞めて藤原棟世
と再婚し、摂津国へ。『枕草子』の完成
59
死去

#013
Sei Shounagon

「春はあけぼの
やうやう白くなりゆく山ぎは
すこしあかりて
むらさきだちたる
雲のほそくたなびきたる」

（春は夜がほのぼのと明けようとする頃が良い。だんだんと白んでいく山際のあたりがいくらか明るくなって、紫がかった雲が細くたなびいている様子が良い）

中古三十六歌仙の一人に選ばれた歌の名人。著名な歌人である清原元輔（もとすけ）の娘。曽祖父は『古今和歌集』の代表的な歌人、清原深養父（ふかやぶ）。清原家は代々、文化人で清少納言は恵まれた環境下で漢文も学び、非常に教養の高い人物だった。橘則光と結婚し、長男・則長を授かるも離婚。その後、皇后定子（ていし）の女房（にょうぼう）として7年ほど仕えた。その教養の高さから定子の恩寵（おんちょう）を受けたといわれている。朝廷での女房を辞した後、藤原棟世（むねよ）と再婚し小馬命婦（こまのみょうぶ）を産んだ。その後は、苦しい生活を送ったとも裕福な生活を送ったともいわれており定かではない。残した随筆『枕草子』は、自然などの特定のものについて書いた類聚（るいじゅ）的章段、宮中での自身の経験を書いた日記的章段、頭に浮かんだことや考えごとを書いた随想的章段の3部構成になっている。

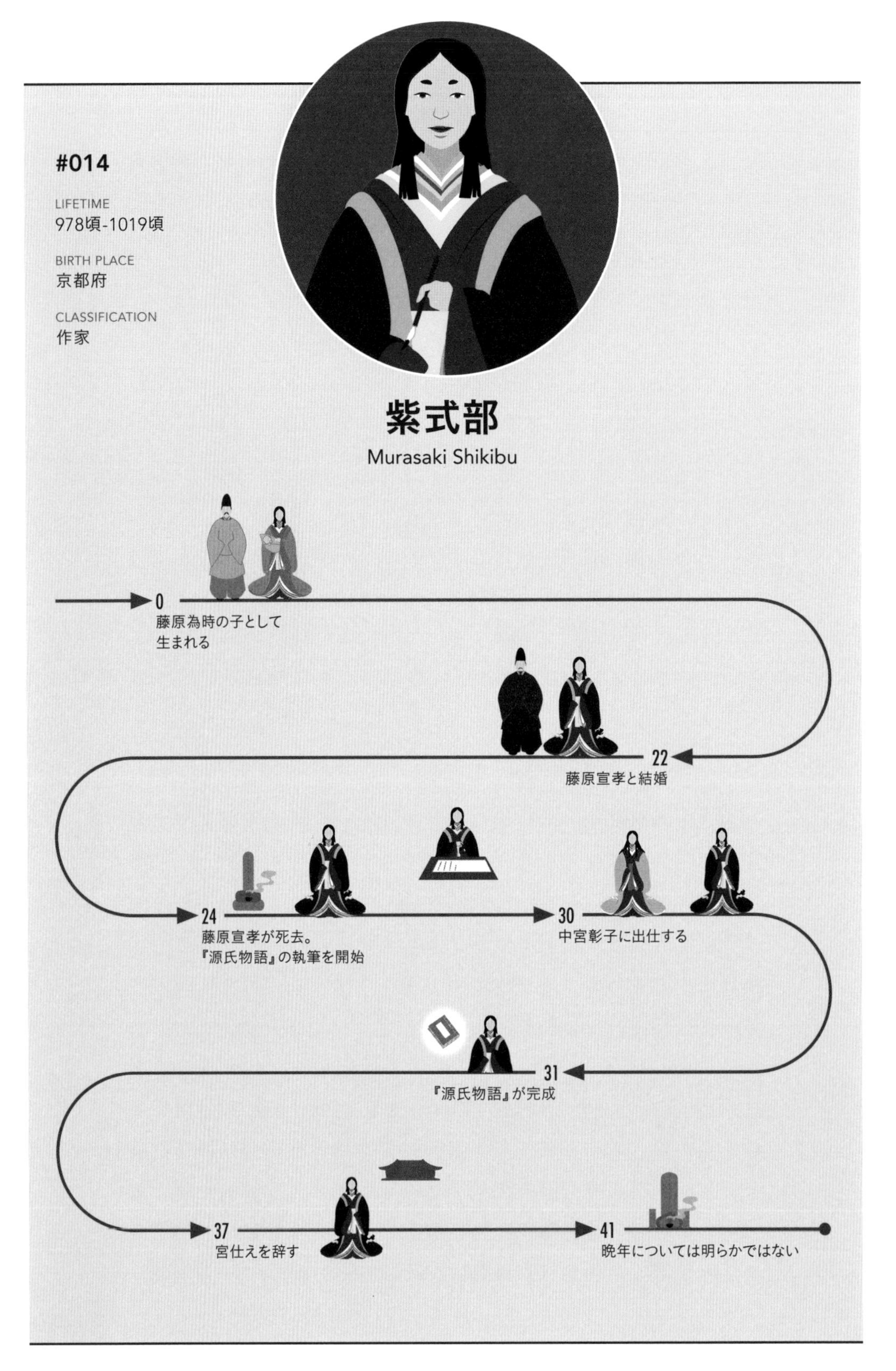

#014
LIFETIME
978頃-1019頃
BIRTH PLACE
京都府
CLASSIFICATION
作家
紫式部
Murasaki Shikibu
0
藤原為時の子として
生まれる
22
藤原宣孝と結婚
24
藤原宣孝が死去。
『源氏物語』の執筆を開始
30
中宮彰子に出仕する
31
『源氏物語』が完成
37
宮仕えを辞す
41
晩年については明らかではない

#014
Murasaki Shikibu

「めぐりあひて
見しやそれとも
分かぬまに
雲がくれにし
夜半の月かな」

（久々に再会して、昔見た面影かどうかも見分けがつかない間に、雲に隠れた夜の月のように、帰ってしまったあの人よ）

藤原為時の娘。父親から漢学や和歌の教育を受けて育った。遠縁で父の友人でもあった藤原宣孝と結婚し一女を授かったが、やがて夫とは死別。式部は若き寡婦となり、『源氏物語』は夫の死後、書きはじめられたとされている。この物語の評判が、藤原道長の耳に入り、一条天皇の妃である中宮彰子に女房として仕えることになったといわれる。その頃には物語の大半は完成していたが、宮仕えをしながら執筆を進め、およそ10年の歳月をかけて完成させた。『源氏物語』は主人公・光源氏の生涯を通して貴族社会の恋愛、権力争い、栄光と没落などを描いた長編物語で、世界で最古の長編小説の一つともいわれている。宮中を去った後、紫式部の晩年については明らかになっていないことが多い。

#015

LIFETIME
1118-1181

BIRTH PLACE
京都府

CLASSIFICATION
太政大臣

平 清盛

Taira No Kiyomori

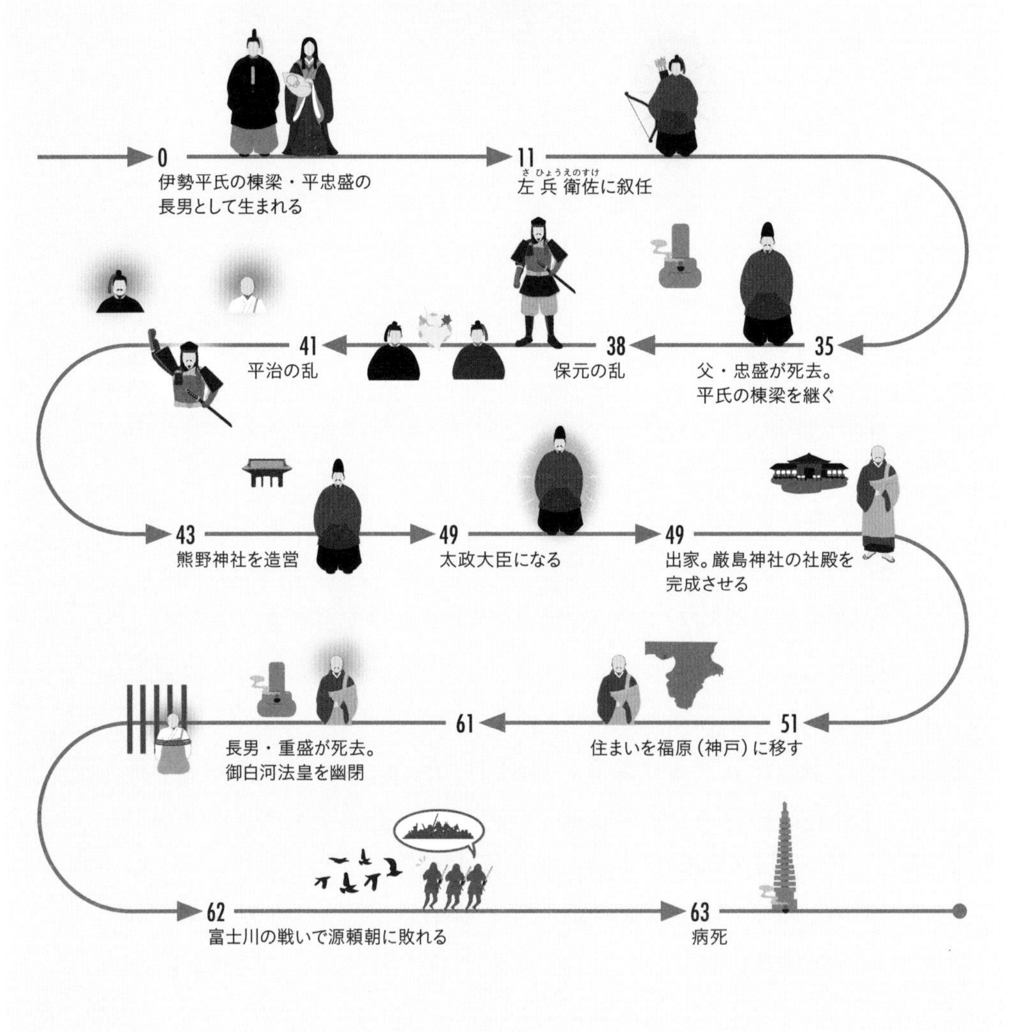

#015
Taira No Kiyomori

「頼朝が頭をはねて我が墓の前にかくべし」

（私が死んだら頼朝の首をはねてこい、それが供養よりも何よりの望みだ）

平忠盛の長男として生まれ、忠盛が死去すると、平氏の棟梁を継ぐ。鳥羽法皇の死を機に、後白河天皇と崇徳（すとく）上皇が皇位継承問題をめぐり対立した保元の乱において、清盛は後白河天皇側につき勝利する。歴史上、はじめて武士が政争に使われた戦いであった。清盛が留守の間に、源義朝が後白河法皇の参謀だった藤原信西（しんぜい）を自害に追い込み、法皇を幽閉。清盛は法皇を奪還し義朝を討伐（平治の乱）。義朝の息子である頼朝を伊豆へ流罪にした。その後、太政大臣になったが病のため辞職し出家。天皇家と外戚関係を持ち権力を強めるが、後白河法皇との関係が悪化し法皇を制圧、幽閉した。力を持ちすぎた平氏に、源氏を中心に反感は強まり、各地で争いが起きるなか熱病で死去。日宋貿易で宋銭を輸入し、通貨経済を促進させた功績も知られる。

#016

LIFETIME
1147-1199

BIRTH PLACE
愛知県

CLASSIFICATION
征夷大将軍

源 頼朝

Minamoto No Yoritomo

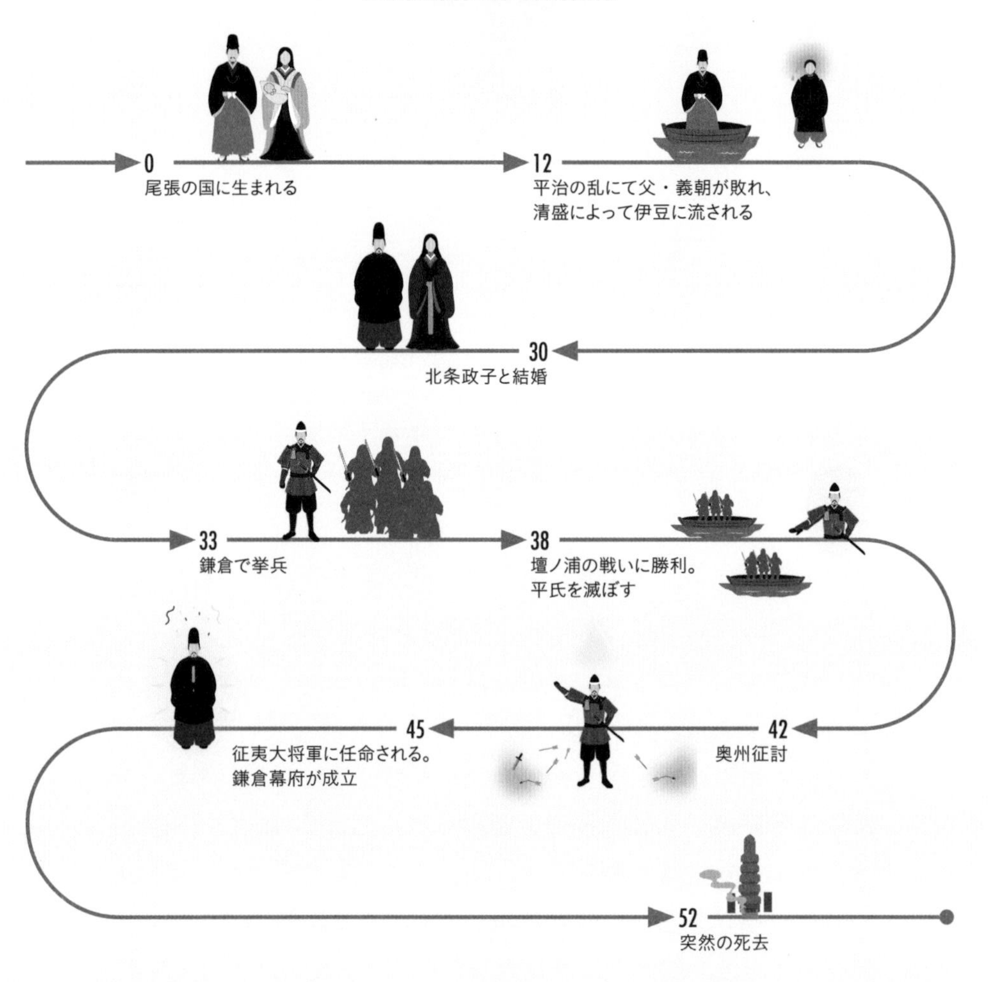

「今度は天下之草創なり
もつとも淵源を究め
行はるべく候」

（天下を草創する現在、天が与えるものとして、天下草創が根本的に必要とされる理由を究め、それに沿った政治をおこなうことが必要です）

武家が力を持ちはじめた当時、源氏の棟梁・源義朝の三男として生まれる。平治の乱で父・義朝が平清盛に敗れ、解官の上、伊豆国へ流罪にされる。20年余りに及ぶ配流生活のなか、伊豆の土豪・北条時政の娘・政子と出会い結婚する。北条家を味方につけ鎌倉にて挙兵すると、関東の武士を中心に支持を集め、平氏を滅ぼした。この頃、対立していた弟・義経を藤原泰衡が匿ったことをきっかけに、鎌倉政権にとって脅威であった奥州藤原氏を制圧（奥州征討）。後白河法皇より守護、地頭の任命権が与えられ、後鳥羽天皇によって征夷大将軍に任命されると、日本ではじめて武家政権として鎌倉幕府を開き、「御恩と奉公」という武士の主従関係を確立させた。最期は病や落馬など諸説あるが、未だに判明していない。

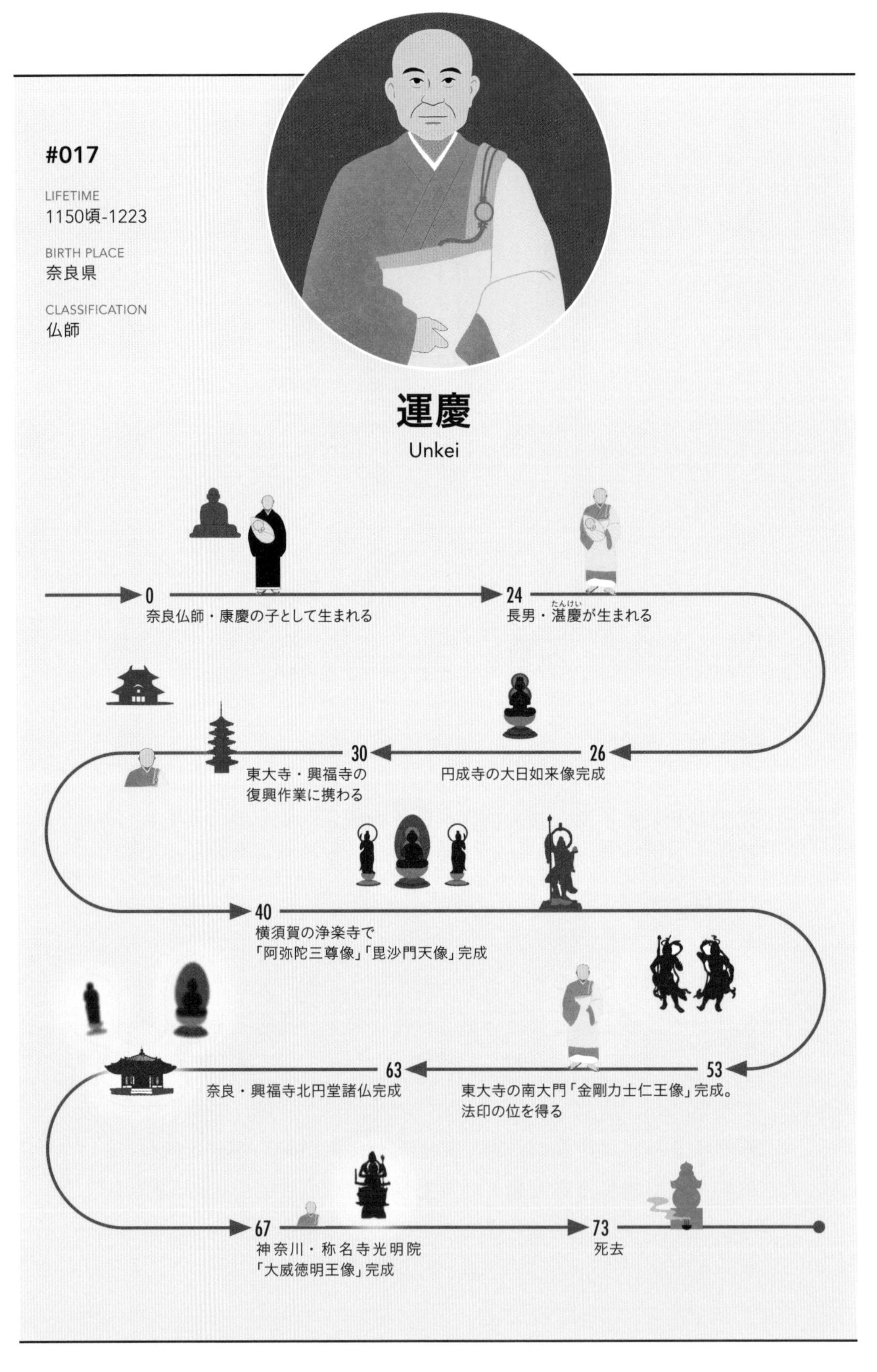
#017
LIFETIME
1150頃-1223
BIRTH PLACE
奈良県
CLASSIFICATION
仏師
運慶
Unkei
0
奈良仏師・康慶の子として生まれる
24
長男・湛慶が生まれる
26
円成寺の大日如来像完成
30
東大寺・興福寺の
復興作業に携わる
40
横須賀の浄楽寺で
「阿弥陀三尊像」「毘沙門天像」完成
53
東大寺の南大門「金剛力士仁王像」完成。
法印の位を得る
63
奈良・興福寺北円堂諸仏完成
67
神奈川・称名寺光明院
「大威徳明王像」完成
73
死去

#017
Unkei

「遂に明治の木には
到底仁王は埋っていない
ものだと悟った
それで運慶が今日まで
生きている理由も
ほぼ解った」

（明治時代の自分には、仁王を掘り出すことはできない。鎌倉時代に生きた運慶だからこそ、その時代の精神力と技能で仁王像が彫れたのだろう。
【夏目漱石『夢十夜』第六夜】）

写実的で力強い仏像を生涯造り続けた彫刻家。平安時代に主流であった彫刻様式・定朝様（じょうちょうよう）を受け継ぐ流派・慶派の仏師として活動した。初期の活動としては奈良の興福寺を中心にしていたので、修繕工事が中心だった。平家による大規模な南都焼討ちのために東大寺や興福寺が焼亡してしまう。これの修繕作業に京都の仏師である円派（えんぱ）、院派（いんぱ）、そして運慶ら奈良仏師の慶派が携わり、造仏をした。作業に区切りがつくとすぐに鎌倉へ渡り、願成就院（がんじょうじゅいん）の不動明王や浄楽寺の毘沙門天像などを造った。非常に高く評価され、その実力が認められ奈良に戻った運慶は、康慶の跡を継ぎ慶派の棟梁（とうりょう）となる。その後も運慶一門は多くの造仏をおこない、現存するものは今でも時代を代表する作品となる。晩年には主として鎌倉幕府関係の仕事を手がける。

#018

LIFETIME
1157-1225

BIRTH PLACE
静岡県

CLASSIFICATION
尼

北条政子
Houjou Masako

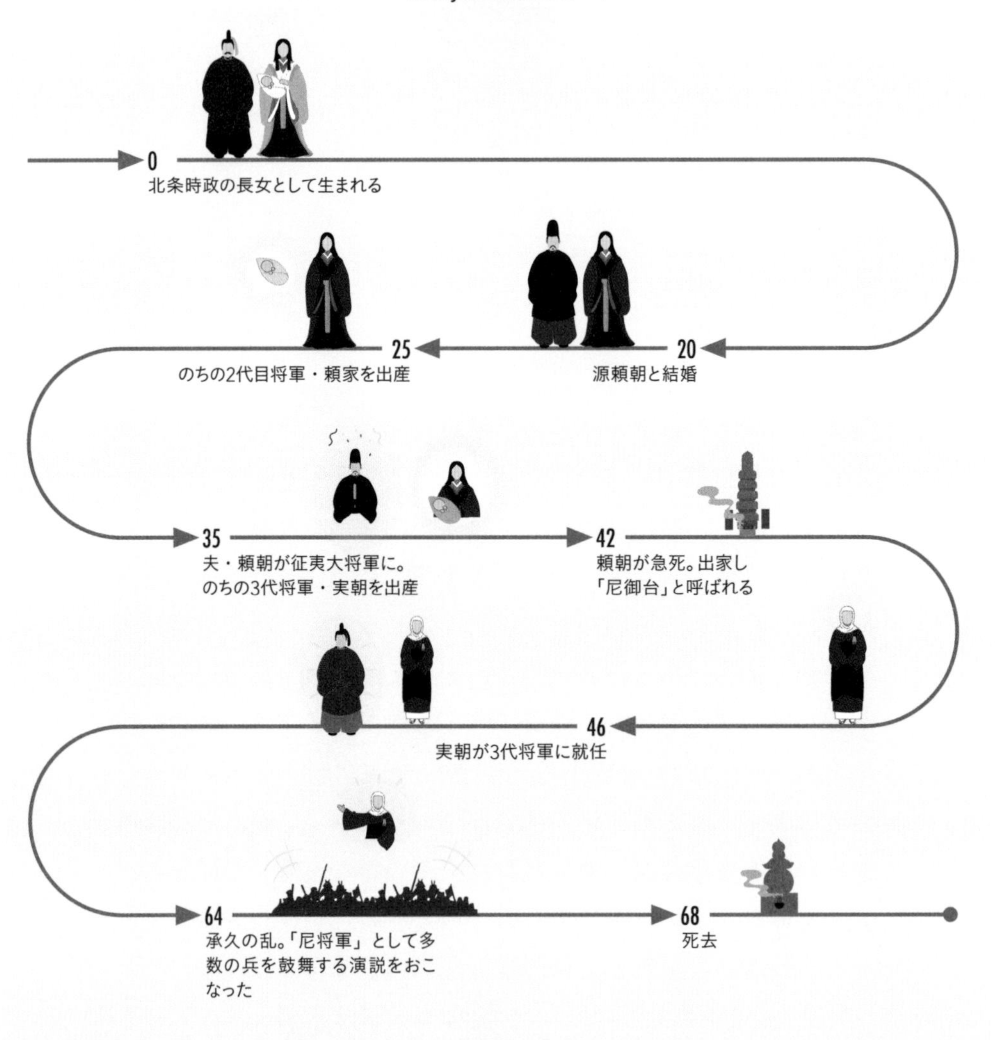

#018
Houjou Masako

「故右大将軍の恩
既に山岳よりも高く
溟渤よりも深し」

（故源頼朝公の恩は、山よりも高く海よりも深いものだ）

豪族・北条時政の娘。時政は、平治の乱に敗れ流罪となった源頼朝の監視役をしていた。政子と頼朝は恋仲になり、時政の反対を振り切って2人は結婚。頼朝が平家を倒すために挙兵すると、鎌倉へ移り住んだ頼朝について政子も鎌倉へ。頼朝は関東武家の中心となり、妻の政子は「御台所」と呼ばれ、共に鎌倉幕府の基盤づくりに貢献した。のちの2代将軍・頼家、3代将軍・実朝を授かる。頼朝が急死した後は出家し、尼でありながら家督を継いだ頼家の後見人となって政権に関与する。しかし頼家は政治に関心を持たず、頼家は時政によって幽閉されてしまう。その後、頼家は変死。次に将軍となった実朝は公家と武家の融和の道を探ったが暗殺されてしまう。2人の息子を失った政子は自ら将軍代行を務め、「尼将軍」といわれた。

#019

LIFETIME
1162-1241

BIRTH PLACE
京都府

CLASSIFICATION
歌人

藤原定家
Fujiwara No Sadaie

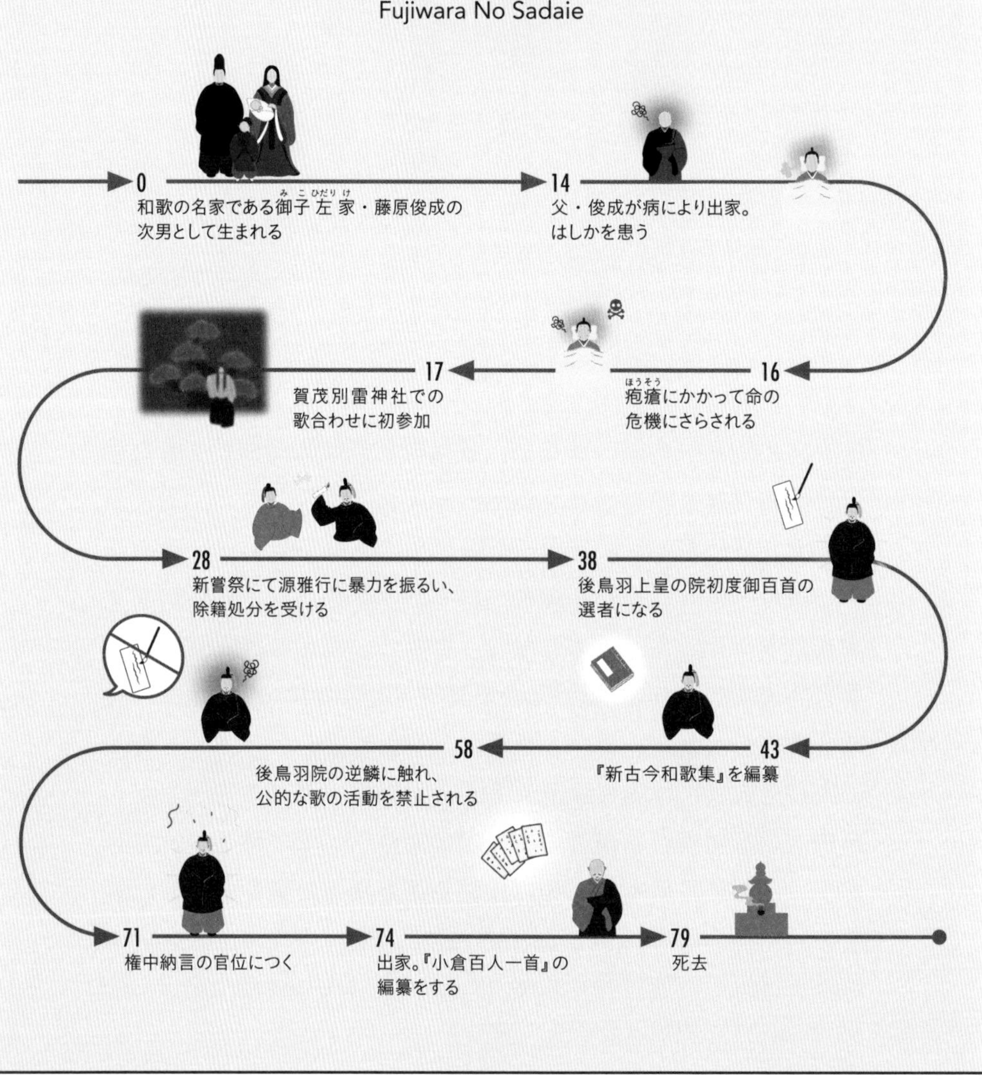

#019
Fujiwara No Sadaie

「来ぬ人を
まつほの浦の夕なぎに
焼くや藻塩の
身もこがれつつ」

（いつまで経っても来ない恋人を待っております。松帆の浦の夕なぎのころに焼く藻塩のように、私の身も恋い焦がれながら）

父は名歌人・藤原俊成で幼少期より熱心に和歌の世界を教わる。俊成が持病の悪化で出家すると、後ろ盾を失った定家は出世に大きく後れをとる。暴力事件によって朝廷での職務から除籍されてしまうが、後白河院の許しをもらって復帰。後鳥羽上皇から『新古今和歌集』の撰者を命ぜられる。その後、後鳥羽上皇との関係が悪化してからも、『新古今和歌集』の仕事に全力を尽くした。昇進面での不満を歌にして持参するが、後鳥羽上皇の逆鱗に触れ公的な歌人活動が禁止される。官位への執着から権（ごんの）中納言までのぼり詰めるが、九条道家と揉（も）めてしまい罷免された後は出家した。晩年は後堀川天皇から『新勅撰和歌集』の編纂を命ぜられ、のちの『小倉百人一首』となる和歌集を編纂するなど、歌事に後生を費やした。

#020

LIFETIME
1173-1262

BIRTH PLACE
京都府

CLASSIFICATION
僧侶

親鸞

Shinran

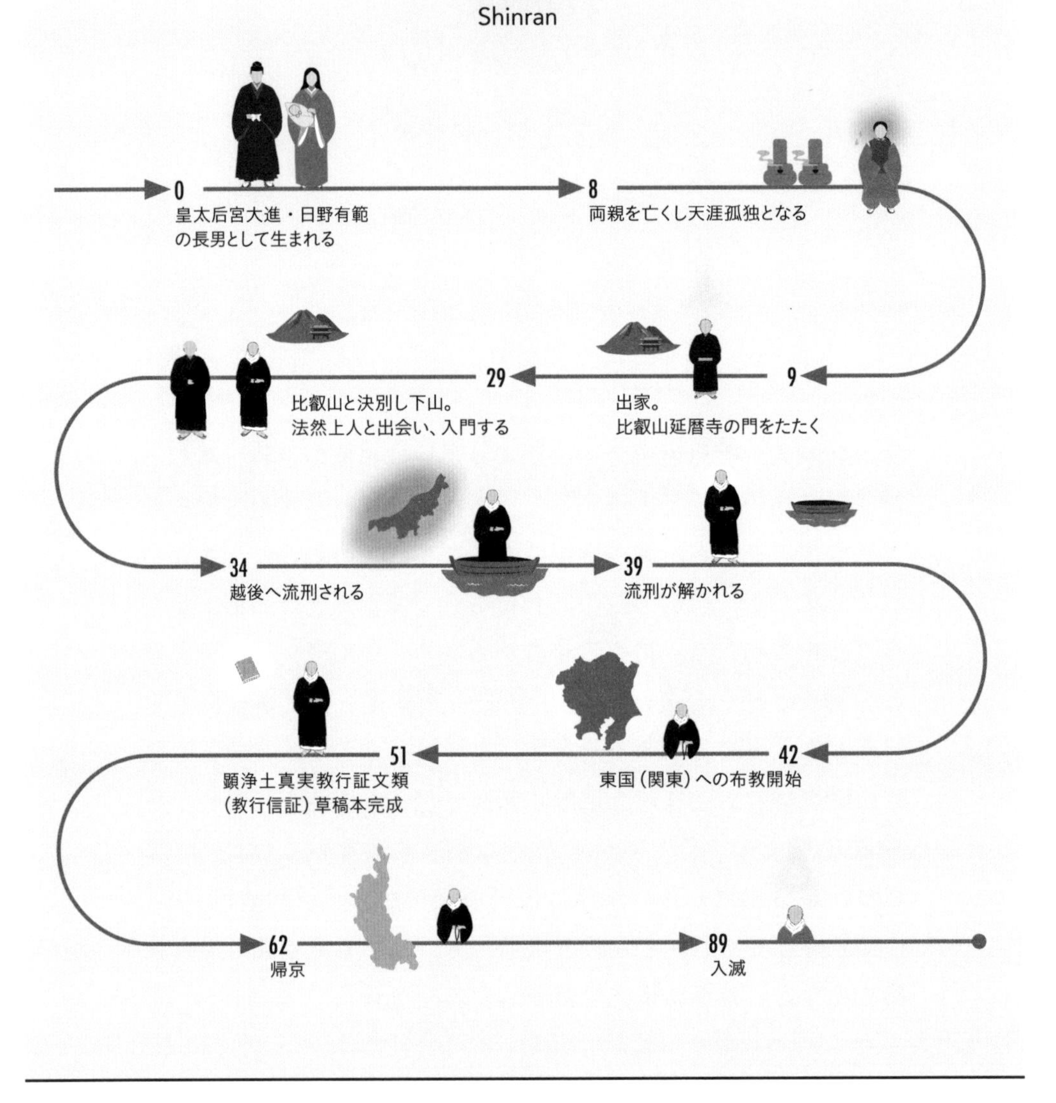

#020
Shinran

「善人なほもて
往生をとぐ
いはんや悪人をや」

（善人でさえも、救われることができる。まして凡夫は言うまでもないことである）

父・日野有範、母・吉光御前の間に生まれた。幼少期のあだ名は「松若丸」。4歳で父を、8歳で母を亡くし天涯孤独の身となる。叔父の藤原範綱につれられ京都・東山の青蓮院を訪ねる。ここは比叡山の座主（ざす）・慈鎮の寺であったことから、比叡山に入るため、わずか9歳で出家した。比叡山延暦寺に登り20年、血のにじむような修行の日々を過ごすが悟りを得ず、自力修行の限界を感じ下山。途方に暮れ町を彷徨（さまよ）っているところに、かつて比叡山で一緒に修行をし、先に下山していた聖覚（しょうかく）法印と再会。浄土仏教・阿弥陀仏本願を説く法然上人を紹介され入門する。仏教各宗同士の争いや権力者からの弾圧により、法然は土佐へ、親鸞は越後へ流刑されるが、5年後刑が解かれ、関東への布教活動をおこなった後、帰京し著作活動に励んだ。

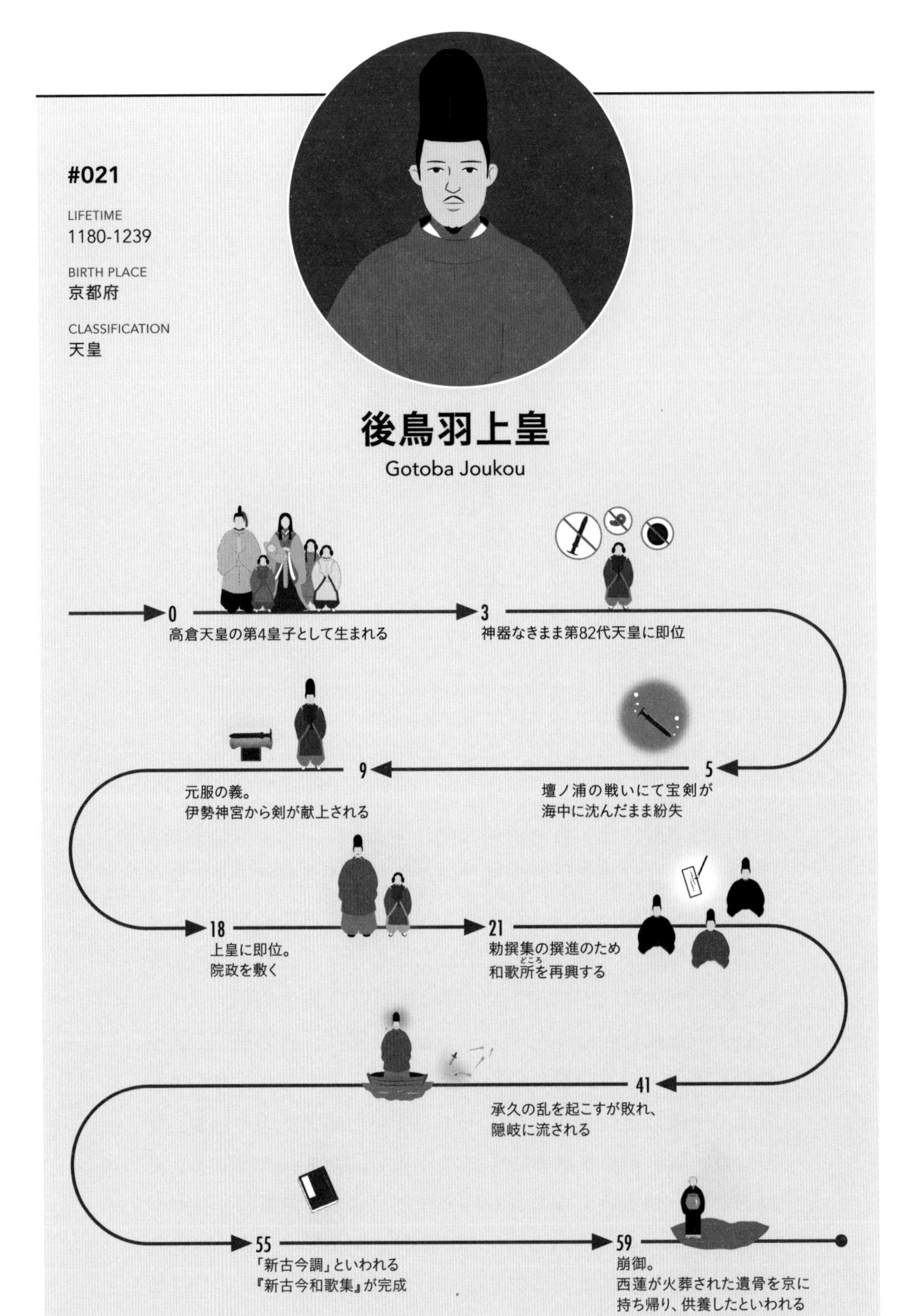
#021
LIFETIME
1180-1239
BIRTH PLACE
京都府
CLASSIFICATION
天皇
後鳥羽上皇
Gotoba Joukou
0
高倉天皇の第4皇子として生まれる
3
神器なきまま第82代天皇に即位
5
壇ノ浦の戦いにて宝剣が
海中に沈んだまま紛失
9
元服の義。
伊勢神宮から剣が献上される
18
上皇に即位。
院政を敷く
21
勅撰集の撰進のため
和歌所(どころ)を再興する
41
承久の乱を起こすが敗れ、
隠岐に流される
55
「新古今調」といわれる
『新古今和歌集』が完成
59
崩御。
西蓮が火葬された遺骨を京に
持ち帰り、供養したといわれる

#021
Gotoba Joukou

「人もをし
人もうらめし
あぢきなく
世を思ふゆゑに
物思ふ身は」

（人をいとおしくも恨めしくも思う。世の中のことを思えば思うほど、面白くないと感じてしまう）

高倉天皇の第4皇子として生まれる。2歳のときに源義仲の軍が京都に攻め入ってくると、後鳥羽天皇は3歳という幼さで神器継承なしに即位。元服の儀では、伊勢神宮から新たに献上された剣が使われた。平家は安徳天皇と三種の神器と共に西へ逃げるが、壇ノ浦の戦いが起き平家は滅びる。源頼朝の没後、鎌倉幕府では北条時政が執権に就任し、上皇と幕府の関係が円滑さを欠くようになった。上皇の公武融和政策で良好な関係を保っていた3代鎌倉将軍・源実朝が暗殺されると、朝廷と幕府の関係は険悪になる。上皇は打倒幕府を呼びかけるが完敗した（承久の乱）。2カ月後には大軍を率いてやってきた北条泰時（義時の息子）によって隠岐島へ流された。晩年は、隠岐島でたくさんの和歌を詠んだり、刀剣を造って過ごした。

#022

LIFETIME
1183-1242

BIRTH PLACE
神奈川県

CLASSIFICATION
執権

北条泰時

Houjou Yasutoki

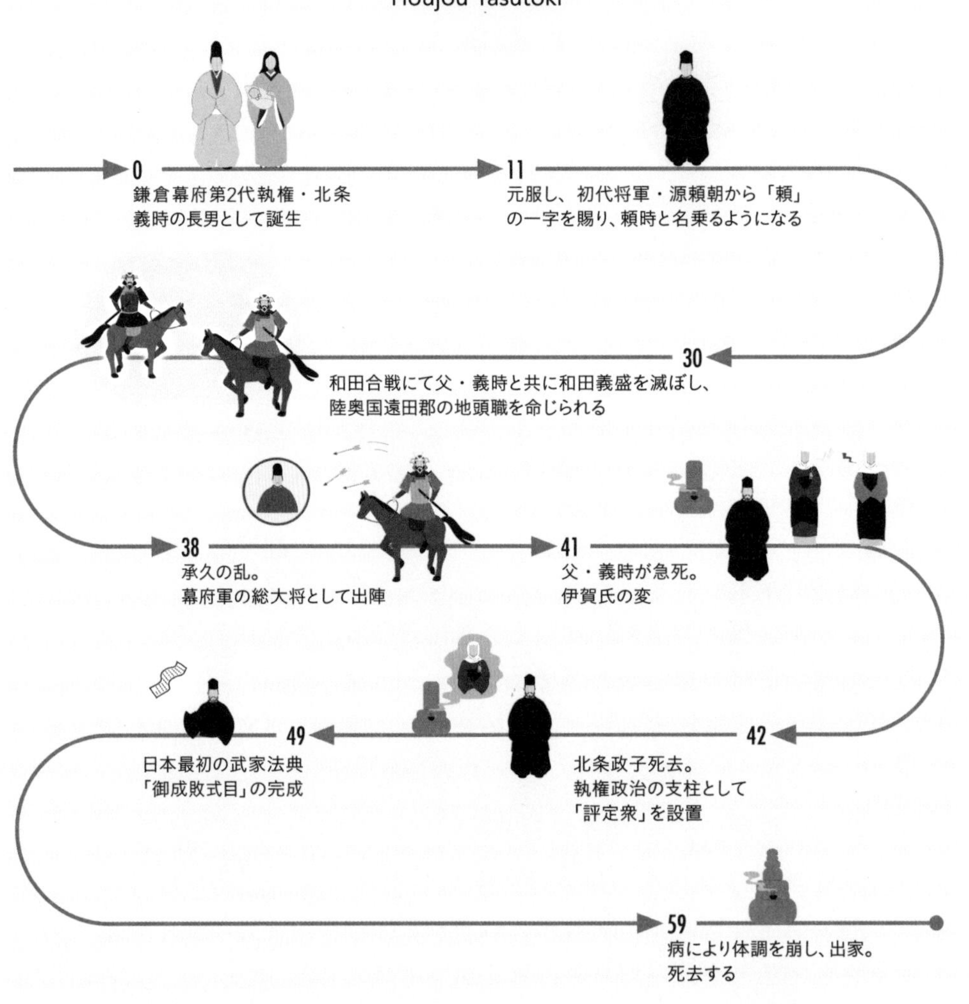

#022
Houjou Yasutoki

「神社を修理し、祭祀を専らにすべき事」

（神社はしっかりと修理して、きれいな状態を保ち、お祭りを大切にすること）

2代目執権・北条義時の息子。母親は阿波局。承久の乱の総大将として、叔父・時房と共に軍を率いて京に攻め入り、幕府軍が勝利を収める。戦後は、新たに設置された六波羅探題の北方（きたかた）に就任した。父の義時が急死し、執権に就任した泰時は、時房を連署に迎え、さらに評定衆を設置して合議的な政治運営を目指した。父・義時や北条政子などこれまでの政権を担ってきた存在の亡き今、新たな統治をすべきだと考え、法典「御成敗式目」を定め、武家政治の新たな礎を築き、執権政治の確立にも努めた。当時、強大な勢力を誇っていた畿内の大寺院に対しては、抑圧の態度で臨んだ。人柄の良さも知られ、道理を愛する清廉な政治家として、鎌倉幕府が編纂した歴史書『吾妻鏡』には多くの懐深いエピソードが残されている。

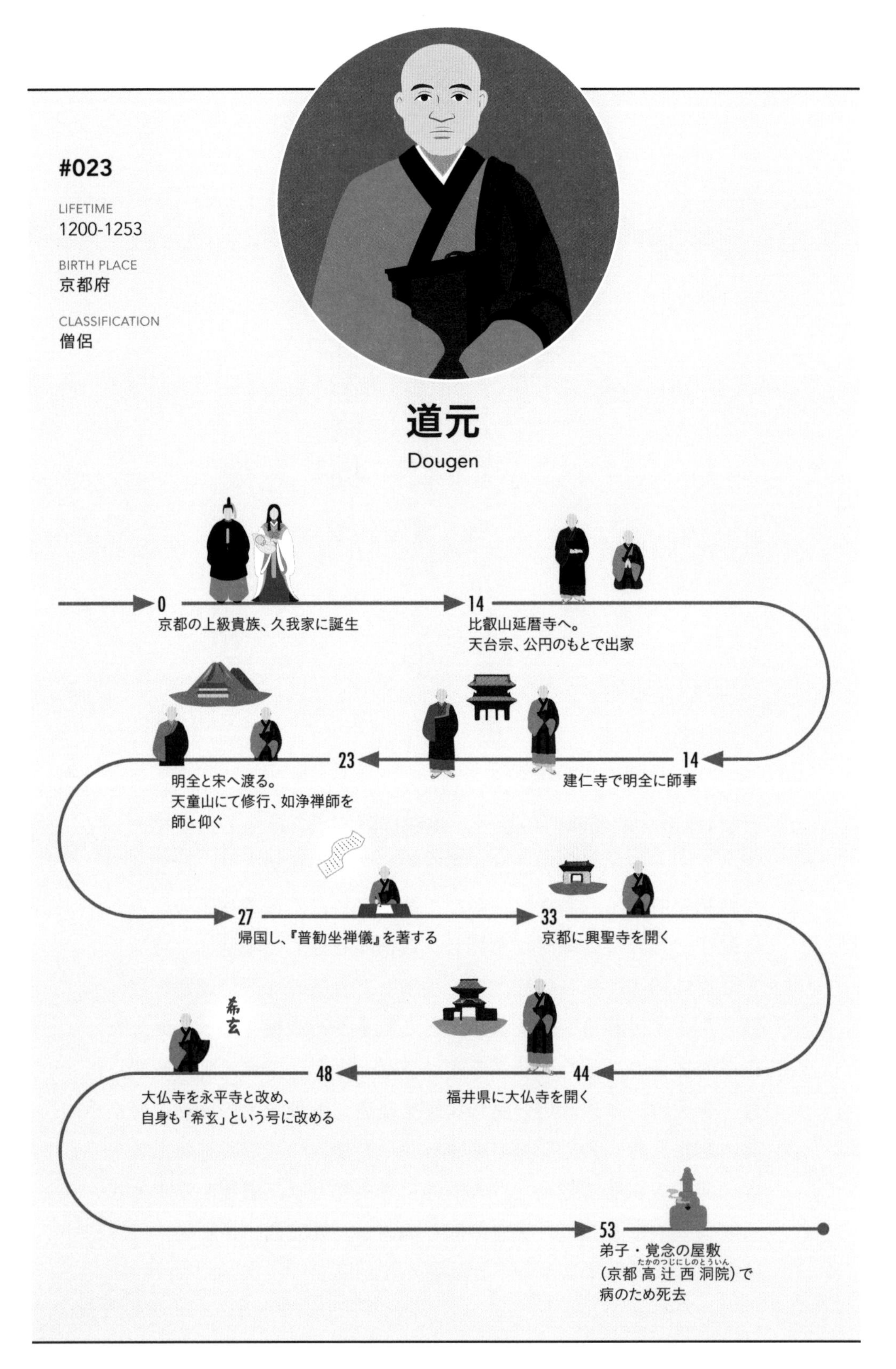
#023
LIFETIME
1200-1253
BIRTH PLACE
京都府
CLASSIFICATION
僧侶
道元
Dougen
0
京都の上級貴族、久我家に誕生
14
比叡山延暦寺へ。
天台宗、公円のもとで出家
14
建仁寺で明全に師事
23
明全と宋へ渡る。
天童山にて修行、如浄禅師を
師と仰ぐ
27
帰国し、『普勧坐禅儀』を著する
33
京都に興聖寺を開く
44
福井県に大仏寺を開く
希玄
48
大仏寺を永平寺と改め、
自身も「希玄」という号に改める
53
弟子・覚念の屋敷
(京都高辻西洞院)で
病のため死去

#023
Dougen

「人は必ず陰徳を修すべし」

（人は必ず、人には知られずに隠れた善行を積み重ねるべきである）

内大臣・久我通親の子。幼い頃に両親を亡くす。幼少より聡明だったという逸話を残す。比叡山に叔父である良顕を訪ね、翌年に出家し僧となった。最初は天台宗を学ぶがその教えに疑問を持ち下山、建仁寺に入る。建仁寺では栄西の弟子・明全から臨済宗（禅）を学んだ。その後、禅をもっと深く学ぶため宋（中国）へ渡り、各地の寺を巡り、「只管打坐」といってひたすら座禅を組んで悟りを開く曹洞宗の教えを学ぶ。5年にわたる修行を終え帰国した道元は京都に興聖寺を開き、曹洞宗の教えを武士たちに広めるが、延暦寺から次第に弾圧を受けるようになっていく。弟子の波多野義重の誘いで福井県に移り、大仏寺（永平寺）を開いた後は静かに教化を進め、京都にて没する。主著『正法眼蔵』95巻を20年にわたって執筆している。

#024

LIFETIME
1222-1282

BIRTH PLACE
千葉県

CLASSIFICATION
僧侶

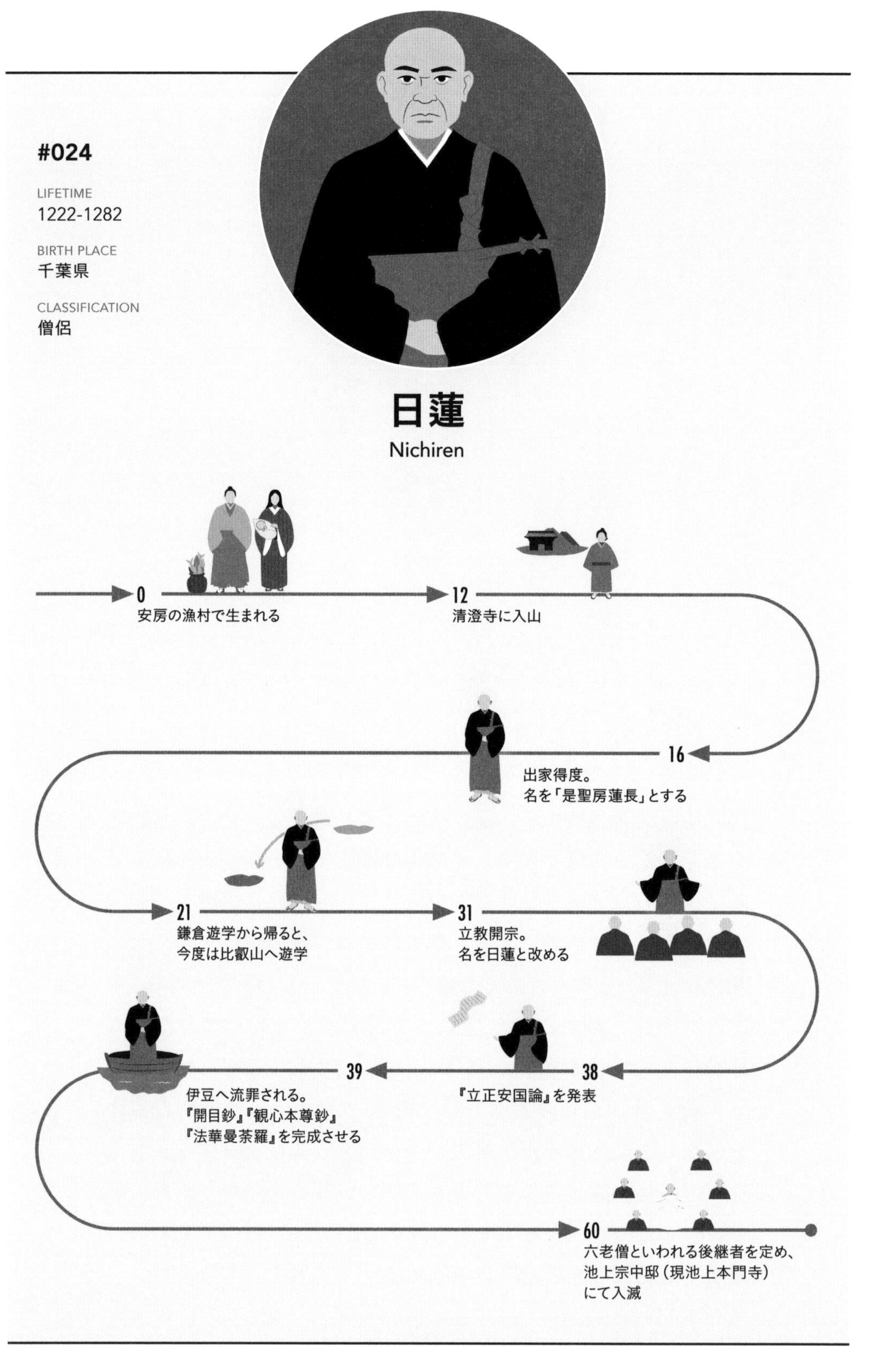

日蓮

Nichiren

#024
Nichiren

「釈迦仏を御使として霊山浄土へ参り逢わせ給へ」

（釈迦如来にすがって霊山浄土へ行き、そこで再会なさってください）

安房の漁村で誕生した日蓮は、修行のため天台宗の清澄寺（せいちょうじ）に入山した。4年間修行に打ち込み出家する。しばらく鎌倉にて遊学した後、比叡山へ入る。十数年の遊学を経て、立教開宗し、名を「日蓮」と改めた。鎌倉に移り住んだ日蓮はそこで大地震を経験する。災害の原因を仏法に照らして究明し、『立正安国論』を5代執権・北条時頼に提出。民衆や幕府の間違った信仰が災害の原因だと主張し、法然の念仏を批判していたため伊豆国伊東へ流罪となる。伊豆での流罪を終えて以降も、度重なる襲撃や佐渡への流罪を受けながら説法を続け、最期は多くの門下生に見送られながら入滅した。法華経の題目を唱えることで功徳が譲与されるとして、日蓮は流人生活のなかで教義を確立していった。

#025

LIFETIME
1251-1284

BIRTH PLACE
神奈川県

CLASSIFICATION
執権

北条時宗

Houjou Tokimune

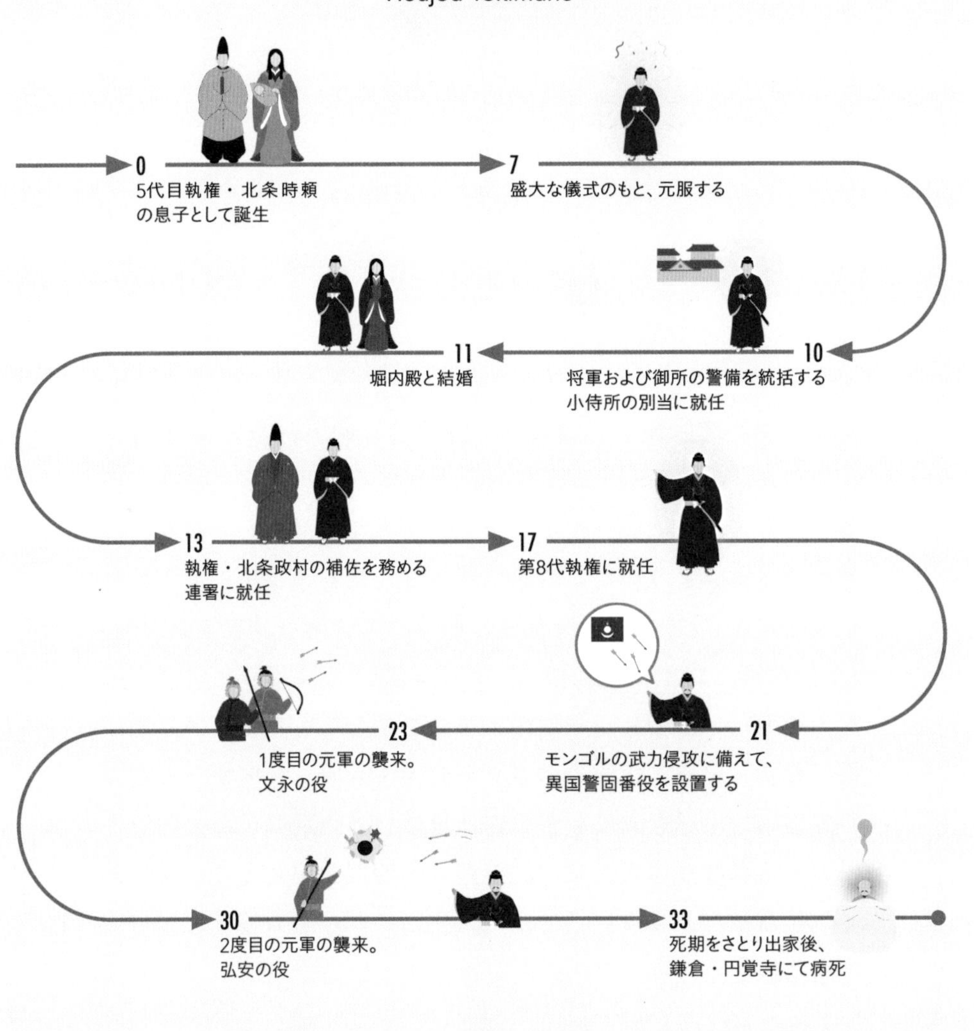

#025
Houjou Tokimune

「御家人已下軍兵等は守護の命に随い防戦の忠を致すべし」

（御家人より身分の低い者も、軍事の際には守護の命に従い、防戦に努めなければならない）

鎌倉に北条時頼の次男として生まれるが、幼少より正嫡として育てられた。その後、将軍の供奉などを務める小侍所の別当・連署の就任を経て、北条長時や政村を支えた後、第8代執権に就任した。国号を元とし中国を支配したモンゴルのフビライ=ハンからの朝貢を求める国書、モンゴルに滅ぼされた高麗の残党からの援助要請を黙殺していたが、ついに元軍の襲来（文永の役）が起こる。九州の御家人を動員して戦った。日本軍は苦戦したが元軍も損害が大きく、内部の対立もあって退いた。7年後、再び元軍が押し寄せてきた（弘安の役）が、博多湾岸への上陸をはばまれているあいだに暴風雨が起こって大損害を受け、ふたたび敗退した。日本国内だけでなく海外からの敵襲にどう備えるかなど、問題は山積みのまま病床で没する。

Column
1

Murasaki Shikibu

紫式部

『源氏物語』は世界最古の長編小説とされる。1923年のウェーリーによる優れた英語訳以降、世界中で翻訳され、日本文学の中で最も有名な作品になった。

➡ P036

Uesugi Youzan

上杉鷹山

鷹山が唱えた「自助・共助・公助」といった三助の思想は、現代でも通用する。第35代米国大統領のジョン・F・ケネディは鷹山の称賛者として知られる。

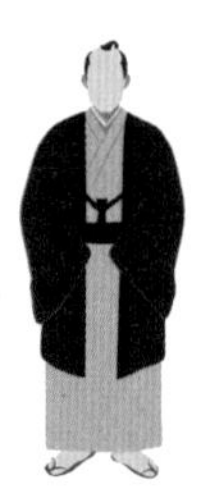

➡ P114

Katsushika Hokusai

葛飾北斎

19世紀のジャポニズムの流行において、浮世絵が西洋美術に与えた影響は大きく、米国『ライフ』誌の「世界の人物100人」に日本人から唯一選ばれた。

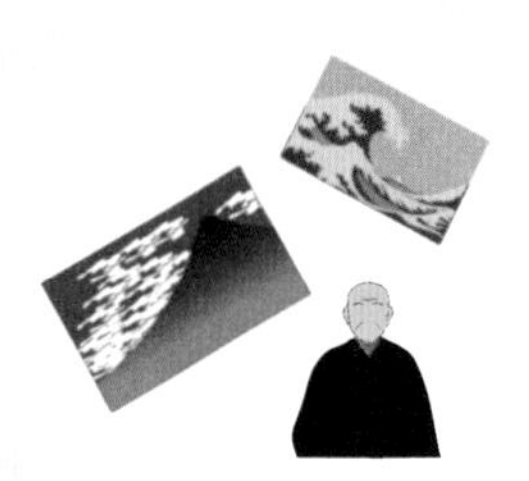

➡ P118

Utagawa Hiroshige

歌川広重

その作品は広重ブルーといわれる深い青色に象徴され、葛飾北斎と並び、19世紀にモネやゴッホといった印象派の画家たちに愛され、多大な影響を与えた。

➡ P128

世界的な名声を得た人物

Tougou Heihachirou

東郷平八郎

日本海海戦で、最強といわれたロシアのバルチック艦隊に勝利。「東洋のネルソン」と世界的称賛を集め、子に「トーゴー」と命名するのが流行したという。

➡ P172

Noguchi Hideyo

野口英世

東洋人としてはじめて、米国の地で細菌学者として名をなした。幼い頃から様々な逆境に立ち向かい、その功績により、3度のノーベル医学賞候補に挙がる。

➡ P196

Satou Eisaku

佐藤栄作

非核三原則の政策、NPT（核拡散防止条約）の調印などが評価され、1974年にノーベル平和賞を受賞。日本人として史上初のノーベル平和賞受賞者となった。

➡ P208

Yukawa Hideki

湯川秀樹

「中間子理論」で、日本人としてはじめてノーベル物理学賞を受賞。晩年は科学者の責任として核廃絶運動に加わり、ノーベル平和賞にも推薦されている。

➡ P210

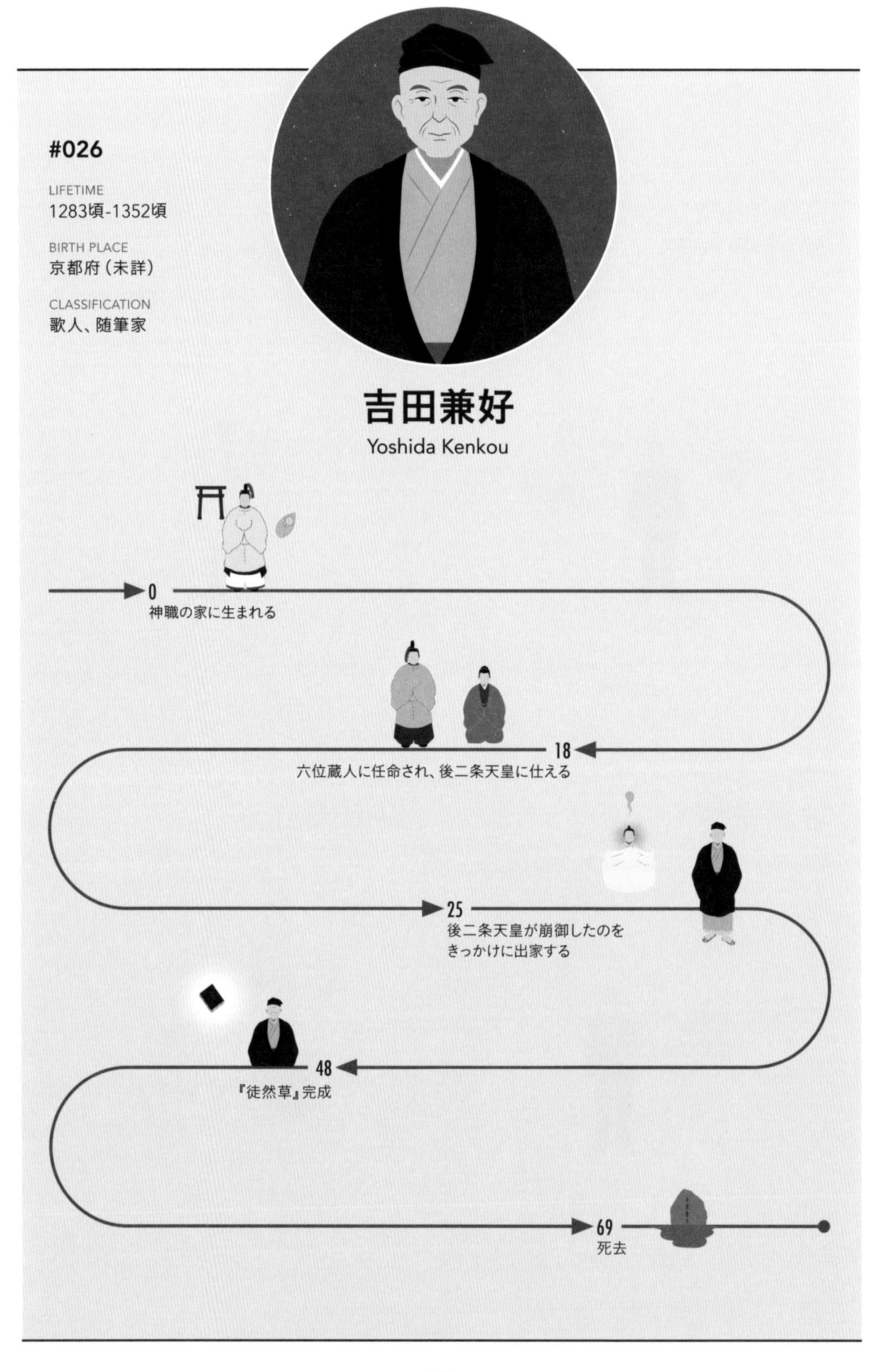
#026
LIFETIME
1283頃-1352頃
BIRTH PLACE
京都府（未詳）
CLASSIFICATION
歌人、随筆家
吉田兼好
Yoshida Kenkou
0
神職の家に生まれる
18
六位蔵人に任命され、後二条天皇に仕える
25
後二条天皇が崩御したのを
きっかけに出家する
48
『徒然草』完成
69
死去

#026
Yoshida Kenkou

「代々をへて
をさむる家の
風なればしばしぞ
さわぐわかのうらなみ」

（何代も続いたような格式のある家柄のようなので、久々に和歌の風情がわかってくれるだろうと思い、心が騒ぐ）

京都にある吉田神社の卜部（うらべ）氏出身というのが通説。吉田兼好と称されるようになったのは、江戸時代になってからといわれる。堀川家の家司（けいし）（家政をつかさどる職員）となり、後二条天皇が即位すると、六位蔵人（くろうど）として仕える。従五位下（じゅごいげ）左兵衛佐にまで昇進するが、天皇の死去をきっかけに宮廷を退き出家。出家後は武蔵国金沢（横浜市金沢区）での滞在ののち、大坂に庵を構えて仏道修行に励みながら和歌に精進していたとされる。和歌は二条為世（ためよ）から学び､勅撰の『風雅和歌集』『新千載和歌集』『新拾遺和歌集』などに入選するほどの実力で、和歌四天王の一人にも数えられる。深い洞察力で兼好の思索や見聞した出来事を244段からなる散文で記した『徒然草』は、室町時代以降、高く評価され現代でも当時の生活を知る貴重な史料となる。

#027

LIFETIME
1288-1339

BIRTH PLACE
京都府

CLASSIFICATION
天皇

後醍醐天皇

Godaigo Tennou

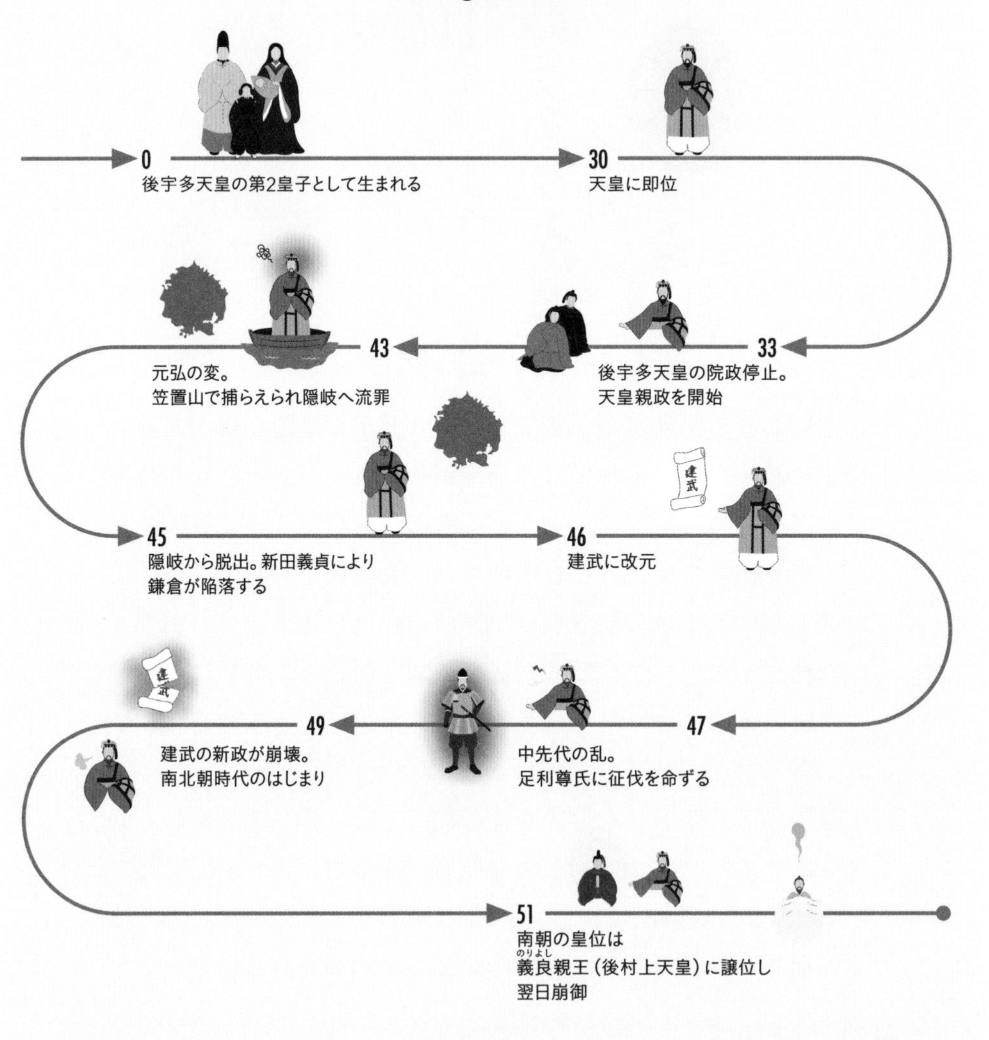

#027
Godaigo Tennou

「身はたとえ
南山の苔に埋るとも
魂魄は常に
北闕の天を
望まんと思う」

（私の体がたとえ吉野山で苔に埋まることになっても、魂は常に京の空をあおぎ見続けるだろう）

当時、皇統は大覚寺・持明院両統に分裂しており、後醍醐天皇の即位は中継ぎであった。両統迭立（両統が交代で皇位に就くこと）によって実子に継承できないことを許せず、討幕を計画（正中の変）。三種の神器を持って笠置山で挙兵するが、捕らえられる（元弘の変）。隠岐へ流されるが脱出し、挙兵すると幕府側についていた足利尊氏が後醍醐天皇側に寝返り、京都の六波羅探題を攻め落とす。関東では新田義貞が鎌倉を落とし、鎌倉幕府を滅亡へと追い込んだ。京都に戻った後醍醐天皇は、天皇自らが政治をおこなう「建武の新政」を開始。天皇権力の性急な強化に無理が生じ、各地で争いが起きた。後醍醐天皇は花山院に幽閉されたが、こっそり奈良・吉野へ抜け出し皇位の正統性を主張したところで、病に倒れてこの世を去る。

#028

LIFETIME
1294頃-1336

BIRTH PLACE
大阪府

CLASSIFICATION
武将

楠木正成

Kusunoki Masashige

0
出自については諸説あり不明

28
北条高時の命で摂津国の渡辺党、紀伊国の湯浅氏らを討つ

37
赤坂城の戦い。北条高時の軍、数十万騎に対してわずか数百で挑む

38
天王寺の戦い。相手の宇都宮高綱は正成の武勇に臆し、戦わずして兵を引く

39
千早城の戦い。幕府の大軍と対峙(たいじ)。激闘に一歩も引かず戦い続けた

40
建武の新政。検非違使・河内守に任じられる

42
湊川の戦い。和睦を求めるが認められず敗北。弟の楠木正季と刺し違える形で自害した

#028
Kusunoki Masashige

「合戦の勝負必ずしも大勢小勢に依らず」

（合戦の勝負は、必ずしも兵の多い少ないで決まるのではなく、皆の志を一つにすることで決まる）

元弘の変での挙兵以前は、北条高時の命で摂津国の渡辺党を討ち、紀伊国の安田庄司（湯浅氏）を殺害、南大和の越智氏を滅ぼしている。その後、正成は後醍醐天皇の倒幕計画に加担するようになる。元弘の乱では笠置山で捕らえられた後醍醐天皇のため、赤坂城で挙兵し、北条高時の軍勢数十万騎に対してわずか数百人で好戦した。この後も鎌倉幕府討幕のために、相次ぐ合戦の士気を盛り上げ続け、勝利へ導いた。建武政権が樹立されると、正成は河内・摂津の守護となるなど、天皇の信任も厚く、天皇の身辺を警護した。武士たちの支持を集めた足利尊氏が反旗を翻すと、尊氏に対し、正成は湊川（みなとがわ）の戦いで和睦を主張するが、後醍醐天皇はそれを認めず、結局、正成軍は敗北し、正成は弟の楠木正季（まさすえ）と刺し違えて自害した。

#029

LIFETIME
1305-1358

BIRTH PLACE
神奈川県

CLASSIFICATION
征夷大将軍

足利尊氏

Ashikaga Takauji

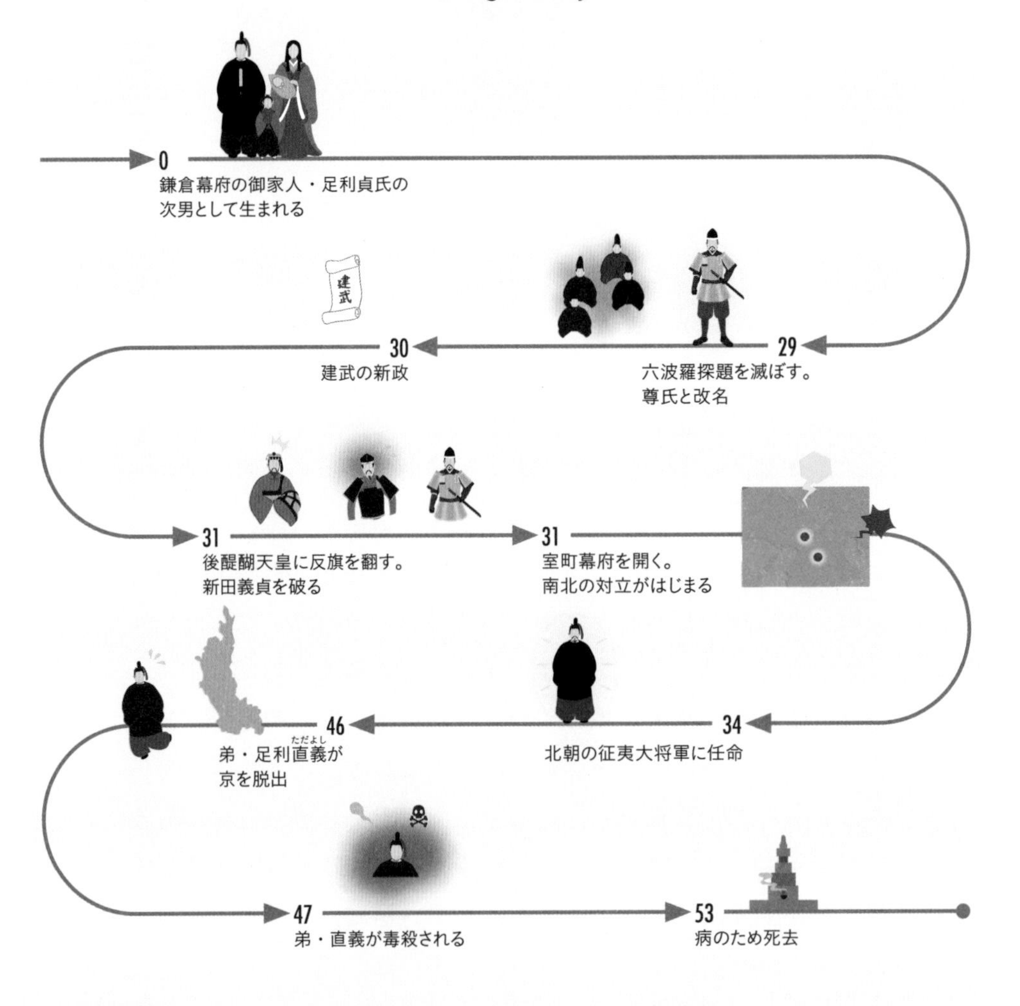

#029
Ashikaga Takauji

「良し悪しと
人をば言ひて
たれもみな　わが心をや
知らぬならん」

（皆、人のことは好き勝手に言えるが、誰も私の心はわかってはいない）

足利家本流の嫡男。足利家も源氏の名門であり、尊氏も鎌倉幕府の有力な御家人であったが、御家人の窮乏に不満が充満していた。後醍醐天皇が元弘の変を起こすと、それを阻止するために幕府から命ぜられ上洛（じょうらく）するが、元寇以降、弱体化が進む幕府に見切りをつけ、後醍醐天皇側に寝返る。建武の新政がはじまると、性急な権力強化をはかる後醍醐天皇の政治は政務の停滞や社会の混乱を招き、人々の信頼を失っていった。この形勢を見て、新政権に反旗を翻す。1度は負けるものの巻き返し、多々良浜（たたらはま）の戦いで勝利すると光明天皇から征夷大将軍に任命され武家政治を復活させる。一方、後醍醐天皇は吉野に朝廷を樹立、南北朝時代の開始となる。物惜しみすることがない尊氏の人柄は、配下の武将から人気が高かったといわれている。

LIFETIME
1358-1408

BIRTH PLACE
京都府

CLASSIFICATION
征夷大将軍

足利義満

Ashikaga Yoshimitsu

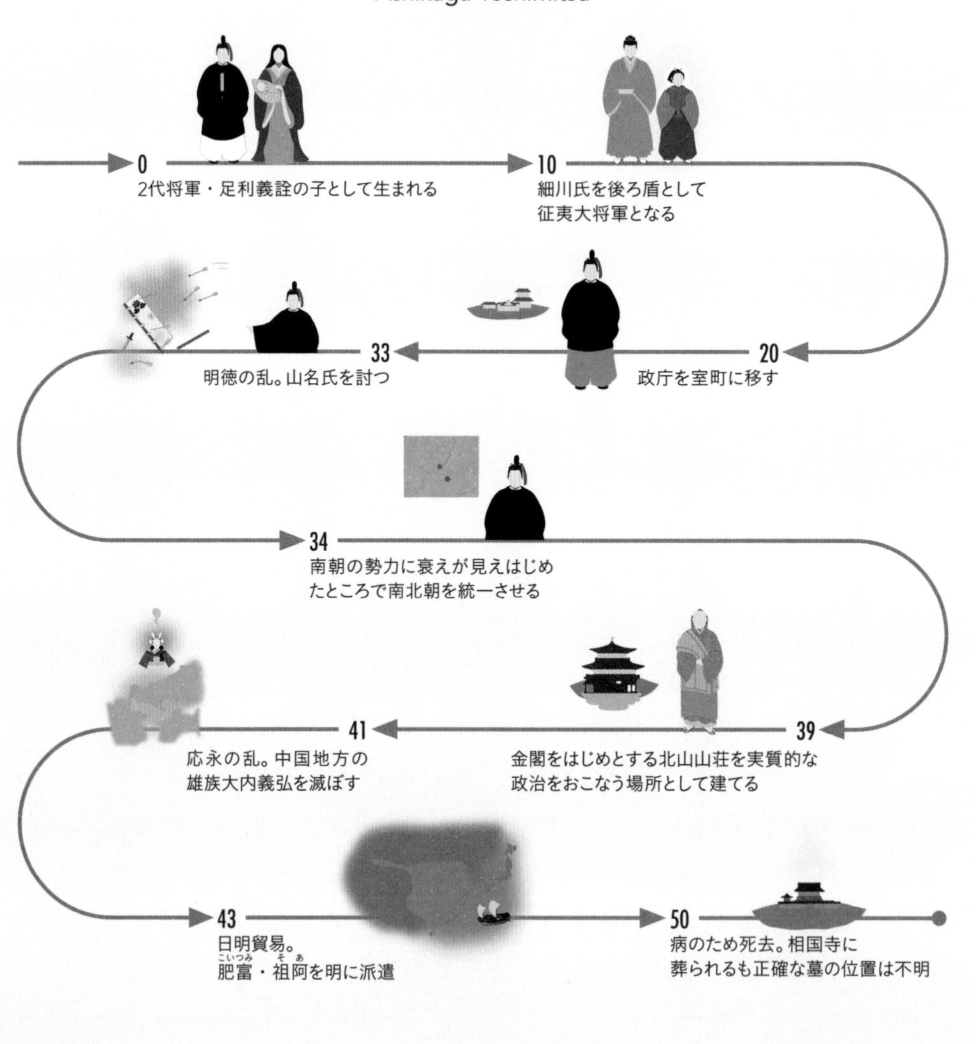

#030
Ashikaga Yoshimitsu

「たのむかな
我がみなもとの石清水
ながれの末を
神にまかせて」

(その流れの末は神の意に任せ、源氏の氏神である石清水の社に、わが身を託して祈ることだ)

将軍である父・義詮(よしあきら)が重病となり政務ができなくなったことで、義満は10歳で足利幕府の3代将軍となる。20歳のときに邸宅を北小路室町に移し政庁とし、のちに「花の御所」と呼ばれ、この時代は室町時代と称されるようになる。奉公衆などの将軍直属の軍事力を形成し、有力大名の勢力を抑えつつ、幕府の政権運営を安定させていく。そこから義満は南北に分裂していた朝廷を統一するための行動に移り、南朝が所有していた三種の神器を北朝の後小松天皇に渡すことで南北朝統一を果たした(明徳の和約)。このように政権地盤を確立させた上で、中国との貿易で国の経済を発展させていく。圧倒的な権威と権力を感じさせる金閣をはじめとする北山山荘を建立、武家文化・公家文化・唐様(からよう)(禅)が入り交じる北山文化を開花させていく。

#031

LIFETIME
1394-1481

BIRTH PLACE
京都府

CLASSIFICATION
僧侶

一休宗純

Ikkyu Soujun

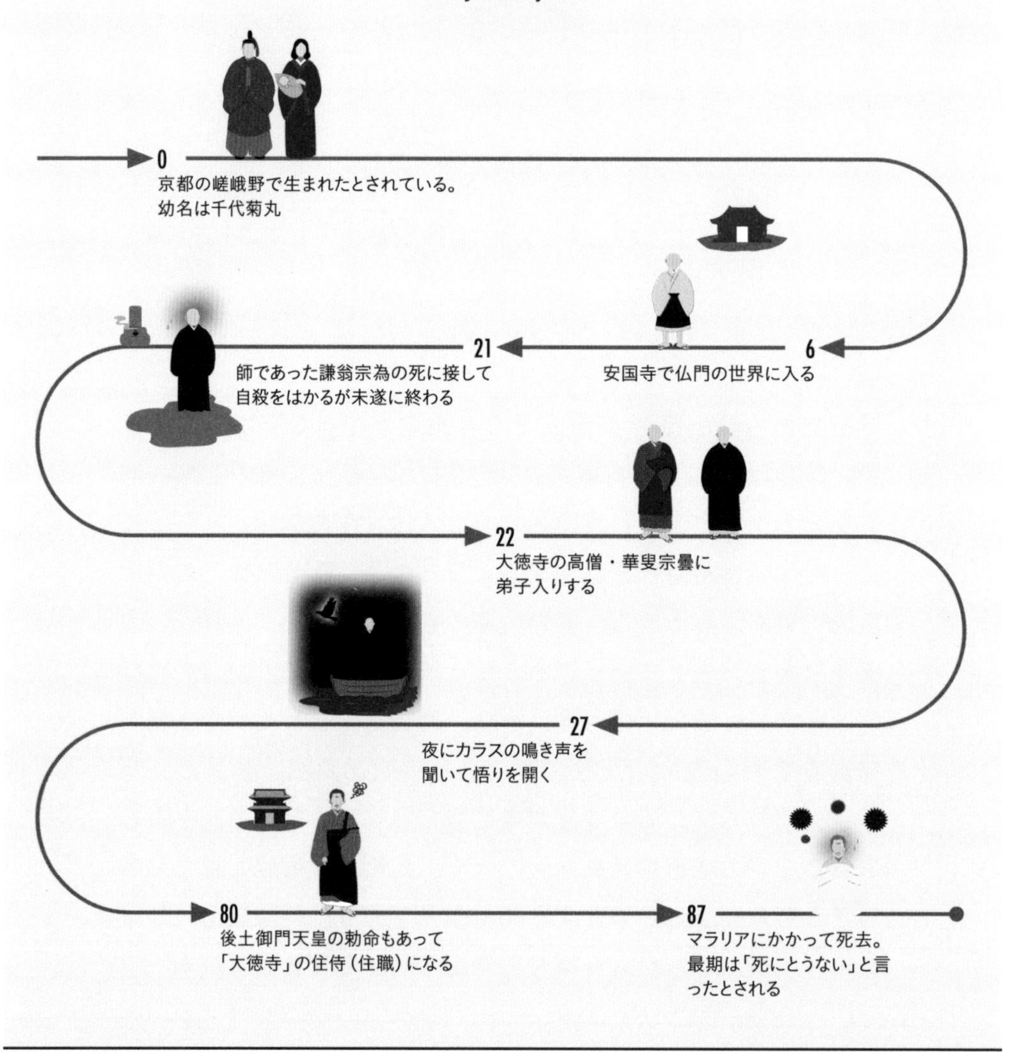

#031
Ikkyu Soujun

「成仏とて
別に尊き光も放ち
奇特をも見せ申候事は
有まじく候」

(成仏というのは尊い光を放ったり、霊妙不可思議なものを見せることではない)

京都に生まれるが両親についてははっきりしていない（後小松天皇の子であるという説もある）。幼少時に安国寺へ入門。謙翁宗為に弟子入りし、戒名は宗純となった。謙翁宗為の死後、今度は京都の大徳寺の高僧・華叟宗曇に弟子入りする。この華叟から「一休」という道号をもらったことで、一休宗純という名で呼ばれるようになる。修行の日々を送っていたある夜、琵琶湖に小舟を浮かべて夜通し座禅を組んでいると、カラスの鳴き声を聞いて悟りを開いた。このことを華叟和尚に話すと、修行の終了証（印可）を渡されたが一休は辞退。その後の一休に関しては、町を歩く際に大きな木刀を持ったり、僧でありながら恋仲の女性と同棲したりと破天荒な暮らしぶりの記録も残っている。晩年は徳をもって大徳寺の再興に尽力した。

LIFETIME
1432-1519

BIRTH PLACE
岡山県

CLASSIFICATION
武将

北条早雲
Houjou Souun

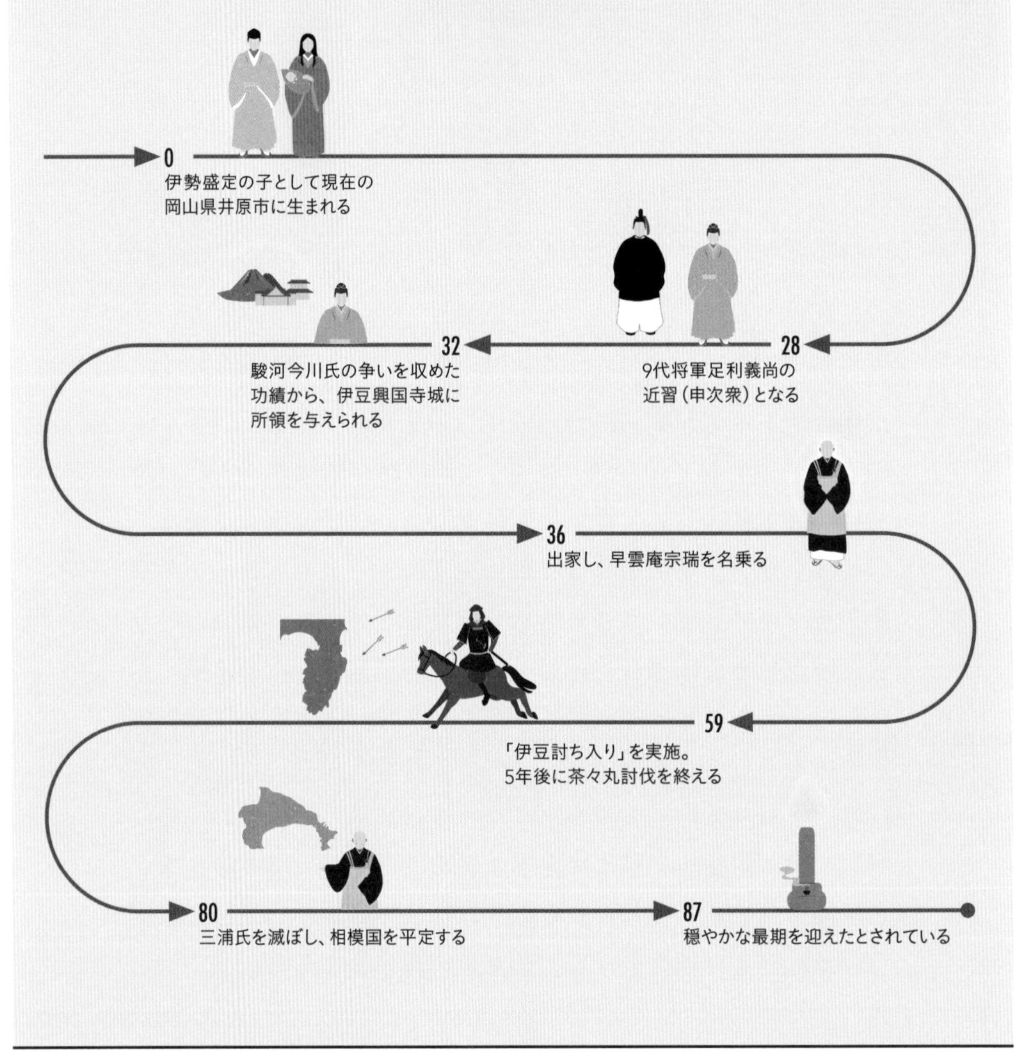

#032
Houjou Souun

「少しの隙あらば、
物の本をば
文字のあるものを
懐に入れ
常に人目を
忍び見るべし」

(少しの時間があれば、書物を懐に入れておき、いつも人に見られないように読みなさい)

鎌倉時代の執権・北条氏との区別から早雲から続く北条5代を「小田原北条氏」と呼ぶ。父である伊勢盛定は応仁の乱のときの8代将軍・義政の側近。早雲も9代将軍・義尚の申次衆(もうしつぎしゅう)を経て、奉公衆にまで昇格した。その際、駿河国で功績を上げたことから現在の沼津市に領地を得た。在京時代には大徳寺などで禅を学んだとされる。将軍義政の異母兄弟である足利政知の子・茶々丸が、父の死後、強引に跡目を継いで堀越公方となったことで近隣に城を持つ早雲に対し、11代将軍・足利義澄から茶々丸の討伐が命じられた。その戦いが東国の戦国時代突入のきっかけとなり、戦乱に乗じた早雲は相模国を統一。関東で領地を拡大し続け、小田原北条氏の発展の基礎を築いた戦国大名となる。

#033

LIFETIME
1436-1490

BIRTH PLACE
京都府

CLASSIFICATION
征夷大将軍

足利義政
Ashikaga Yoshimasa

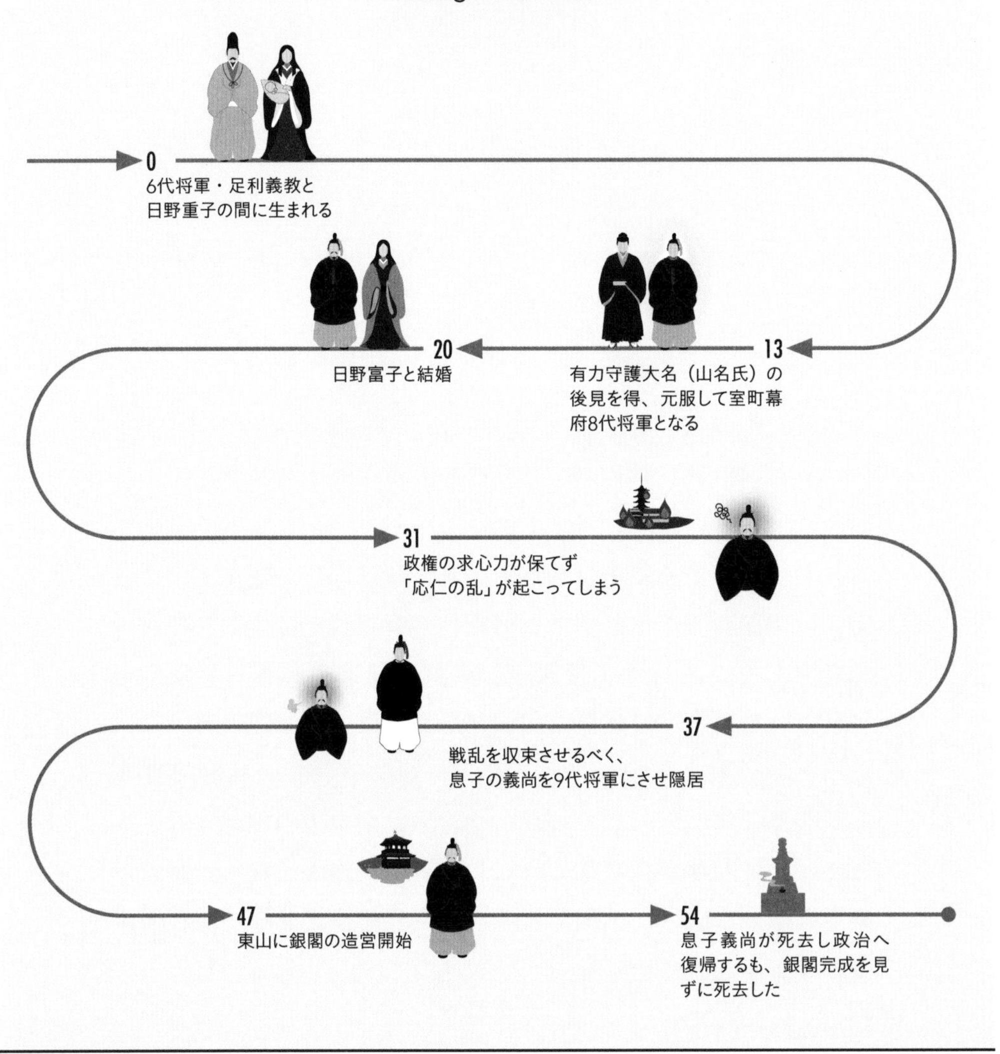

#033
Ashikaga Yoshimasa

「咲き満ちて花より外に色もなし」

（桜が満開になり、その花の色に満たされている）

兄である7代将軍義勝の跡を継ぎ、幼くして足利幕府の8代将軍となる。今参局（いままいりのつぼね）、烏丸資任（からすまるすけとう）、有馬持家（名前に「ま」がつくことから「三魔」）らが政治に介入するようになると、次第に政治を思う通りに動かすことができなくなり、義政の政務に対する気力も薄れていった。息子・義尚が誕生したことで後継者問題が勃発。守護大名同士の対立も絡み合い、全国規模の大きな争いが京都の町で繰り広げられるようになる（応仁の乱）。11年も続いたこの大乱は、義政の隠居に伴う両者の和睦を経て収束。隠居した義政は3代将軍・義満に倣い、政治機能を持たせた銀閣をはじめとする東山山荘を建てる。金閣寺のような絢爛（けんらん）さは出せなかったものの、室町時代後期に栄えた東山文化を代表する建築物となる。

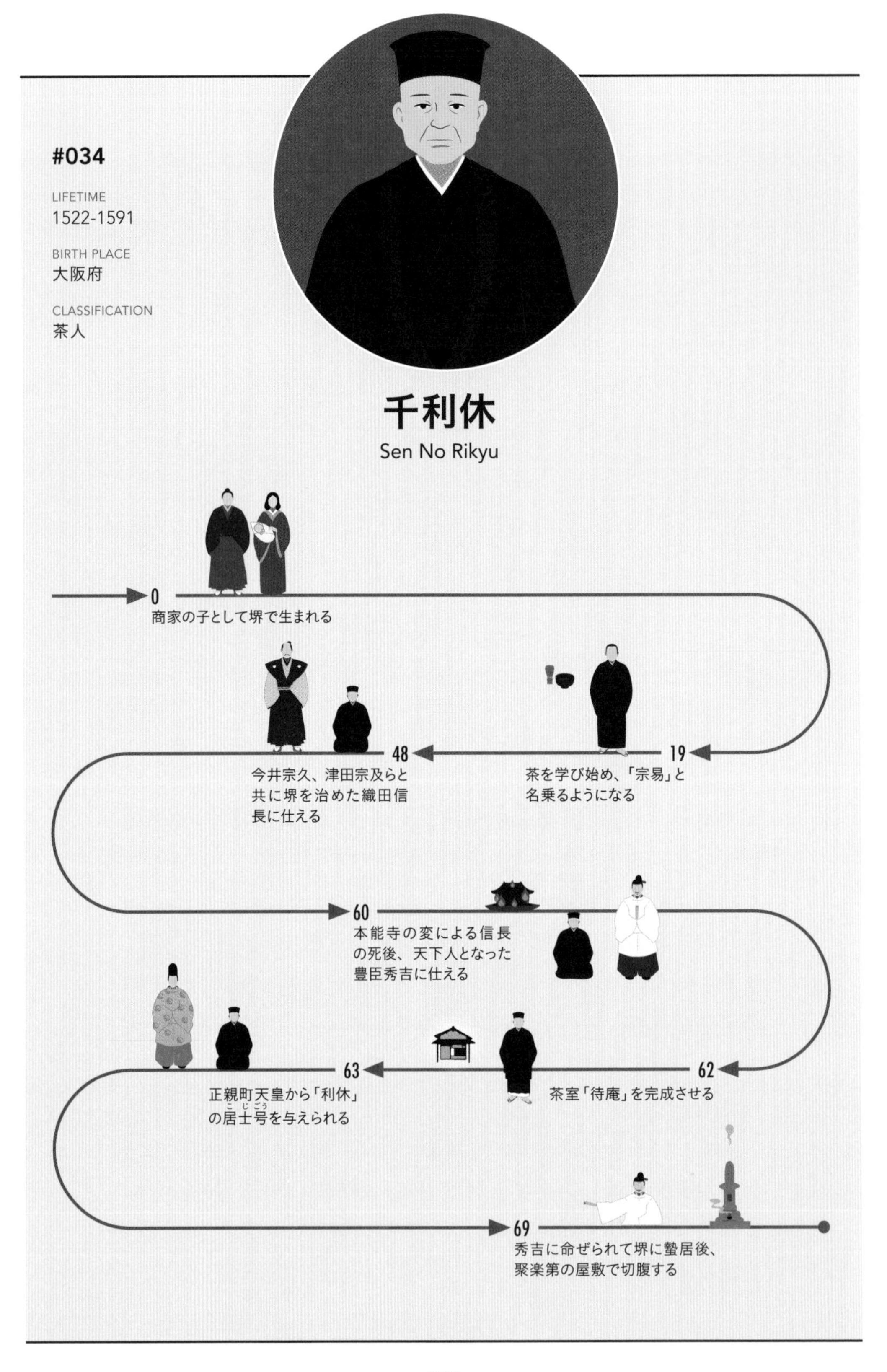
#034
LIFETIME
1522-1591
BIRTH PLACE
大阪府
CLASSIFICATION
茶人
千利休
Sen No Rikyu
0
商家の子として堺で生まれる
19
茶を学び始め、「宗易」と名乗るようになる
48
今井宗久、津田宗及らと共に堺を治めた織田信長に仕える
60
本能寺の変による信長の死後、天下人となった豊臣秀吉に仕える
62
茶室「待庵」を完成させる
63
正親町天皇から「利休」の居士号を与えられる
69
秀吉に命ぜられて堺に蟄居後、聚楽第の屋敷で切腹する

#034
Sen No Rikyu

「稽古とは
一より習ひ
十を知り
十よりかへる
もとのその一」

(稽古というものは、はじめて一を習うときと、十まで習い終わってから一を習うときでは、まったく違うものである)

両親は魚を扱う商人で、漁師町に生まれたとされる。利休は若くして茶の湯を習い、茶会を開催してはその腕を磨いていった。茶器を扱う商売を広めていき、財を成すようになる。堺が織田信長の勢力下に置かれた際、今井宗久、津田宗及らと共に信長に召しかかえられる。信長が茶道の政治的利用を推し進めていくなかで利休はそれに協力、信長主催の茶会をたびたび成功させている。信長の没後は豊臣秀吉に仕えたが、「茶湯」を政治利用していきたい秀吉と、「わびさび」を重視した「茶道」へと昇華させていきたい利休との考えの違いから、次第に互いの溝が深まっていった。利休はその後、妙喜庵の茶室「待庵(たいあん)」(国宝)を完成させ、大坂城の「黄金の茶室」の設計に携わった。秀吉より切腹を命じられ京都にて69年の生涯を終えた。

#035

LIFETIME
1534-1582

BIRTH PLACE
愛知県

CLASSIFICATION
武将

織田信長

Oda Nobunaga

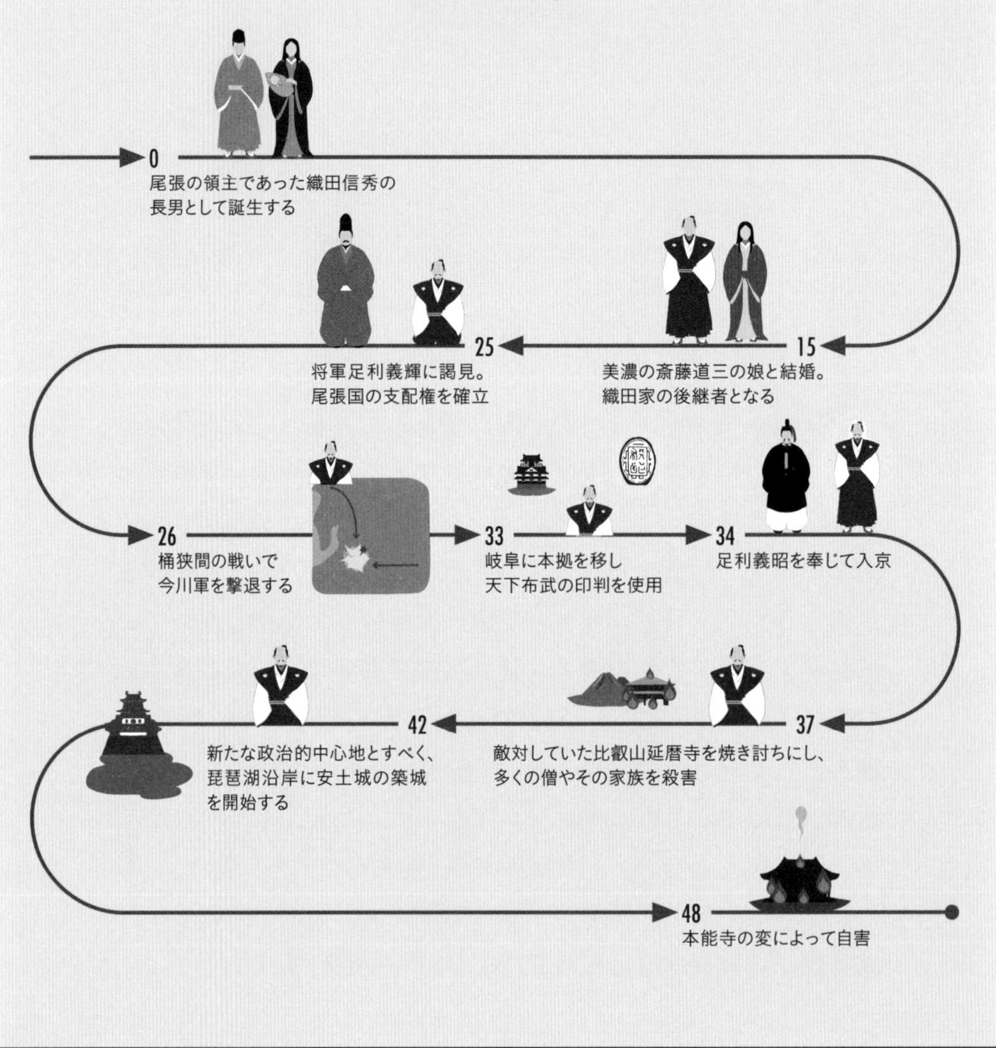

#035
Oda Nobunaga

「臆病者の目には、常に敵が大軍に見える」

（人は弱気になると、常にどんな敵であっても大軍に見えてしまう）

天下布武を掲げ、楽市楽座に代表される経済政策や新兵器の鉄砲を使った新戦法などで、統一事業を進めた。幼い頃は「大うつけ」と呼ばれたが、武士としての鍛錬は怠ることがなかったという。青年になると家督を継承し尾張国を統一。桶狭間の戦いで武名を上げ、美濃を手に入れ、将軍・足利義昭を擁して都入りすることで、天下統一に最も近い存在となる。仏教勢力の抵抗や、武田、上杉、毛利といった有力大名に包囲網を敷かれるなど、政権安定に向けては苦難の連続であった。キリスト教勢力を取り込み、羽柴秀吉、柴田勝家などの家臣団を各地に派遣し勢力を拡大。将軍義昭を都から追放して独自の政権を確立するも、最期は家臣の明智光秀に滞在先の京都本能寺で襲われ自害する。

#036

LIFETIME
1537-1598

BIRTH PLACE
愛知県

CLASSIFICATION
関白

豊臣秀吉

Toyotomi Hideyoshi

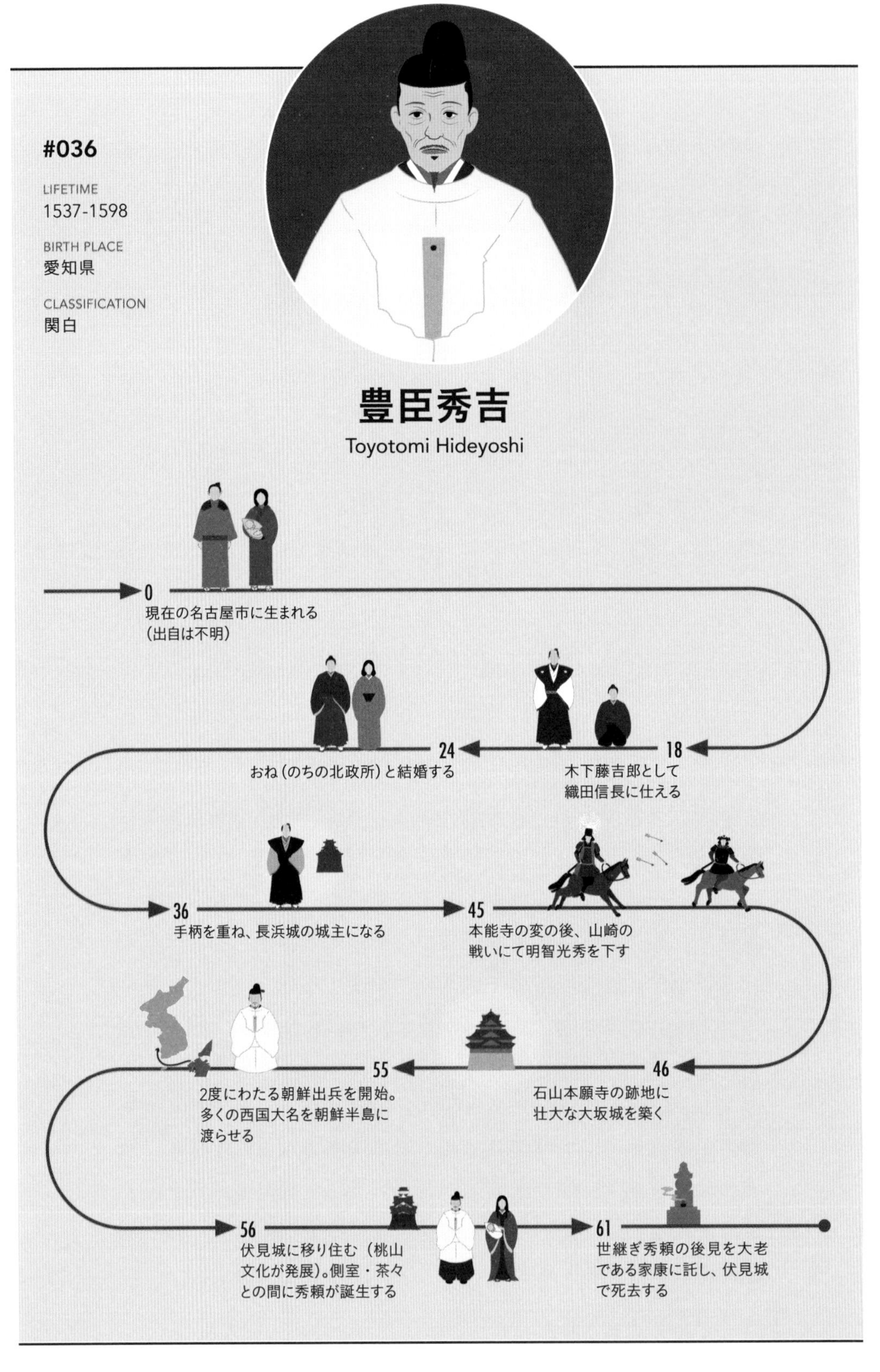

#036
Toyotomi Hideyoshi

「露と落ち 露と消えにし
我が身かな 浪速のことも
夢のまた夢」

（露として生まれ、露として死んでいく自分。大坂での出来事は、まるで夢のなかで夢を見ていたようなものである）

青年期に織田信長のもとへ仕官。美濃攻略の戦にて一夜にして墨俣（すのまた）城を築き上げた手柄を契機に出世を重ね、信長家臣団の中核となる。中国地方の毛利攻めの最中に明智光秀による本能寺の変が起こり、主君信長が自害。すぐに京都へ戻り（中国大返し）、光秀を山崎の戦いで下す。織田信長の後継者と遺領の分配決めをする「清洲会議」では、明智光秀討伐の功績が讃えられ家臣団筆頭に選ばれた。秀吉は天下取りに邪魔な信長の次男・信雄（のぶかつ）を排除しようと企むが、信雄は秀吉討伐の目的で徳川家康と同盟。秀吉はこれと和睦。以後家康は、豊臣政権の中心人物として大きな影響力を持つようになる。本拠地を大坂に移して富を得、朝廷から豊臣姓を賜り、関白・太政大臣にも就任。最後まで抵抗していた諸大名を服従させ、日本を統一した。

#037

LIFETIME
1542-1616

BIRTH PLACE
愛知県

CLASSIFICATION
征夷大将軍

徳川家康

Tokugawa Ieyasu

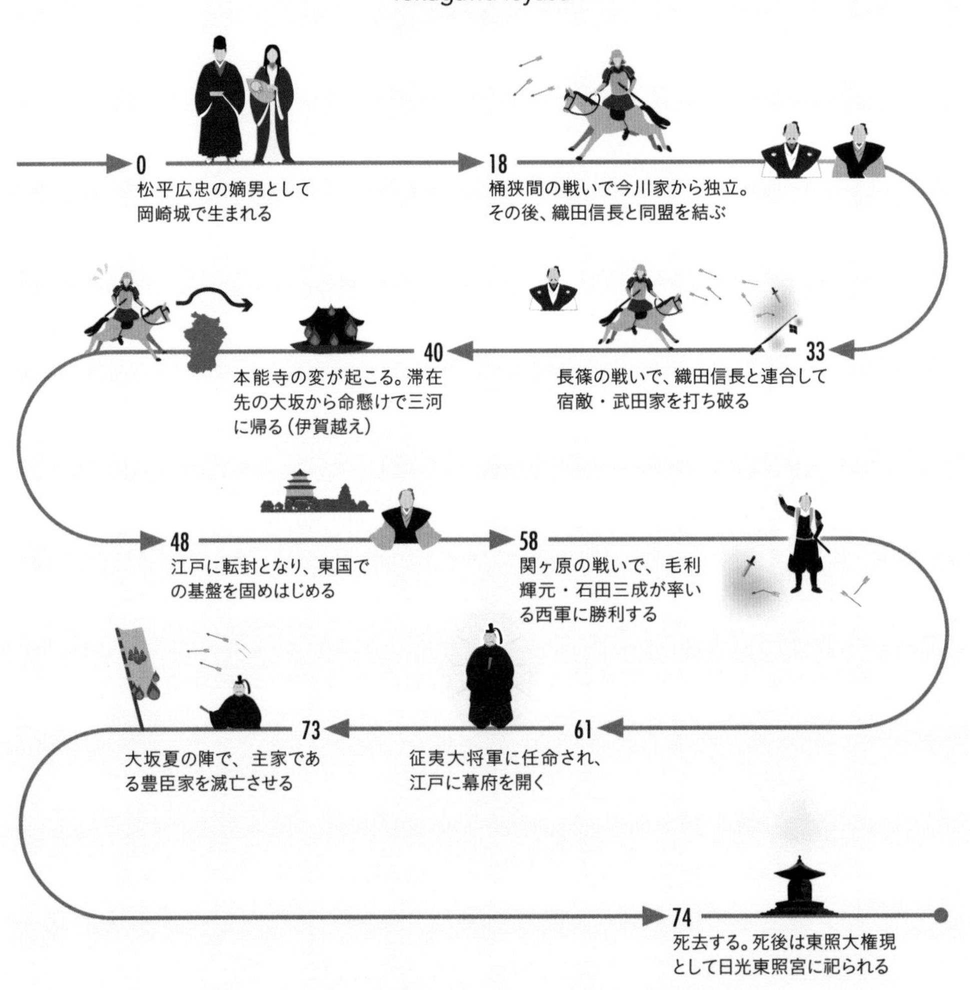

#037
Tokugawa Ieyasu

「人の一生は
重き荷を負うて
遠き道を行くが如し
急ぐべからず」

（人の一生は、重い荷物を持って遠い道のりを行くようなものなので、急いではいけない）

1600年、石田三成を関ヶ原で破り、以降250年続く太平の世をつくった。弱小豪族の子であった家康は織田氏・今川氏の人質として幼少期を過ごす。桶狭間の戦いで今川義元が敗れると、織田信長と同盟。信長への配慮から息子の信康を自害させるなど、その同盟関係は主従に近かった。信長の没後は、信長の後継者である秀吉と対峙。和睦を持ちかけられ、関係を修復し秀吉の筆頭家臣（大老）となる。秀吉の命令で関東に転封となり、江戸にのちの首都の礎を築く。秀吉の没後、求心力を失った豊臣政権は弱体化。関ヶ原の戦いに勝利し実権を握り征夷大将軍となり、実質的な日本の権力者となる。晩年、豊臣秀頼が籠（こも）る大坂城を包囲。真田幸村ら大坂勢の奮戦で窮地に陥るも、最後は秀頼とその母・淀君（茶々）を自害させ、戦国時代を終わらせた。

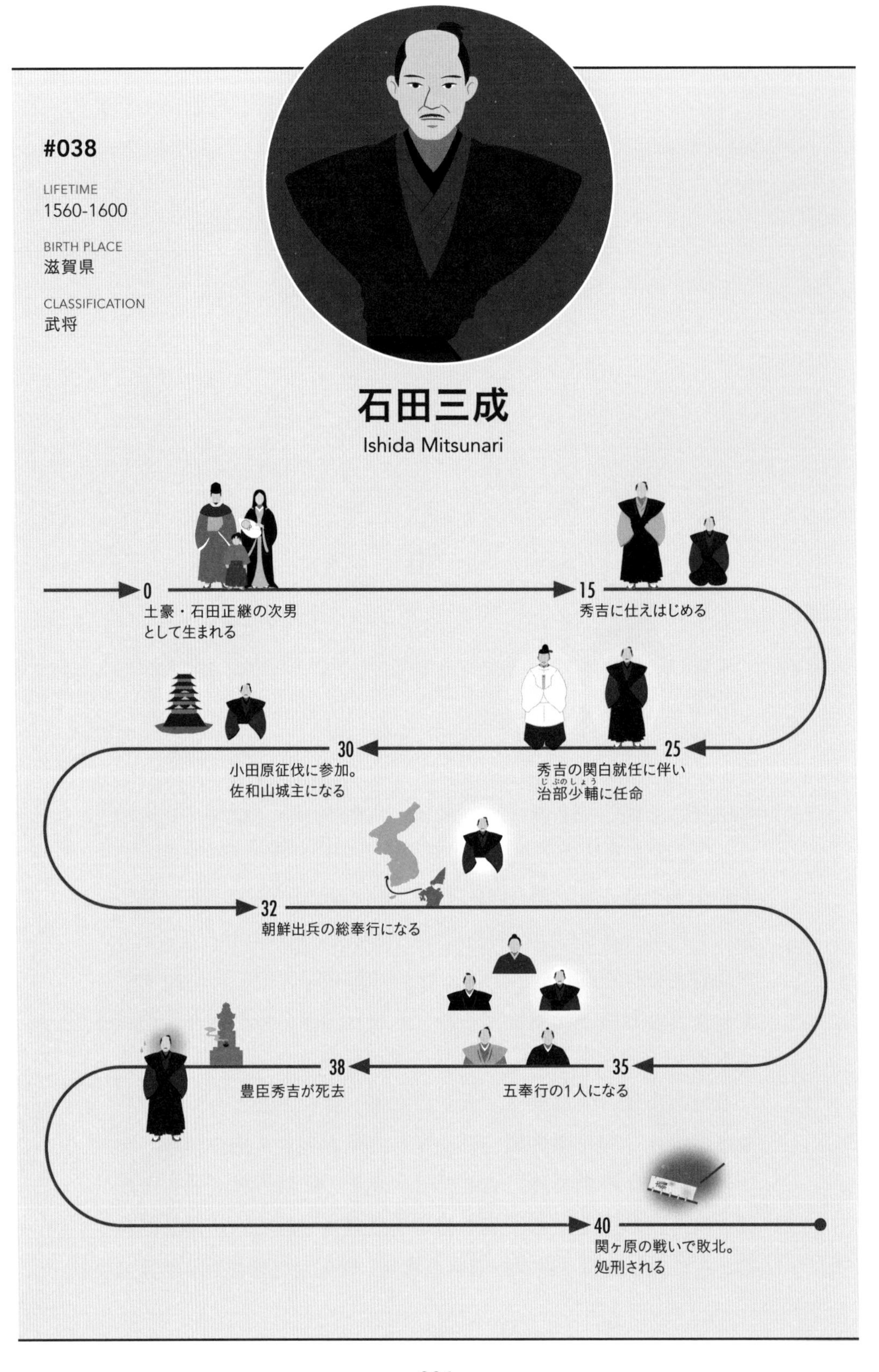
#038
LIFETIME
1560-1600
BIRTH PLACE
滋賀県
CLASSIFICATION
武将
石田三成
Ishida Mitsunari
0
土豪・石田正継の次男
として生まれる
15
秀吉に仕えはじめる
25
秀吉の関白就任に伴い
じぶのしょう
治部少輔に任命
30
小田原征伐に参加。
佐和山城主になる
32
朝鮮出兵の総奉行になる
35
五奉行の1人になる
38
豊臣秀吉が死去
40
関ヶ原の戦いで敗北。
処刑される

#038
Ishida Mitsunari

「裏切りたるは武将の恥辱」

（このような裏切りは、武士として恥ずべきことである）

生涯を豊臣秀吉のために奉公した武将。算術を生かした参謀役として力を発揮した。長浜城主となった秀吉が領地内で狩りをした帰り、喉が渇いたため立ち寄った寺で、その寺の小僧だった三成に会った。三成はこのとき3つの茶碗を用意し、温度の違うお茶を差し出した気遣いが秀吉に気に入られ仕えることになったといわれる。三成は秀吉のもとで、事務方としての才能を発揮していった。のちに「五奉行」に数えられ司法や行政を担当した。そんななか、朝鮮出兵中に秀吉が病死。亡き後も五奉行の筆頭として政権を運営した。家康が豊臣氏の制法に違反するとこれを糾弾するも、加藤清正、黒田長政ら7将に排除され、居城佐和山に一度は引退。家康に対して挙兵した関ヶ原の戦いでは敗北。六条河原で斬首刑となって最期を遂げた。

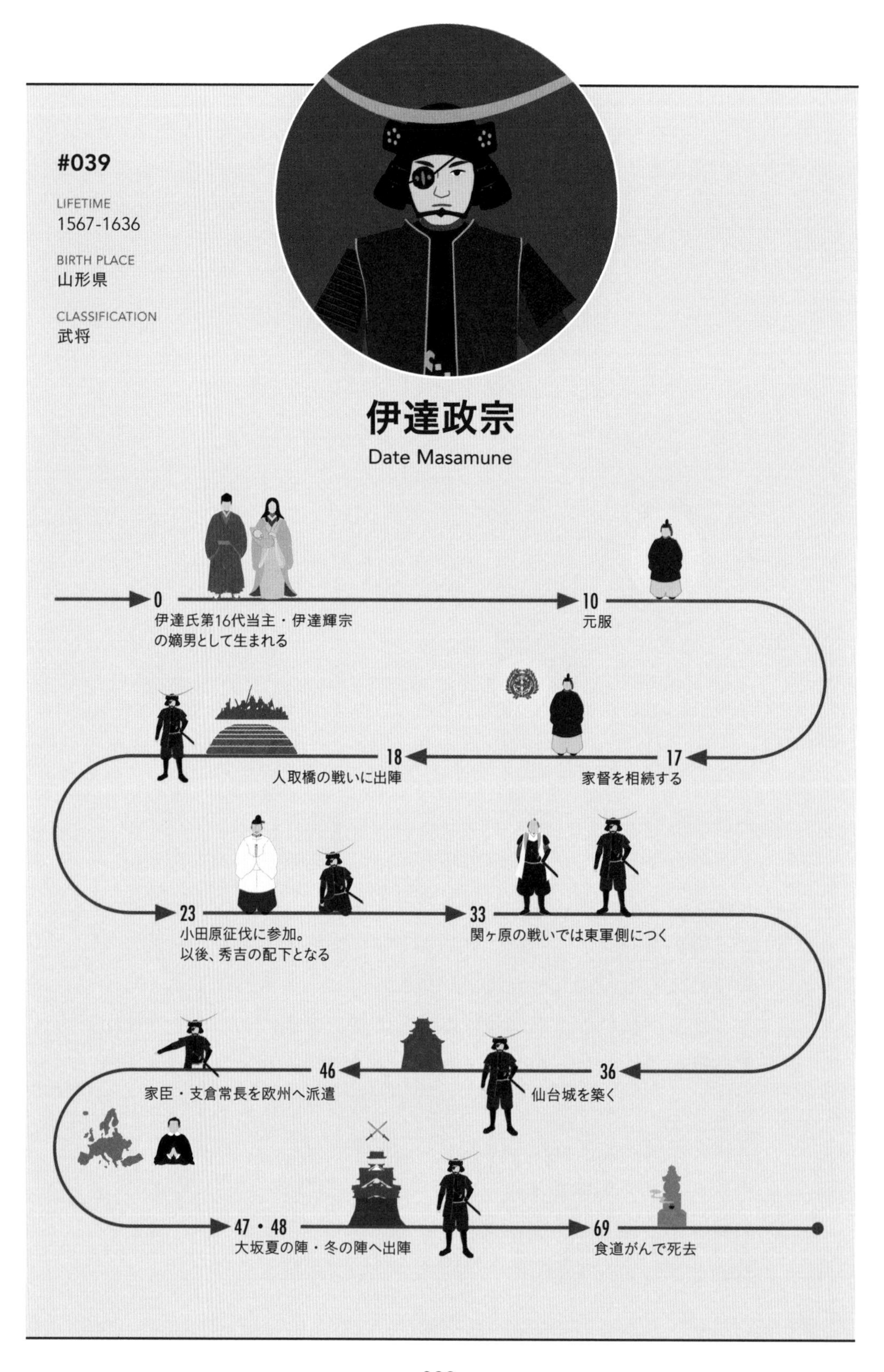
#039
LIFETIME
1567-1636
BIRTH PLACE
山形県
CLASSIFICATION
武将
伊達政宗
Date Masamune
0
伊達氏第16代当主・伊達輝宗
の嫡男として生まれる
10
元服
17
家督を相続する
18
人取橋の戦いに出陣
23
小田原征伐に参加。
以後、秀吉の配下となる
33
関ヶ原の戦いでは東軍側につく
36
仙台城を築く
46
家臣・支倉常長を欧州へ派遣
47・48
大坂夏の陣・冬の陣へ出陣
69
食道がんで死去

#039
Date Masamune

「曇りなき
心の月を 先だてて
浮世の闇を
照してぞ行く」

（私の人生は何も見えない暗闇を、曇りのない月の光を頼りに進むようなものであった）

米沢城主・伊達輝宗の嫡男。青年期は領地拡大に邁進（まいしん）したが時代は豊臣秀吉の天下が固まりつつあった。政宗は小田原攻めに参陣して服属。秀吉の配下となり朝鮮出兵に従軍。秀吉の死後、関ヶ原の戦いでは家康に接近。東軍につき、上杉家と戦った結果、家康から仙台藩62万石を安堵された。幼少期に患った疱瘡の後遺症で、右目を失明。政宗は1613年に仙台藩とスペインの貿易のために「遣欧使節」を結成した。支倉常長ら180名をメキシコ、スペイン、ローマなどに派遣した。幕府のキリスト教弾圧によって目的を達せなかった。また、政宗は戦乱の世が落ち着いてからは運河を造り、石巻港を開き、江戸へ米の流通を活発にしようとするなど東北の発展に尽力した。家康の亡き後は家光を支え、絶大な信頼を得ていた。

#040

LIFETIME
1604-1651

BIRTH PLACE
東京都

CLASSIFICATION
征夷大将軍

徳川家光
Tokugawa Iemitsu

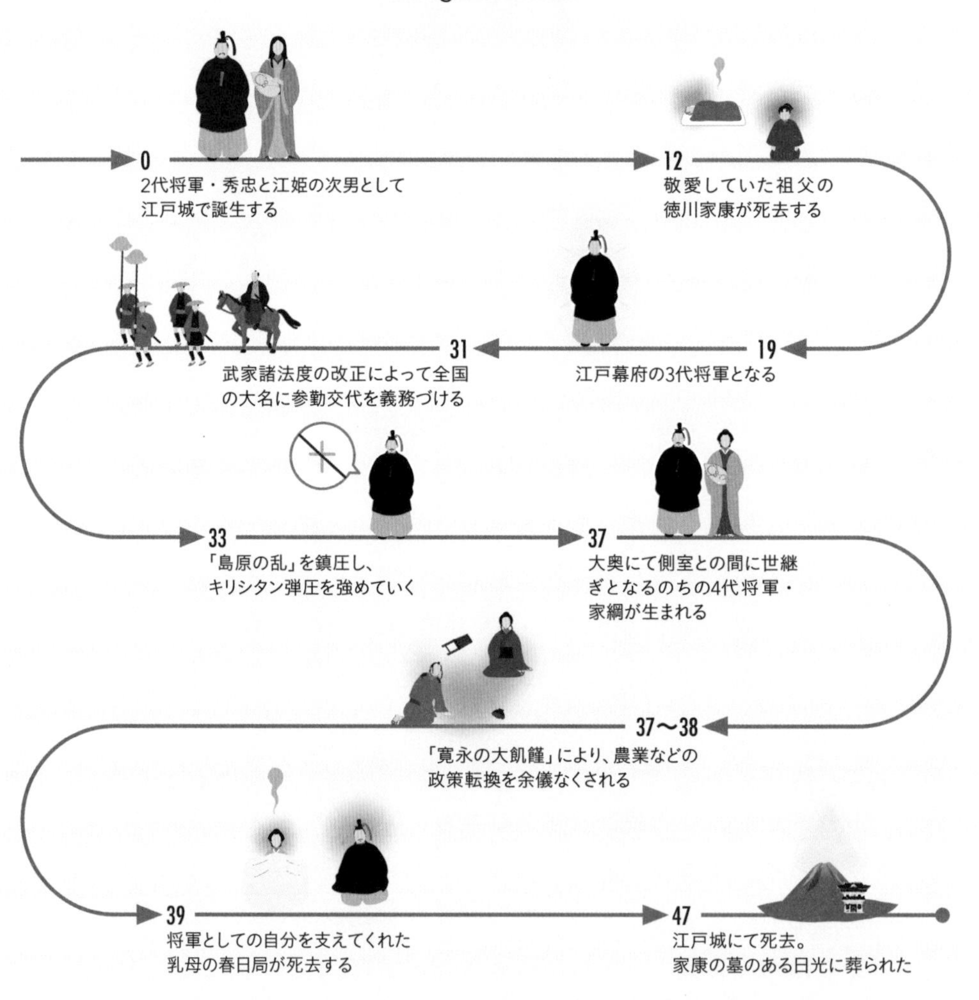

#040
Tokugawa Iemitsu

「肥後よ宗家を頼みおく」

（肥後守［保科正之］よ、わが息子・家綱を頼むぞ）

江戸幕府第3代征夷大将軍。幼名は竹千代。幼少より病弱であったが、乳母の春日局の尽力もあって家康から将軍になることを許された。将軍になった家光は、祖父・家康が祀られている日光東照宮の大改装をおこなうなど、終生祖父の家康を敬愛し続けた。「私は生まれながらの将軍であるから、大名は皆私の臣下である」と、将軍になった際、諸大名に言い放ったといわれる。武断政治をおこない、参勤交代や武家諸法度で大名を統制、またキリスト教を禁教とし貿易統制を強めた。老中、若年寄、奉行、大目付といった制度を定めるなどの幕政改革もおこない、その後の幕藩体制の基礎をつくった。この頃、家光に世継ぎをつくらせるための「大奥」という仕組みが完成。側室に世継ぎとなる子をつくらせている。

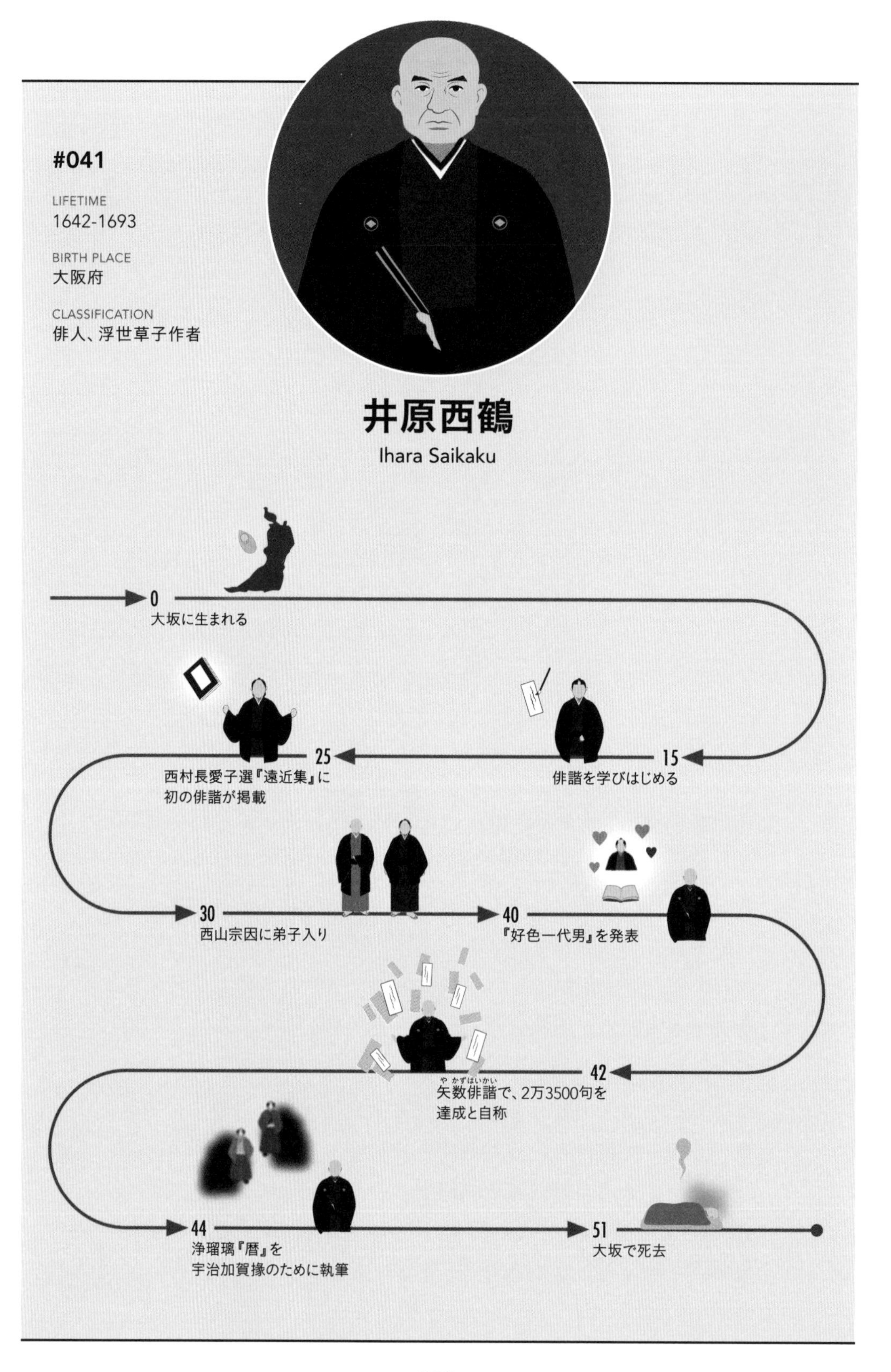
#041
LIFETIME
1642-1693
BIRTH PLACE
大阪府
CLASSIFICATION
俳人、浮世草子作者
井原西鶴
Ihara Saikaku
0
大坂に生まれる
15
俳諧を学びはじめる
25
西村長愛子選『遠近集』に
初の俳諧が掲載
30
西山宗因に弟子入り
40
『好色一代男』を発表
42
矢数俳諧（やかずはいかい）で、2万3500句を
達成と自称
44
浄瑠璃『暦』を
宇治加賀掾のために執筆
51
大坂で死去

#041
Ihara Saikaku

「浮世の月
見過ごしにけり
末二年」

（人の人生は50年といわれており、私は52年生きたので、2年分は浮世の月を余分に見たようなものである）

大坂の裕福な商人の家に生まれるが、談林(だんりん)派に身を置き俳諧師として名をなした。その独自の俳諧的世界は「阿蘭陀流(おらんだりゅう)」と称された。矢数(やかず)（1日の間に作った句数の多さを競う俳諧興行）を得意とし、2万3500句を達成と自称した。仮名草子を発展させた浮世草子の創作に入り、40歳のときに『好色一代男』を発表。瞬く間に評判となり、人気絵師・菱川師宣(もろのぶ)の挿絵で江戸本も発売された。好色物、武家物、町人物といったジャンルを通して、町人の生活を写実的にみずみずしく描写、以降の文学に大きな影響を与えた。歌舞伎や浄瑠璃の演劇界とも関わりがあり、役者評判記『難波の貌は伊勢の白粉』や、ひいきにしていた宇治加賀掾(かがのじょう)のために浄瑠璃『暦(こよみ)』『凱陣八嶋(がいじんやしま)』なども創作した。

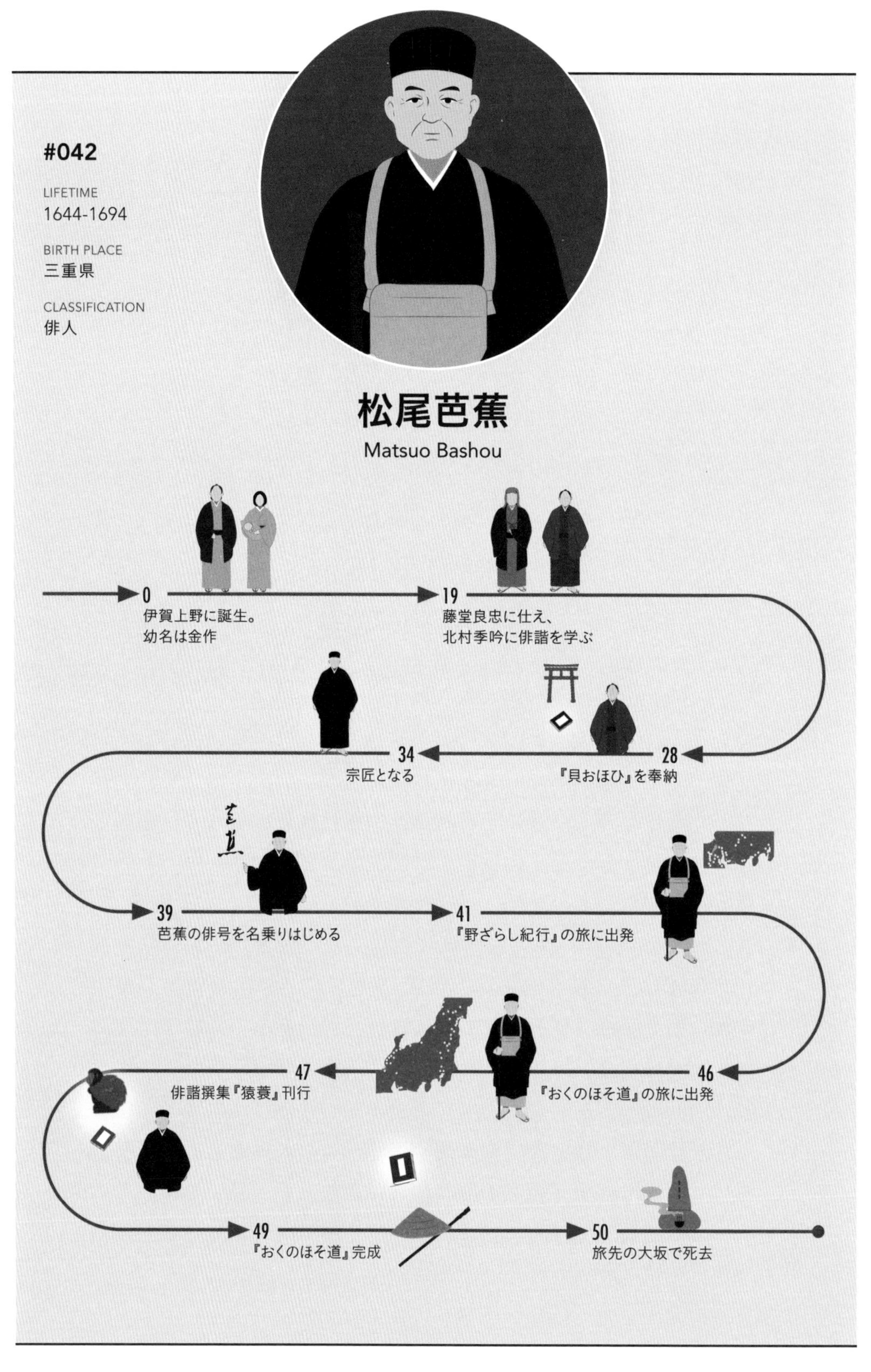
#042
LIFETIME
1644-1694
BIRTH PLACE
三重県
CLASSIFICATION
俳人
松尾芭蕉
Matsuo Bashou
0
伊賀上野に誕生。
幼名は金作
19
藤堂良忠に仕え、
北村季吟に俳諧を学ぶ
28
『貝おほひ』を奉納
34
宗匠となる
39
芭蕉の俳号を名乗りはじめる
41
『野ざらし紀行』の旅に出発
46
『おくのほそ道』の旅に出発
47
俳諧撰集『猿蓑』刊行
49
『おくのほそ道』完成
50
旅先の大坂で死去

#042
Matsuo Bashou

「旅に病んで夢は枯野をかけめぐる」

（旅の途中で病床に伏しながら見る夢のなかでは、いまだに自分自身が枯野を駆け回っている）

江戸時代の俳聖として、世界的にも知られる。幼少の頃、地元伊賀でも俳諧がはやっており、先輩俳人に手ほどきを受ける。それが縁で藤堂良忠に料理人として仕えることになり、良忠と共に京都の北村季吟（きぎん）のもとで俳諧を学んだ。俳諧仲間でもあった主君の良忠が若くして病死。伊賀上野の天満宮に最初の出版物である句合（くあわせ）『貝おほひ』を奉納し、江戸に向かった。江戸では談林派の影響を強く受けたが、宗匠となり「わび」「さび」「しおり」「軽み」などを重んじた「蕉風」を創設する。それまで言葉遊びの域を出なかった俳諧を、芸術として確立した。弟子を伴い各地を行脚、『野ざらし紀行』をはじめ『更科紀行』『おくのほそ道』など、多くの名句と紀行文を残した。この旅中、全国に多くの門人を得た。

#043

LIFETIME
1646-1709

BIRTH PLACE
東京都

CLASSIFICATION
征夷大将軍

徳川綱吉

Tokugawa Tsunayoshi

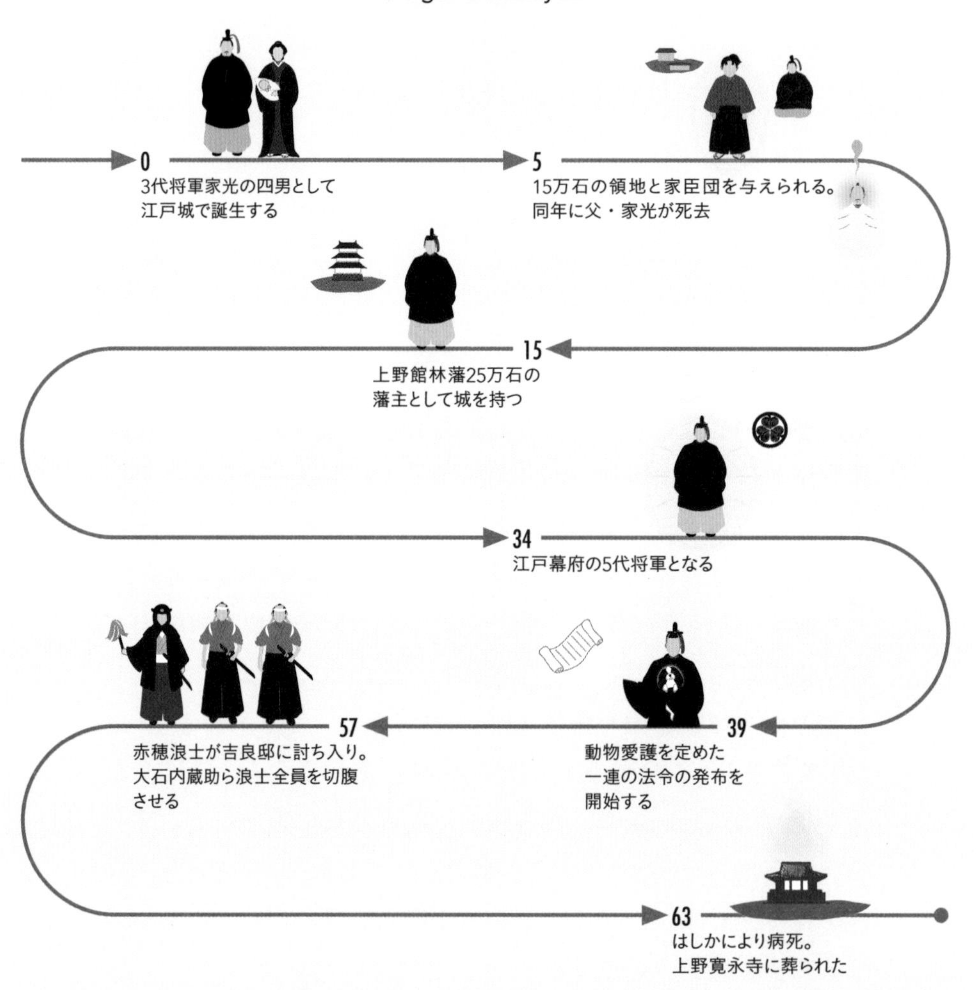

#043
Tokugawa Tsunayoshi

「思無邪（おもいよこしまなし）」

（心が素直で、偽り飾るところがない、少しも邪悪な考えがないこと）

江戸幕府5代将軍。3代将軍・家光の子として生まれ、上野館林藩の藩主を経て、兄で4代将軍・家綱の死去に伴い将軍職につく。武断政治から徳を重んじる文治政治へと転換（天和の治）。諸藩の情勢や朝廷公家の問題を解決しつつ、多くの学者を登用し、湯島聖堂を建立するなど学問の発展に貢献。後半生では、大老といった幕閣要職ではなく、近習（きんじゅ）から転じた側用人（そばようにん）と呼ばれる家臣（柳沢吉保など）を重用した。政策として有名なものに「生類憐みの令」がある。儒学に傾倒した綱吉は、庶民生活を改善するための福祉や、動物愛護（特に犬の保護など）に力を入れた。行きすぎた動物愛護の法令は混乱を招いたが、捨て子の禁止など、戦国の気風を泰平の世に転じるきっかけとなった。この政策は綱吉の死後、すぐに取りやめられることになる。

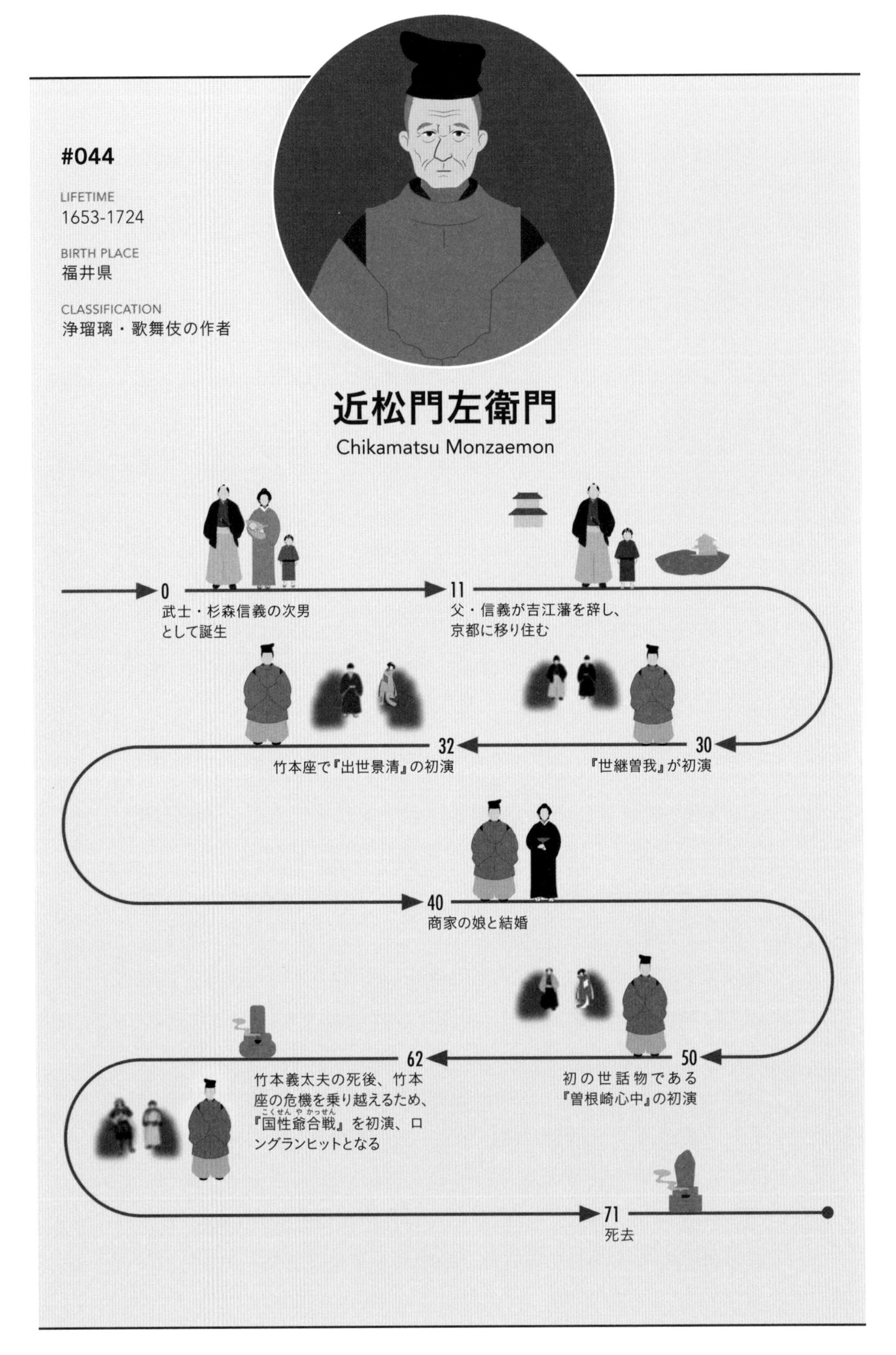
#044
LIFETIME
1653-1724
BIRTH PLACE
福井県
CLASSIFICATION
浄瑠璃・歌舞伎の作者
近松門左衛門
Chikamatsu Monzaemon
0
武士・杉森信義の次男として誕生
11
父・信義が吉江藩を辞し、京都に移り住む
30
『世継曽我』が初演
32
竹本座で『出世景清』の初演
40
商家の娘と結婚
50
初の世話物である『曽根崎心中』の初演
62
竹本義太夫の死後、竹本座の危機を乗り越えるため、『国性爺合戦』を初演、ロングランヒットとなる
71
死去

#044
Chikamatsu Monzaemon

「芸は実と虚との皮膜の間にあるものなり」

（芸というものは事実と虚構の間、皮膜の間にあるようなものである）

「作者の氏神」と崇められる。武家に生まれるが、10代半ばで家族と共に京都に移住。このとき公家に仕えたために得た豊かな教養や知識が、その後の作品に大きな影響を与えた。京都・宇治座の創設者である宇治加賀掾のもとで作家修業をはじめる。宇治座で上演された『世継曽我』を、竹本義太夫が大坂・竹本座の旗揚げ公演で上演。義太夫と組んで多くの作品を世に残すことになる。歌舞伎役者である坂田藤十郎と提携し、歌舞伎狂言も書きはじめる。主流であった「時代物」の作品に加え、初の「世話物」である『曽根崎心中』を完成させる。これが大評判となり、坂田の健康にも陰りが見えはじめたのをきっかけに、再び浄瑠璃に専念することとなる。それらの作品は、現在も伝統芸能「文楽」としても受け継がれている。

#045

LIFETIME
1657-1725

BIRTH PLACE
東京都

CLASSIFICATION
儒学者、政治家

新井白石
Arai Hakuseki

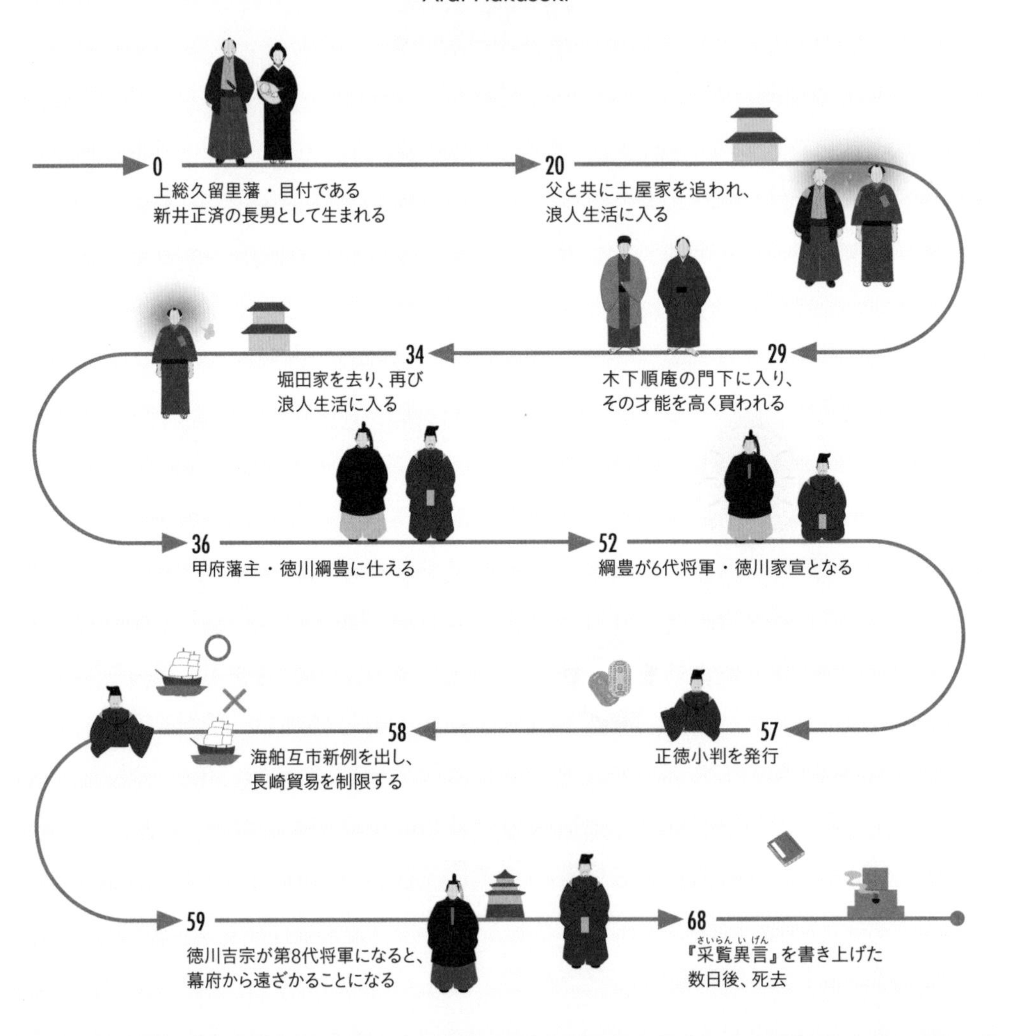

#045
Arai Hakuseki

「世にしらるべきほどの儒生ともなりなんにはその疵は殊に大きにこそなりぬべけれ」

（儒学者として名を上げたとき、豪商と縁を結んで学問を修めるのに良い環境に入ったという小さな疵が、そしられる要因になるため、結果として大きな疵になってしまう）

先祖は上野国の土豪だったが関ヶ原の戦いで没落。父が仕えていた土屋家で起きた継嗣をめぐる内紛に巻き込まれ、その後仕えた堀田家も改易の憂き目に遭い、親子で長く浪人生活を送る。3歳で父の儒学書を書き写したという逸話が残るほど学芸に長けた白石は、この時期独学で儒学や史学に励んだという。やがて木下順庵に入門すると、師匠の順庵は白石の才能を高く評価。順庵の推挙により、甲府藩主・徳川綱豊（のちの6代将軍・家宣）の侍講として仕え、綱豊が将軍になると家宣、家継と2代にわたり側近として幕政に関わっていくことになる。生類憐みの令を廃し、貨幣改鋳、長崎貿易の制限などその政治は「正徳の治」といわれ、短期間で成果を上げた。晩年は不遇のなかでも志高く、詩作や執筆活動に励んだといわれる。

#046

LIFETIME
1684-1751

BIRTH PLACE
和歌山県

CLASSIFICATION
征夷大将軍

徳川吉宗
Tokugawa Yoshimune

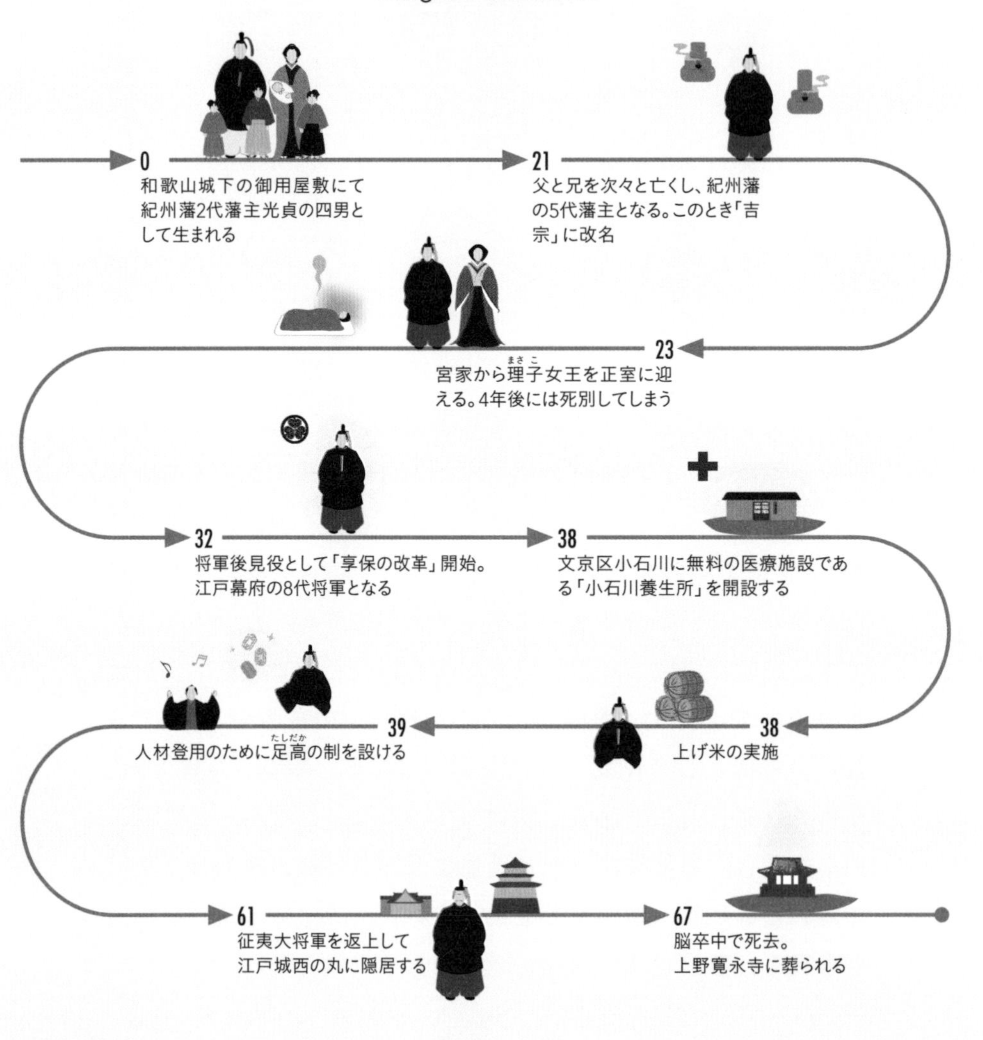

#046
Tokugawa Yoshimune

「苦を逃れんとすれば
義に背くこと多し」

（苦行から逃れようとすると、義理を欠いてしまうことが多い）

江戸幕府第8代征夷大将軍。徳川御三家である紀州藩2代藩主の四男として生まれ、13歳で越前葛野3万石の藩主となる。その後、父や兄が相次いで死去。紀州藩主となると質素倹約を徹底し、紀州藩の財政立て直しに手腕を発揮した。秀忠直系の男子が途絶え、8代将軍として選ばれたのが吉宗であった。将軍就任後、新井白石などを罷免し、財政難を克服すべく改革をおこなった。大岡忠相(ただすけ)などの優秀な官僚を取り立てる制度の導入や、米価安定、町火消しの創設といった庶民の暮らしを改善する政策など、指揮した改革は多岐にわたった。しかし一方で、増税や行き過ぎた倹約令によって庶民の暮らしは混乱困窮し、百姓一揆(いっき)などに悩まされることになる。晩年は、将軍職を長男に譲りつつも、大御所として死ぬまで幕政に関与し続けた。

#047

LIFETIME
1719-1788

BIRTH PLACE
東京都

CLASSIFICATION
老中

田沼意次

Tanuma Okitsugu

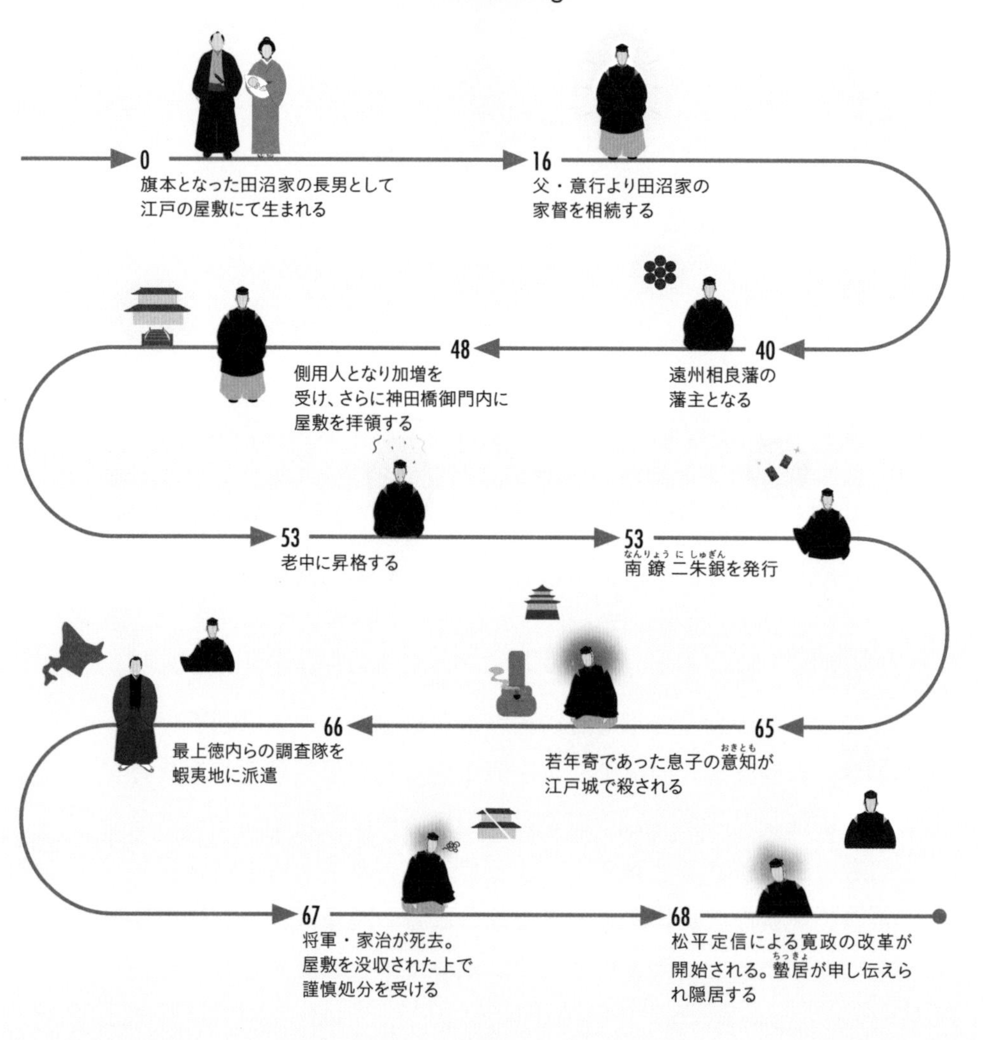

#047
Tanuma Okitsugu

「御忠節之事　仮りニも忘却致されまじく候」

（将軍家への忠節のことを仮にも忘却してはならない）

江戸時代の商業を活性化させた政治家。紀州藩士だった父親が吉宗の江戸入りの際、そのまま旗本として江戸暮らしとなり、そこで生まれる。9代将軍・家重の側近として活躍、大名に取り立てられるまでになる。10代将軍・家治の代になるとさらに出世、老中格の地位を与えられた。幕府財政を立て直すため、貨幣経済に着目し、商業重視の政策を実行したが、幕府の利益を優先し過ぎるとの大名や民衆からの批判や、金権体質による政治腐敗が進んでしまう。一方で領地である相良（さがら）（静岡県）では、善政を敷き藩政を安定させ、領民からも慕われている。家治の死後は老中を解任され、財産を没収されるなど完全に失脚。ついには幕府から蟄居・隠居を命じられた。

#048

LIFETIME
1730-1801

BIRTH PLACE
三重県

CLASSIFICATION
国学者、医師

本居宣長
Motoori Norinaga

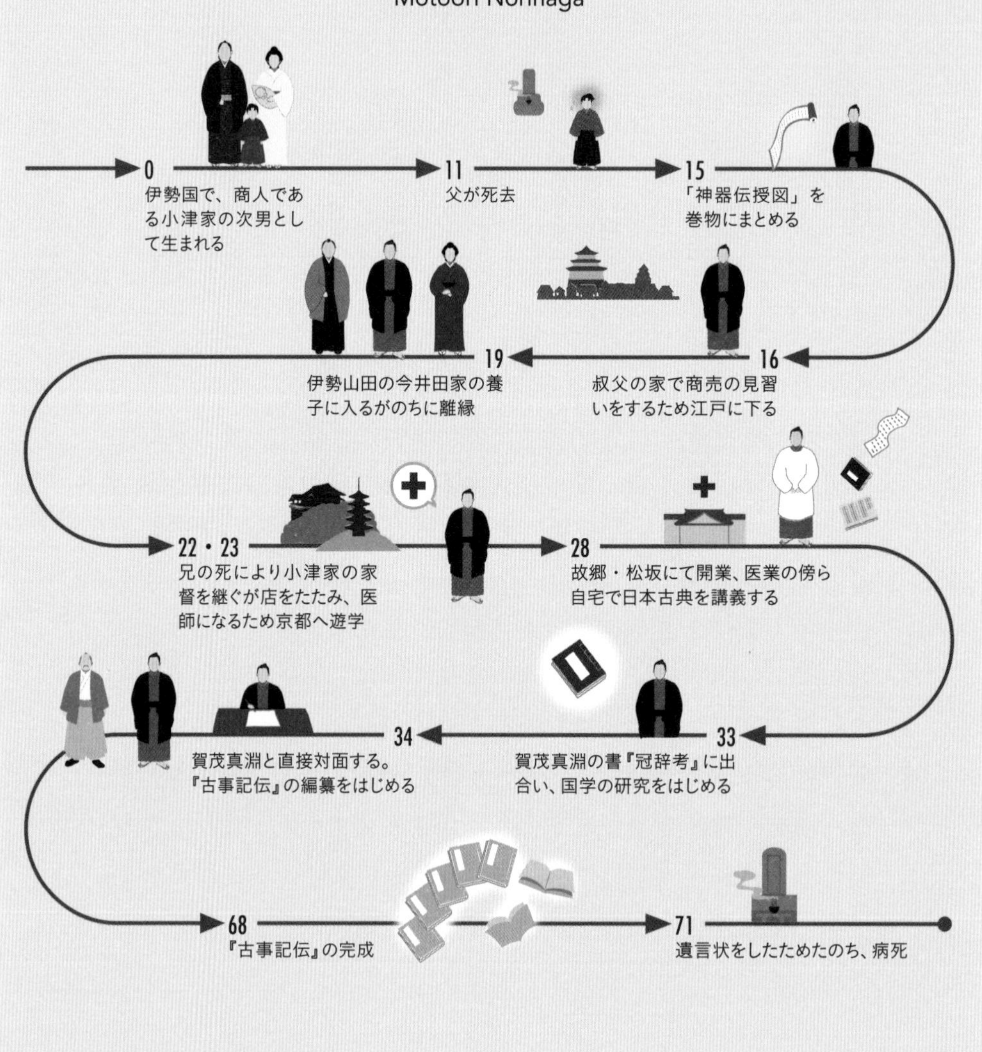

#048
Motoori Norinaga

「才のともしきや、学ぶことの晩（おそ）きや、暇のなきやによりて、思いくずおれて、とまることなかれ」

（自分には才能が乏しい、学ぶのが遅すぎた、暇がないなどを理由に思いとどまってはいけない）

伊勢国松坂で商人の家に生まれるが、商売には不向きと悟り、京都で医師を目指すこととなる。堀元厚（げんこう）・武川幸順（こうじゅん）に医学を学びながら、儒学を堀景山（けいざん）に、古学を唱えていた荻生徂徠（おぎゅうそらい）にも師事。契沖（けいちゅう）の著作に啓発され、古典研究にも傾倒していった。6年にわたる雅な京の町での生活に影響され、王朝文化へ強い憧れを持っていったといわれる。郷里に戻り医院を開業。町医者として働きながら、『源氏物語』や『日本書紀』の研究に励む。賀茂真淵（まぶち）の書『冠辞考（かんじこう）』に感銘を受け、この出合いが、この後の生涯をかけて取り組むこととなる『古事記』の本格的な研究に進むきっかけとなる。44巻からなる『古事記』注釈書である『古事記伝』を、34年間かけて著す。儒教を排し、日本古来の精神「真心」に返ることを主張した。

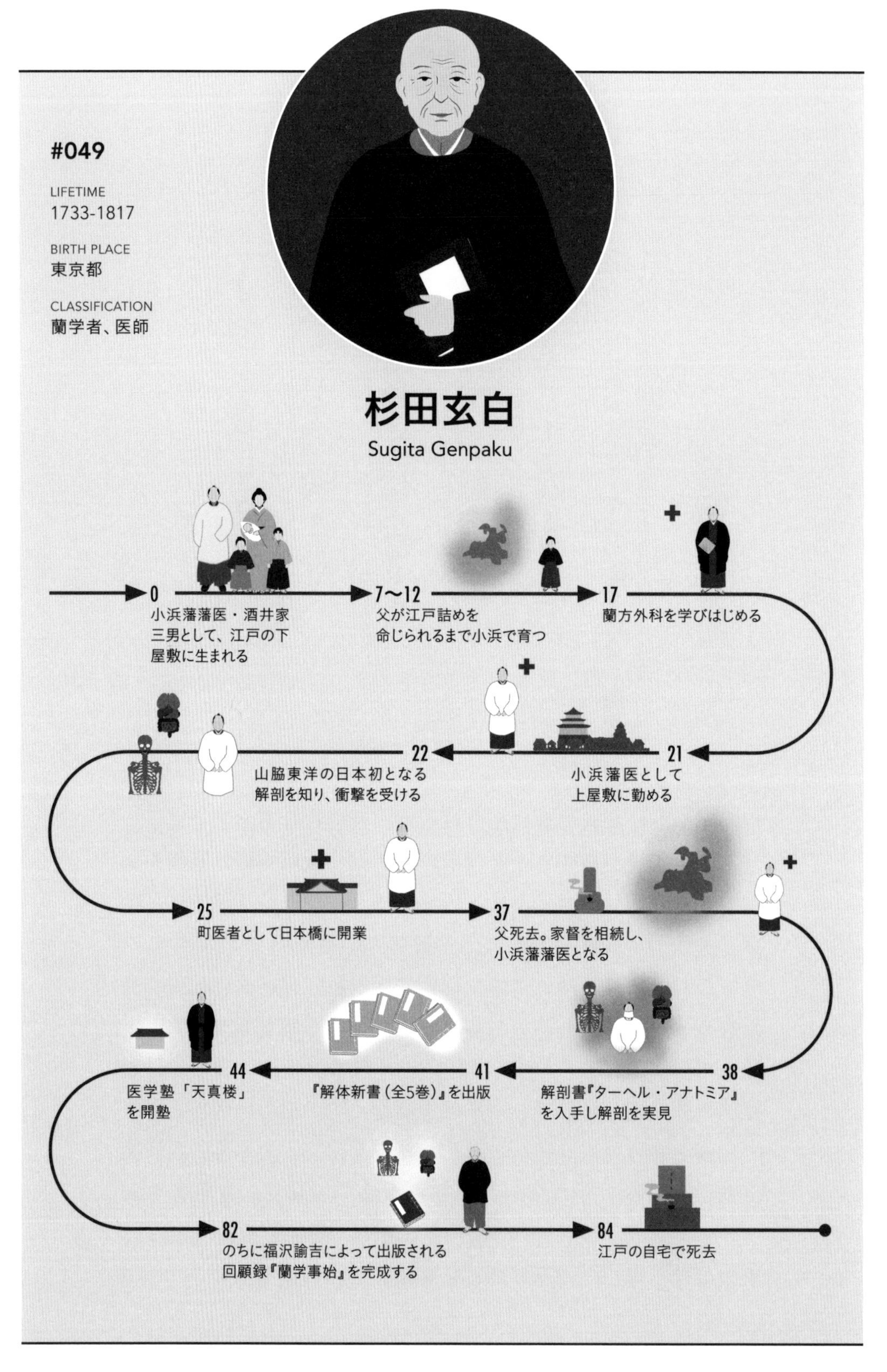
#049
LIFETIME
1733-1817
BIRTH PLACE
東京都
CLASSIFICATION
蘭学者、医師
杉田玄白
Sugita Genpaku
0
小浜藩藩医・酒井家
三男として、江戸の下
屋敷に生まれる
7〜12
父が江戸詰めを
命じられるまで小浜で育つ
17
蘭方外科を学びはじめる
21
小浜藩医として
上屋敷に勤める
22
山脇東洋の日本初となる
解剖を知り、衝撃を受ける
25
町医者として日本橋に開業
37
父死去。家督を相続し、
小浜藩藩医となる
38
解剖書『ターヘル・アナトミア』
を入手し解剖を実見
41
『解体新書（全5巻）』を出版
44
医学塾「天真楼」
を開塾
82
のちに福沢諭吉によって出版される
回顧録『蘭学事始』を完成する
84
江戸の自宅で死去

#049
Sugita Genpaku

「始めて発するものは人を制し　後れて発するものは人に制せられる」

(世の中で初めてそのことをした人はその道を制する。後からそれをしても人に制されることになる)

日本における西洋医学の先駆者。父も藩医であったが、医学修業をはじめるにあたり奥医（幕府の医官）の西玄哲に蘭方外科を学ぶ。同藩の医師・小杉玄適より、古医方（こいほう）（漢方医学の一派）を唱導する山脇東洋らによる解剖を知らされ、五臓六腑説に疑問を抱くようになる。やがてオランダの医学書『ターヘル・アナトミア』を入手すると、前野良沢、中川淳庵らと江戸・小塚原の刑場で死刑囚の死体の解剖を見学。そこにある解剖図の精密さに感銘を受け、翻訳することを決意し、約4年の月日をかけて『解体新書』を刊行した。このときのことは、晩年執筆した『蘭学事始』に詳しい。外科医としてもたいへん優れ、医院の敷地内に私塾である「天真楼」を置き、後進の教育にも力を注ぎ、「医食同源」や「養生七不可」など多くの教えを遺した。

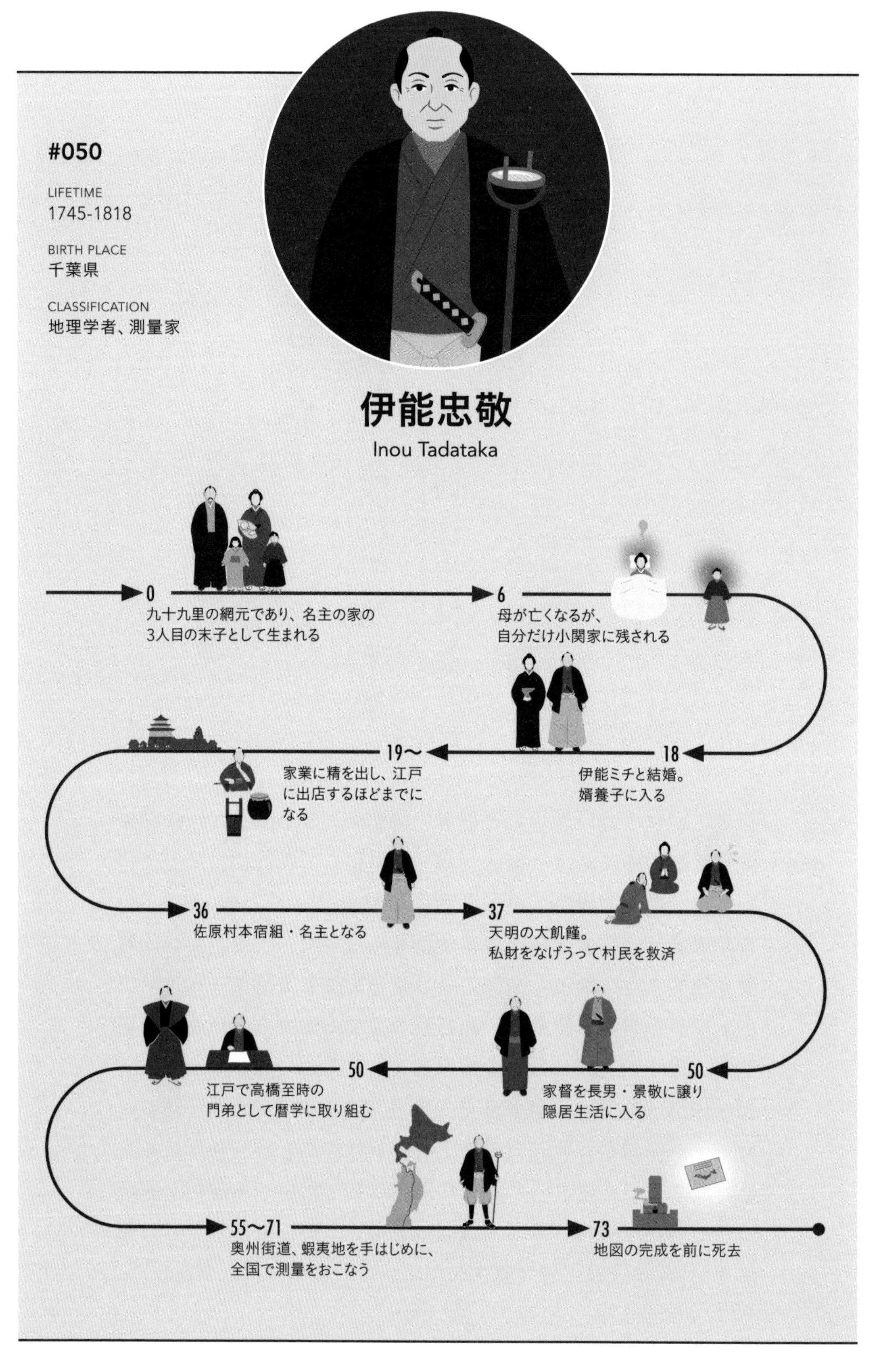
#050
LIFETIME
1745-1818
BIRTH PLACE
千葉県
CLASSIFICATION
地理学者、測量家
伊能忠敬
Inou Tadataka
0
九十九里の網元であり、名主の家の
3人目の末子として生まれる
6
母が亡くなるが、
自分だけ小関家に残される
18
伊能ミチと結婚。
婿養子に入る
19〜
家業に精を出し、江戸
に出店するほどまでに
なる
36
佐原村本宿組・名主となる
37
天明の大飢饉。
私財をなげうって村民を救済
50
家督を長男・景敬に譲り
隠居生活に入る
50
江戸で高橋至時の
門弟として暦学に取り組む
55〜71
奥州街道、蝦夷地を手はじめに、
全国で測量をおこなう
73
地図の完成を前に死去

#050
Inou Tadataka

「人間は夢を持ち前へ歩き続ける限り、余生はいらない」

幼名は三次郎。母の実家である小関家の婿養子だった父・神保貞恒は、母の死後、三次郎だけを残し神保家に戻ってしまう。のちに父に引き取られるが、小さい頃から勤勉で、この時期積極的に算術や天文学について学んでいたという。その知識を土地改良事業で発揮して仕事ぶりが評判となり、後継ぎを探していた豪農・伊能家に婿養子として入る。酒造、薪炭（しんたん）などを取り扱う家業で商才を発揮し財をなした。隠居後、江戸に出ると、幕府天文方・高橋至時（よしとき）の門弟として天文学に熱心に取り組む。その過程で実測値の重要性を感じ、日本全土をまわり地図作りをはじめる。しかし完成を見ることなく死去し、暦局（れききょく）の吏員・門弟らに作業は引き継がれ『大日本沿海輿地全図』として完成すると、幕府に献上された。

Column 2

Fujiwara No Sadaie

藤原定家

後鳥羽上皇の勅勘を受け、和歌活動を禁じられるが、上皇の配流により復帰。百人一首選出の功績を遺す。

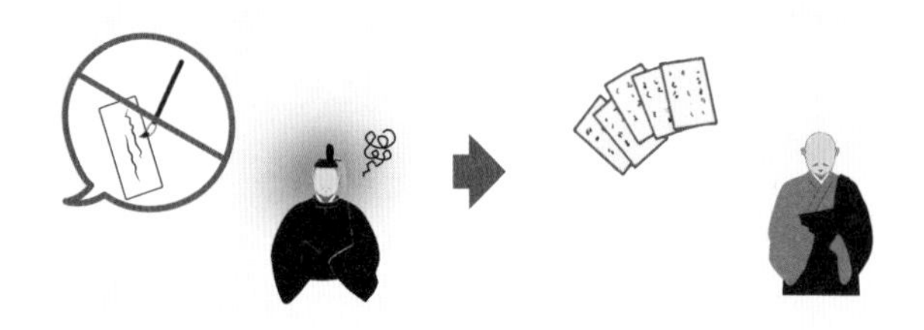

Nichiren

日蓮

伊豆や佐渡への島流しや度重なる法難のなか布教活動を続け、多くの門下生に見送られながら入滅した。

Tokugawa Ieyasu

徳川家康

本能寺の変後に治安の乱れた近畿地方からわずかの供回りで脱出。秀吉の死後、関ヶ原の合戦で見事勝利。

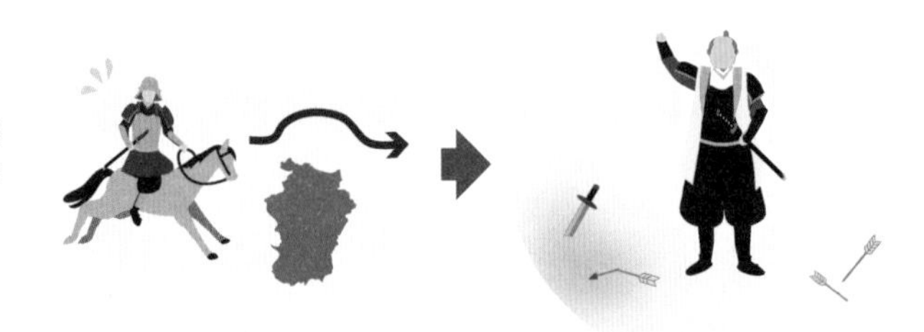

Kobayashi Issa

小林一茶

幼少時から家庭的には恵まれず、孤独のなか俳句にいそしむ。離婚や妻子との死別などを乗り越え俳風を確立。

困難を克服した人物

Saigou Takamori

西郷隆盛

薩摩藩主・島津斉彬の命により奔走するも遠島処分を受ける。薩摩藩の軍司令官として復帰し、倒幕に成功。

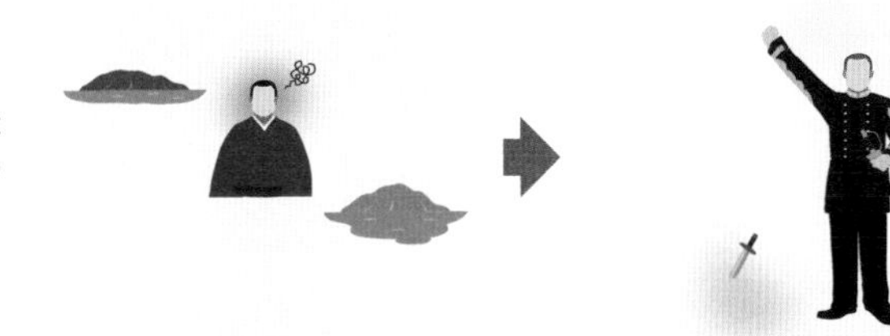

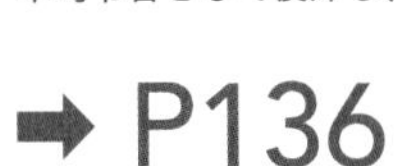

➡ P136

Takahashi Korekiyo

高橋是清

全財産を投入したペルーでの銀山経営に失敗。帰国後、日銀などに請われて活躍し総裁までのぼり詰める。

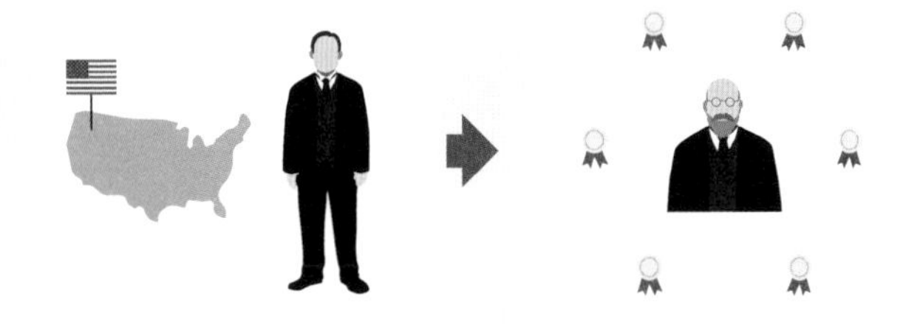

➡ P176

Noguchi Hideyo

野口英世

幼い頃、左手に大火傷を負うが、周囲の励ましや援助を受け克服。自らも医学の道を志し、世界で活躍する。

➡ P196

Tezuka Osamu

手塚治虫

アニメーション事業の経営不振で会社倒産。後に代表作となる「ブラック・ジャック」の連載で見事に復活。

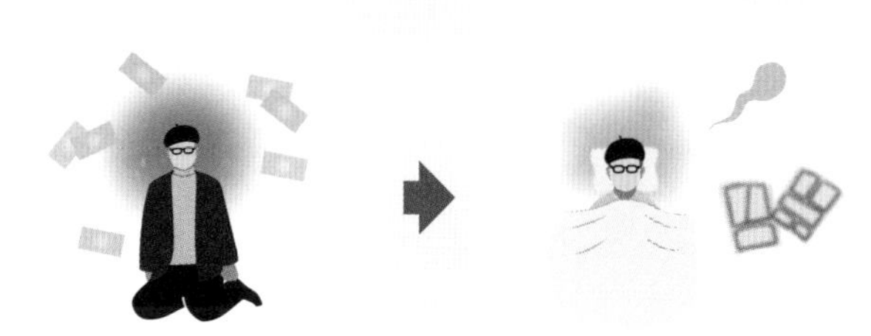

➡ P212

#051

LIFETIME
1751-1822

BIRTH PLACE
東京都

CLASSIFICATION
大名

上杉鷹山
Uesugi Youzan

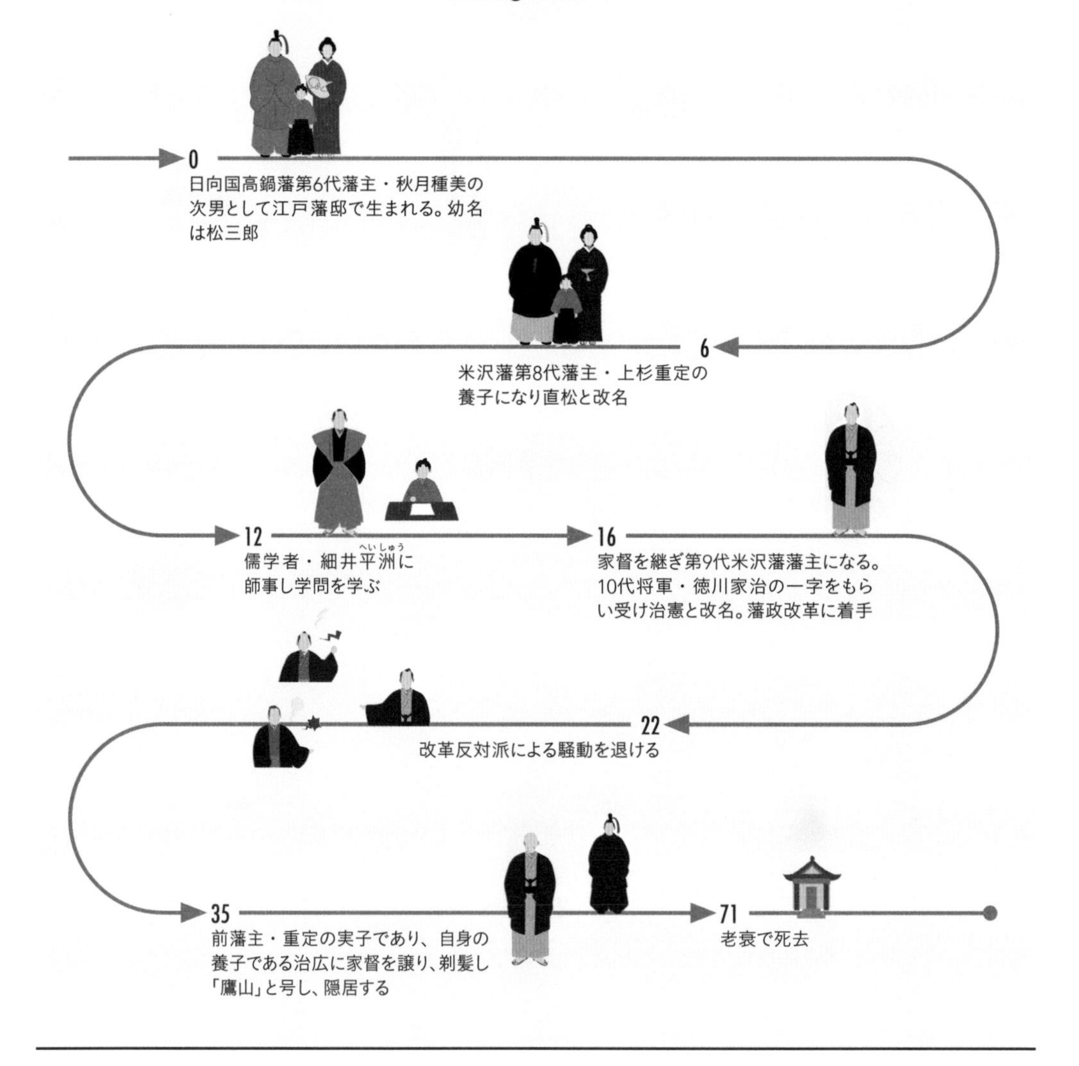

#051
Uesugi Youzan

「為せば成る
為さねば成らぬ何事も
成らぬは人の
為さぬなりけり」

（何事もやればできて、やらなければできない。達成しないのはやろうとする意志がないからである）

幼い頃に母が亡くなり、米沢藩8代藩主・上杉重定の養子となる。上杉家は、関ヶ原の合戦で西軍についたことで1/4まで減封され、深刻な財政難に陥っていた。家督を継ぎ藩主になると、自らが先頭に立ち大倹約令を発令、農地改革や縮織（ちぢみおり）、養蚕（ようさん）といった地場産業の振興に力を入れ、これを立ち直らせた。藩士・農民区別なく学べるよう藩校「興譲館」を設立。藩内でこれらの改革に対する反対派が「七家騒動」を起こすがこれを退け、君主専制を諫めた3カ条からなる「伝国の辞」とともに家督を養子・治広（はるひろ）に譲り、自らは隠居した。一説には第35代アメリカ合衆国大統領のジョン・F・ケネディが「一番尊敬している日本人は上杉鷹山」と答えたという逸話もあり、そのリーダーとしての資質は現在にも語り継がれる。

#052

LIFETIME
1758-1829

BIRTH PLACE
東京都

CLASSIFICATION
老中

松平定信
Matsudaira Sadanobu

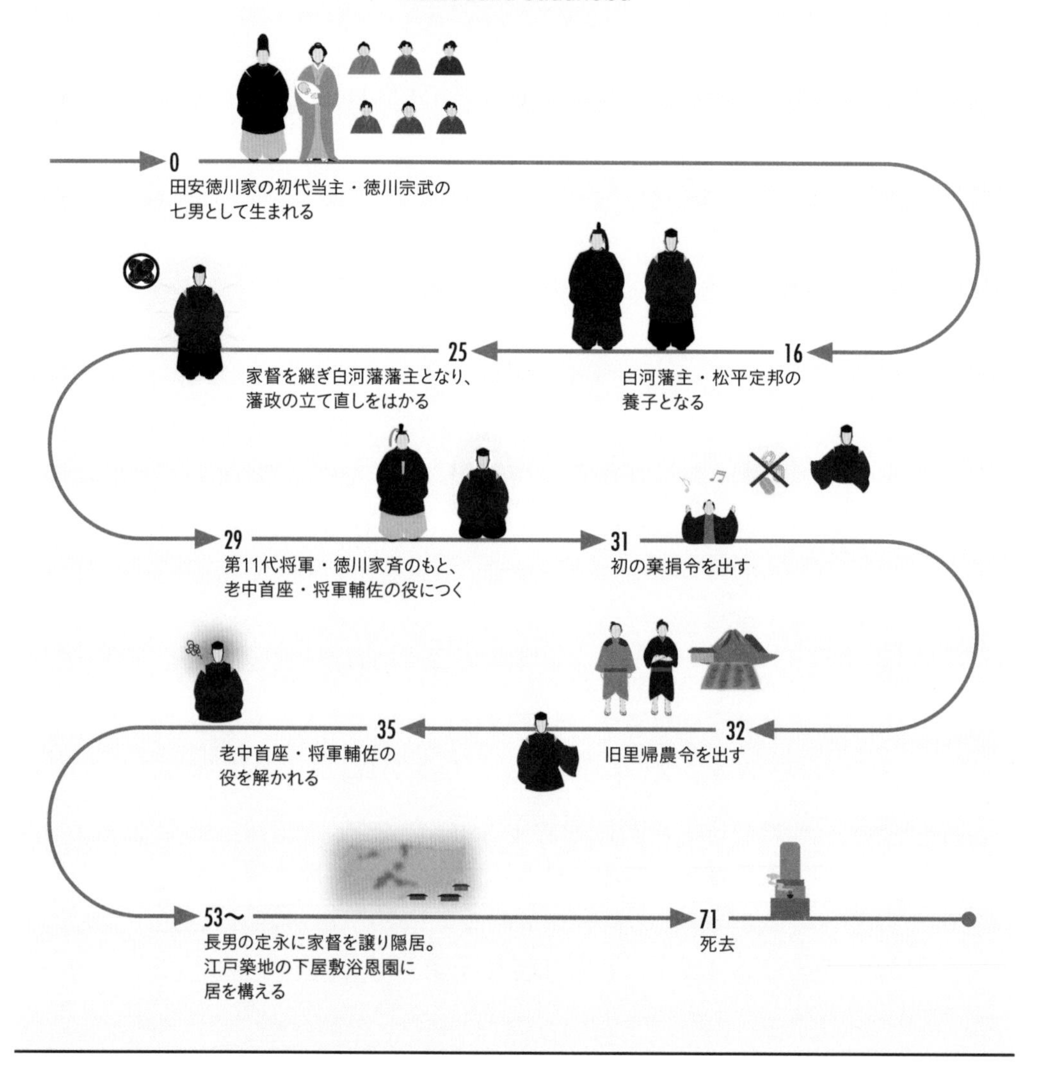

#052
Matsudaira Sadanobu

「尤一々同列へも申談
可然との上旨を伺、
決するなり
あしければ死すべし」

（一つ一つの政策については同僚と合議し決定するが、その結果が悪ければ責任をとって死ぬ覚悟だ）

8代将軍徳川吉宗の孫。病弱な兄・治察に代わり田安家の後継者になり、将軍・家治の命により白河藩主・松平定邦の養子となる。天明の大飢饉の際、農政を重視した対策で白河藩からは1人の死者も出さなかった。この功績が認められ、田沼意次失脚後、老中として「寛政の改革」といわれる幕府の再建に取り組む。「囲米」「旧里帰農令」といった飢饉対策や、「棄捐令」「株仲間の解散」など経済対策をはじめとする様々な施策をおこなったが、朱子学以外の儒学を禁止するなど、厳しい統制はやがて人々の反発を生み、老中の職を解かれることとなる。退職後、白河で藩政に専念した後は、長男に家督を譲り江戸で隠居生活を送る。晩年、歌集『三草集』、自叙伝の『宇下人言』『修行録』、随筆『花月草紙』など多くの文芸作品も残した。

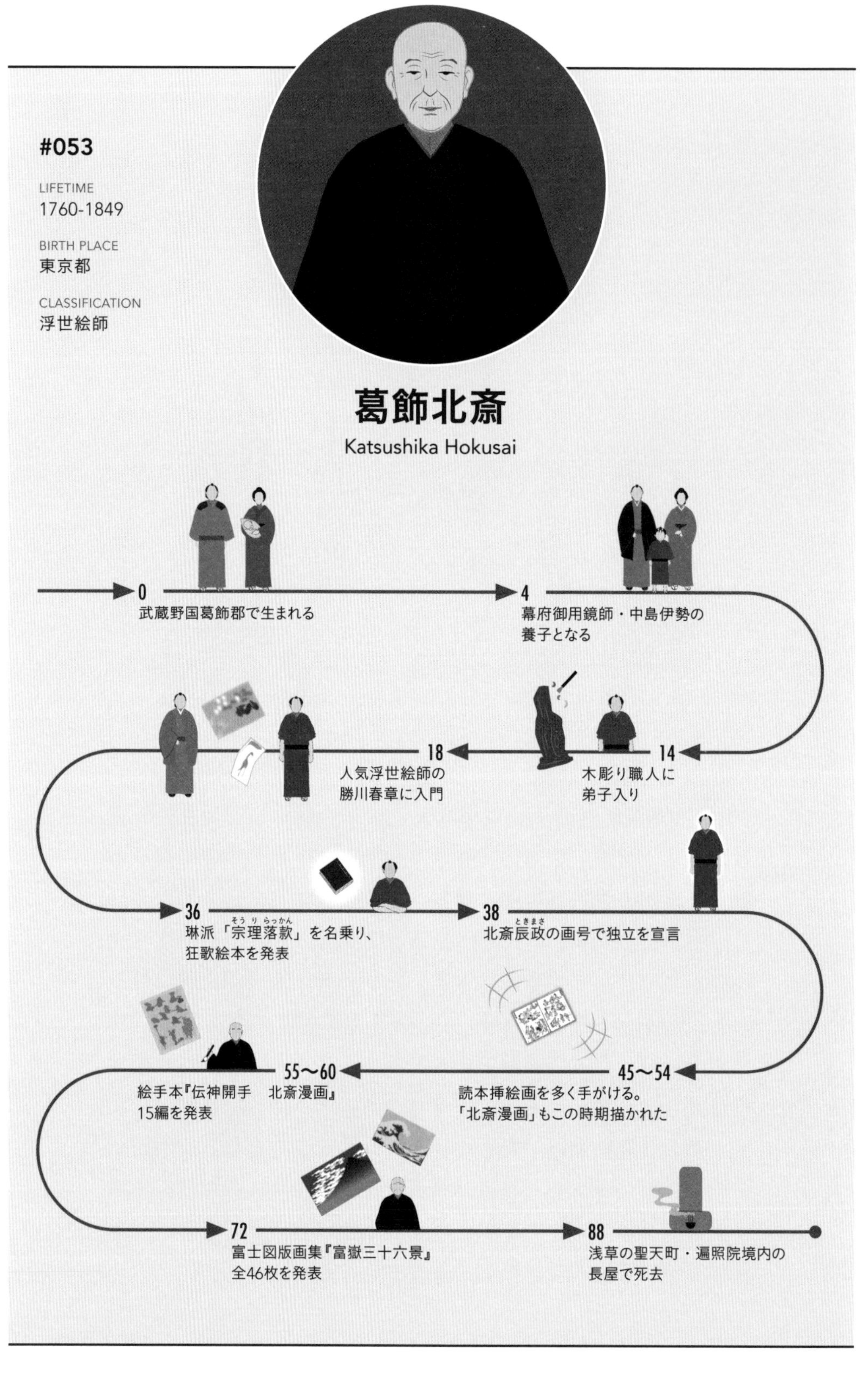
#053
LIFETIME
1760-1849
BIRTH PLACE
東京都
CLASSIFICATION
浮世絵師
葛飾北斎
Katsushika Hokusai
0
武蔵野国葛飾郡で生まれる
4
幕府御用鏡師・中島伊勢の
養子となる
14
木彫り職人に
弟子入り
18
人気浮世絵師の
勝川春章に入門
36
琳派「宗理落款」を名乗り、
狂歌絵本を発表
38
北斎辰政の画号で独立を宣言
45〜54
読本挿絵画を多く手がける。
「北斎漫画」もこの時期描かれた
55〜60
絵手本『伝神開手　北斎漫画』
15編を発表
72
富士図版画集『富嶽三十六景』
全46枚を発表
88
浅草の聖天町・遍照院境内の
長屋で死去

#053
Katsushika Hokusai

「天我をして五年の命を
保たしめば
真正の画工と
なるを得べし」

(天があと5年の間、命を保つことを私に許してくれたら、本物の絵師になれるのだが)

両親のことはあまりわかっていないが、鏡磨師・中島伊勢の養子に入る。家督は継がずに貸本屋で住み込みをはじめ、貸本の挿絵を見ては画への興味を深めたという。生活のために木彫り職人に弟子入りするが長続きせず、自分で画を描きたいと人気浮世絵師・勝川春章の門をたたく。画号を30回変えたといわれる北斎の最初の画号は、師の一文字をもらい「勝川春朗」。しかしこの後、他派や洋画などを積極的に学んだことから破門される。88年の生涯において最期の瞬間まで貪欲な制作意欲を見せ、「せめてもう10年、いや、あと5年でもいい、生きることができたら」と嘆いたという。生涯残した作品は3万点といわれ、1999年刊行のアメリカの『ライフ』誌で「この1000年間で偉大な業績を上げた100人」に日本人として唯一選ばれた。

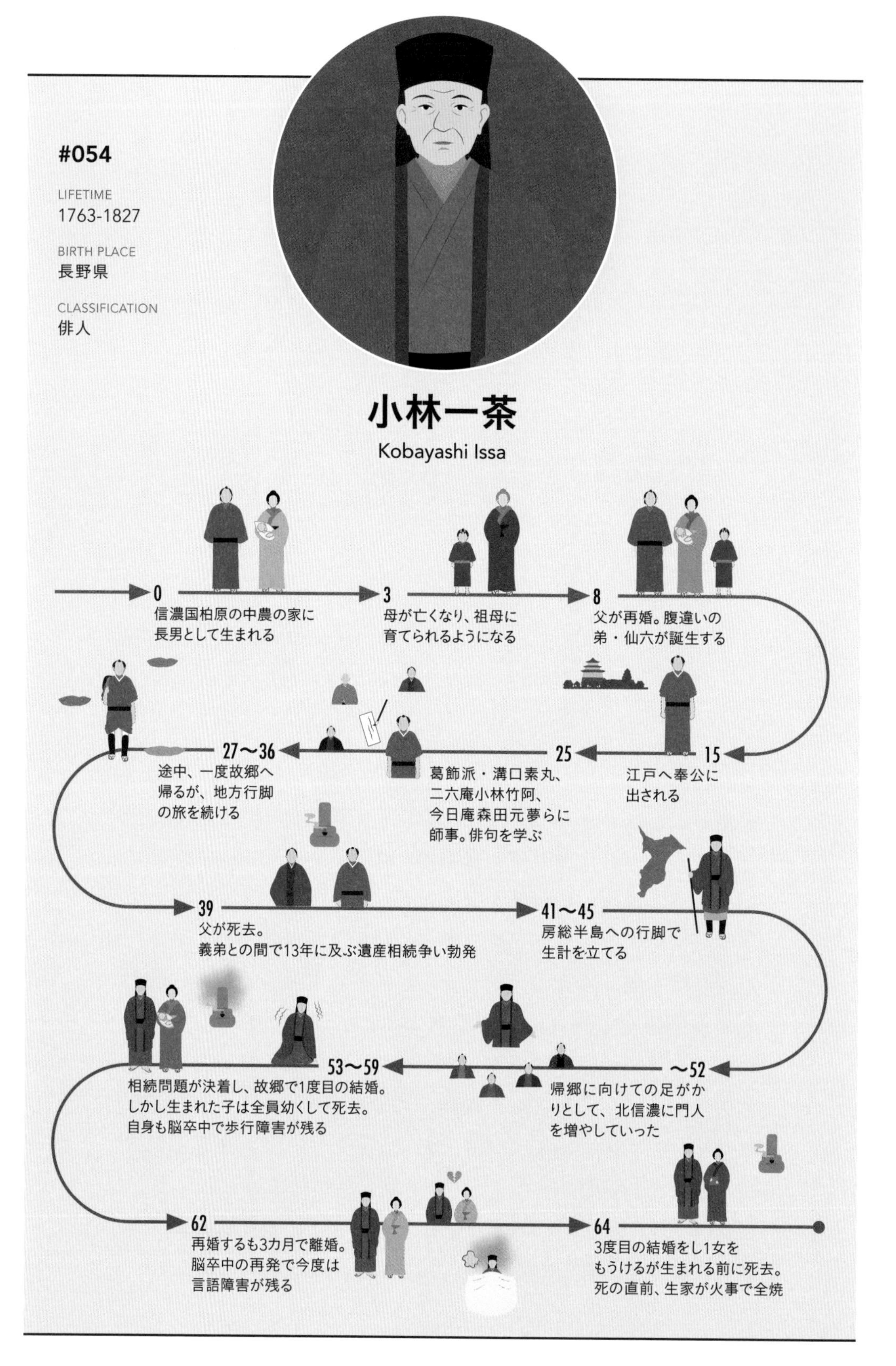
#054
LIFETIME
1763-1827
BIRTH PLACE
長野県
CLASSIFICATION
俳人
小林一茶
Kobayashi Issa
0
信濃国柏原の中農の家に
長男として生まれる
3
母が亡くなり、祖母に
育てられるようになる
8
父が再婚。腹違いの
弟・仙六が誕生する
15
江戸へ奉公に
出される
25
葛飾派・溝口素丸、
二六庵小林竹阿、
今日庵森田元夢らに
師事。俳句を学ぶ
27〜36
途中、一度故郷へ
帰るが、地方行脚
の旅を続ける
39
父が死去。
義弟との間で13年に及ぶ遺産相続争い勃発
41〜45
房総半島への行脚で
生計を立てる
〜52
帰郷に向けての足がか
りとして、北信濃に門人
を増やしていった
53〜59
相続問題が決着し、故郷で1度目の結婚。
しかし生まれた子は全員幼くして死去。
自身も脳卒中で歩行障害が残る
62
再婚するも3カ月で離婚。
脳卒中の再発で今度は
言語障害が残る
64
3度目の結婚をし1女を
もうけるが生まれる前に死去。
死の直前、生家が火事で全焼

#054
Kobayashi Issa

「やせ蛙
まけるな一茶
これにあり」

生涯で2万句を詠んだといわれる江戸時代の三大俳人の一人。その作風の特徴は、後年正岡子規によって「滑稽、諷刺、慈愛」の3点であると評された。幼い頃母が亡くなり継母との関係悪化から、江戸へ奉公に出される。のちに俳句を発表しはじめるまでの10年間ほど、その日暮らしのような生活を送っていたとみられるが、詳細をあらわす文献は何も残っていない。25歳頃から葛飾派に所属し、俳諧の道を歩みはじめたとみられる。当時の俳諧師は修業と称して地方を行脚し俳句の腕を磨いたといわれ、一茶も関西・四国・九州と各地で俳人と交流し修業を続けた。晩年故郷に戻り結婚をするも、妻や子の死、自身も身体が不自由となるなど不幸が続くなか、創作意欲は衰えぬまま最期を迎えた。

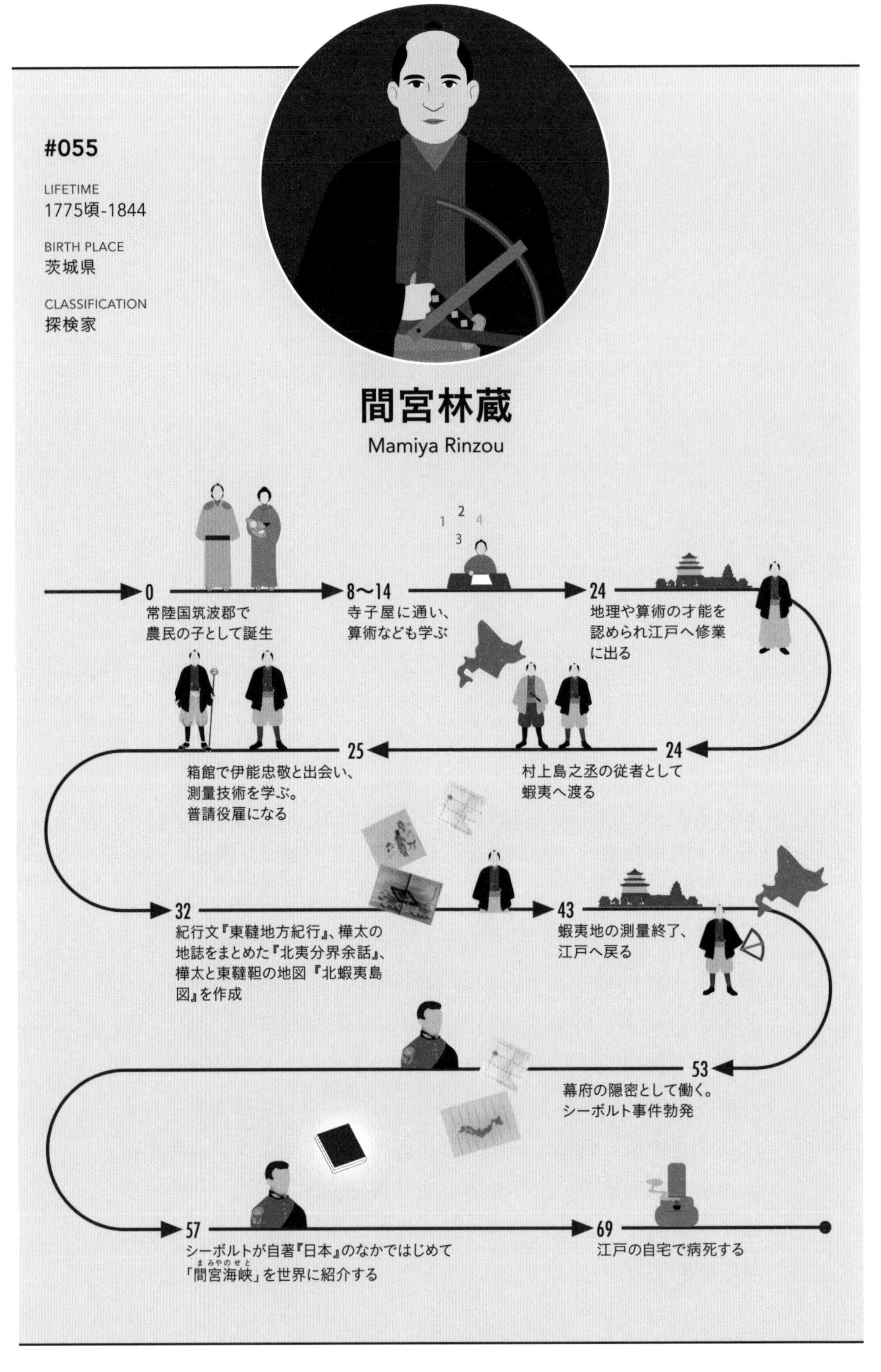
#055
LIFETIME
1775頃-1844
BIRTH PLACE
茨城県
CLASSIFICATION
探検家
間宮林蔵
Mamiya Rinzou
0
常陸国筑波郡で
農民の子として誕生
8〜14
寺子屋に通い、
算術なども学ぶ
1
2
4
3
24
地理や算術の才能を
認められ江戸へ修業
に出る
24
村上島之丞の従者として
蝦夷へ渡る
25
箱館で伊能忠敬と出会い、
測量技術を学ぶ。
普請役雇になる
32
紀行文『東韃地方紀行』、樺太の
地誌をまとめた『北夷分界余話』、
樺太と東韃靼の地図『北蝦夷島
図』を作成
43
蝦夷地の測量終了、
江戸へ戻る
53
幕府の隠密として働く。
シーボルト事件勃発
57
シーボルトが自著『日本』のなかではじめて
「間宮海峡（まみやのせと）」を世界に紹介する
69
江戸の自宅で病死する

#055
Mamiya Rinzou

「地つづきになど なっていない 陸地の果てからは 広い海だ」

幼い頃から勉学に励み、特に算術に非凡な才能を見せたという。生家近くの小貝川で堰(せ)き止め工事があり、この作業に加わった林蔵はその能力を認められ、幕府の普請役雇・村上島之丞に従うため江戸へ出ることになる。村上の従者として蝦夷に渡り、測量に従事。箱館ではこの後、影響を受けることになる伊能忠敬と出会い緯度測定法を学ぶ。やがて、その仕事ぶりが認められ普請役雇となり、蝦夷地・択捉島の測量をおこなっていると、幕府に通商を断られたロシアの外交官・レザノフの報復により、ロシア兵による襲撃に遭う。このような時代背景のなか、北方防衛のため樺太の調査を命じられ、樺太へ調査に渡り「樺太は島」だということをその目で確認する。晩年は幕府の隠密として密貿易の調査などに従事した。

#056

LIFETIME
1793-1837

BIRTH PLACE
大阪府

CLASSIFICATION
与力、陽明学者

大塩平八郎

Oshio Heihachirou

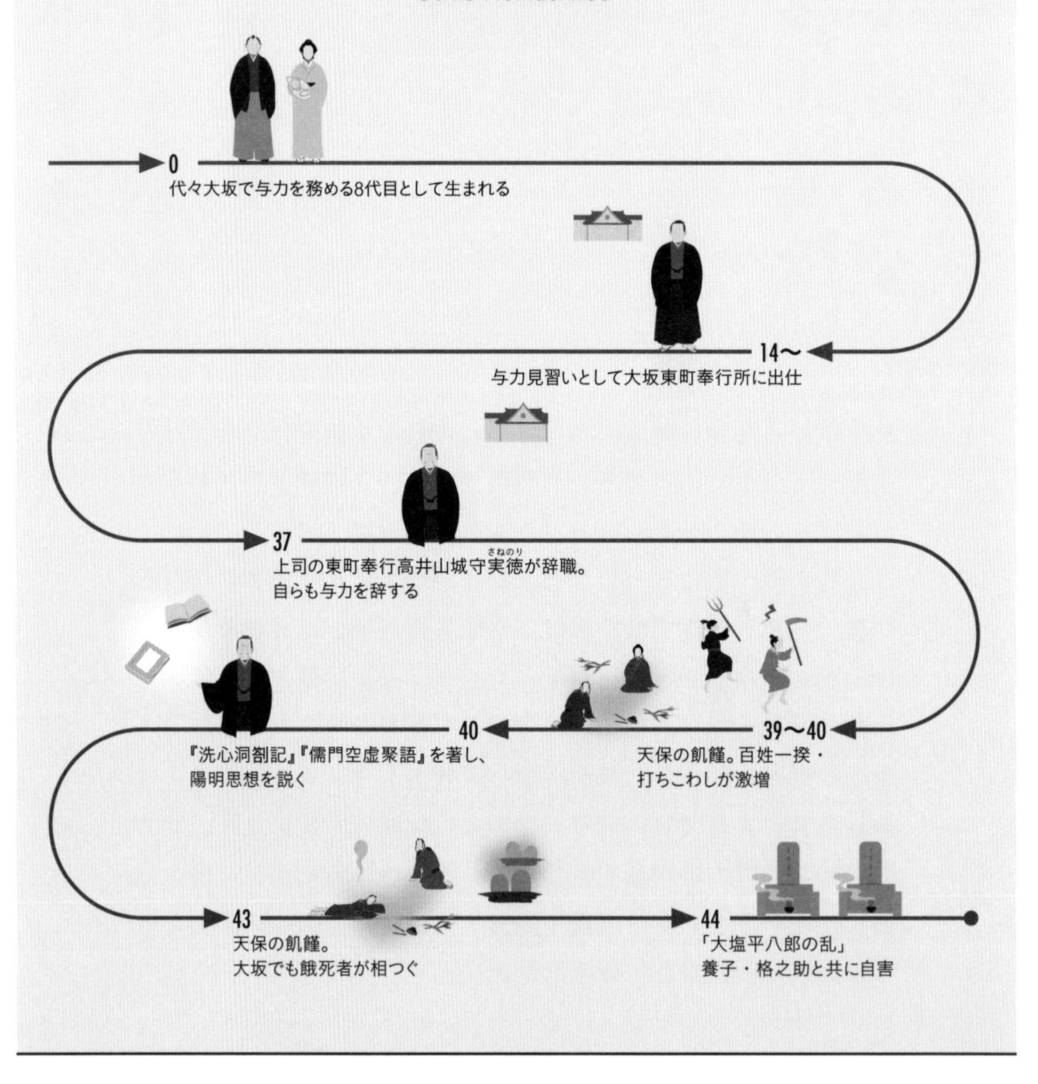

#056
Oshio Heihachirou

「大人は斃れて而る後に休む」

(徳の高い立派な人は、生きているかぎりは努力をし続け、善をなそうとしなければならない)

大塩家は駿河・今川氏の末裔だといわれる。幼くして父母を亡くすが、祖父母に育てられ14歳で見習いとして出仕。数々の難事件を解決し、名与力とうたわれ、退職時には最高役職である「諸御用役調」までになったという。独学で陽明学を学び、与力在任中に私塾「洗心洞」を自宅内に開設。上司である東町奉行・高井実徳の辞職にともない、自身も家督を養子・格之助に譲り辞任。隠居後は、「洗心洞」において門人の教育と勉学に励んだという。おりしも天保の大飢饉で町には餓死者が出るほどで、苦しむ民衆の惨状を見た平八郎は何度も救護策を奉行所に掛け合うが追い返される。私財をなげうつが解決は望めず、意を決し、民衆と共に反旗をひるがえす。しかし、密告により蜂起当日に奉行所に知られることになり鎮圧された。

#057

LIFETIME
1794-1851

BIRTH PLACE
東京都

CLASSIFICATION
老中

水野忠邦

Mizuno Tadakuni

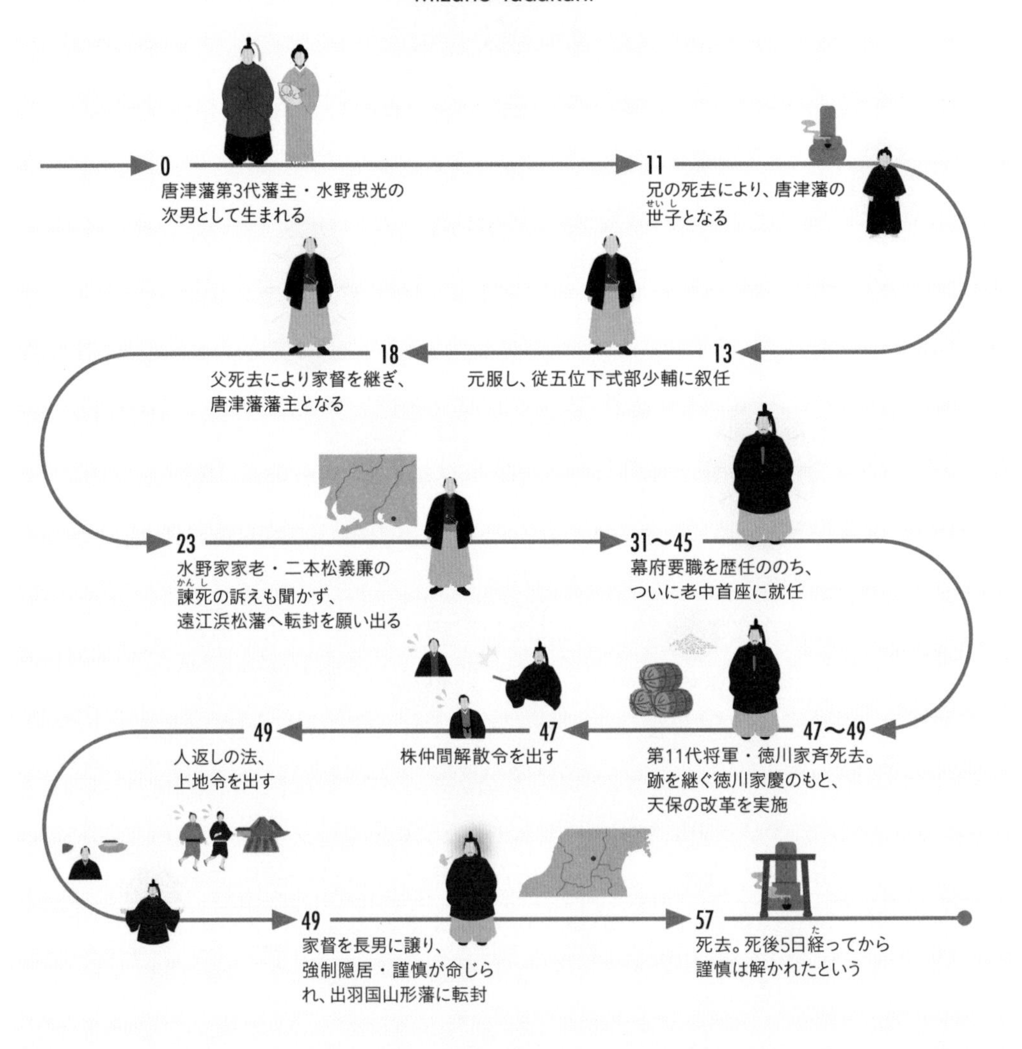

#057
Mizuno Tadakuni

「くみてこそ
むかしもしのへ
ゆく川の
かへらぬ水に
うかふ月かけ」

(川の水は流れゆくが、月だけは川面に留まっているよ)

唐津藩の藩主・水野忠光の次男として生まれるが、長兄・芳丸が早世したため家督を継ぐことになる。唐津藩の任務のひとつに長崎警備があり、これがあるため幕閣に入れないと知るや、周囲の反対を押し切り遠江浜松藩に転封を願い出る。奏者番、寺社奉行、大坂城代と順調に要職を務め、幕府の最高責任者である老中首座までのぼりつめた。第12代徳川家慶の庇護(ひご)のもと、幕府の財政立て直しに着手。まず、家斉の側近たちを罷免。質素倹約をうたい、厳しい統制を実施。「株仲間の解散」「人返し令」「上知令(じょうちれい)」などを発令し、物価の引き下げと安定をはかった。しかし庶民はおろか、大名・旗本からも反発に遭い、わずか2年で失脚、老中罷免となった。家慶の命により一度は再任するも、最後は様々な疑惑から謹慎処分を受け、失意のなか死去した。

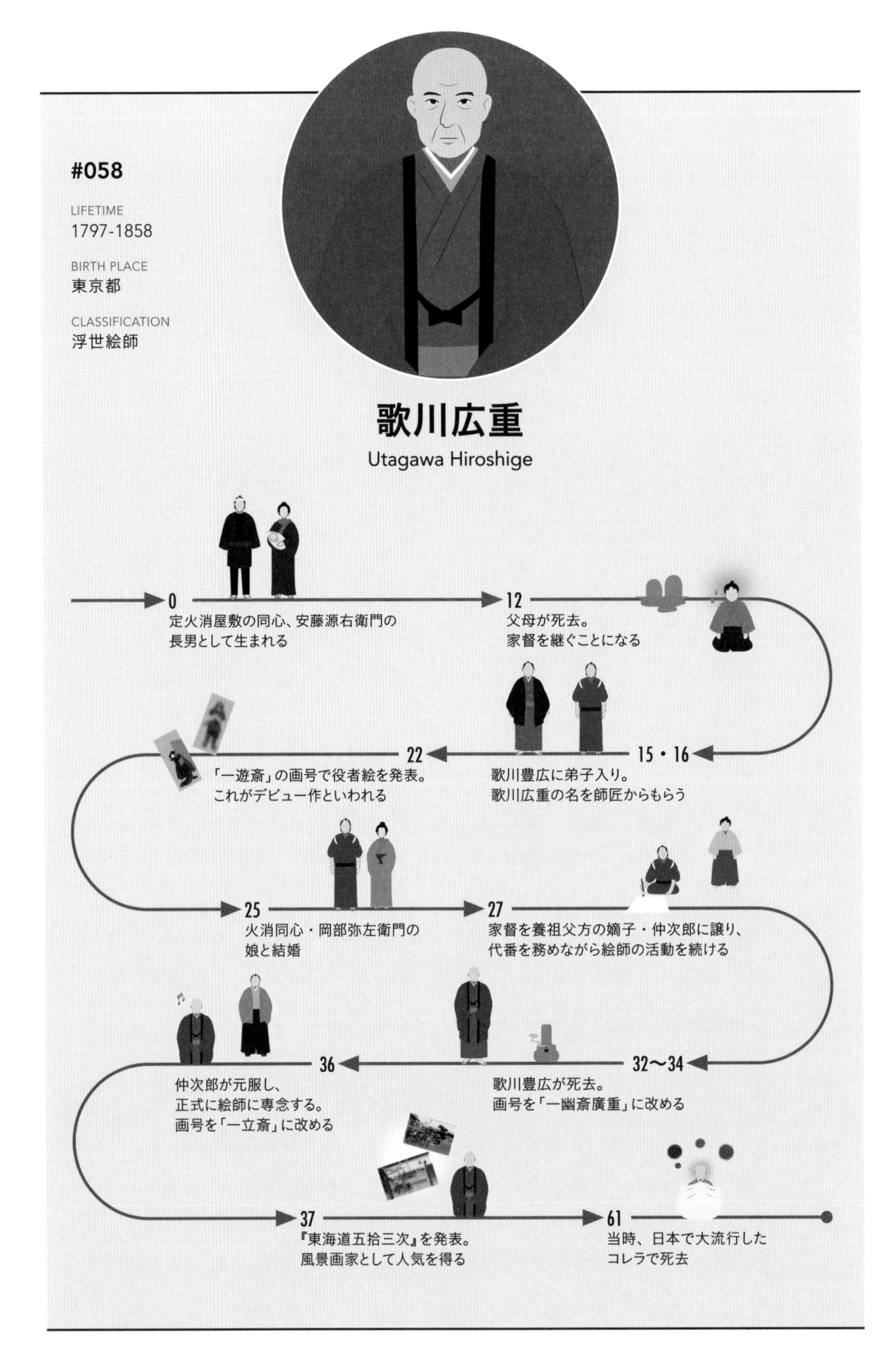
#058
LIFETIME
1797-1858
BIRTH PLACE
東京都
CLASSIFICATION
浮世絵師
歌川広重
Utagawa Hiroshige
0
定火消屋敷の同心、安藤源右衛門の
長男として生まれる
12
父母が死去。
家督を継ぐことになる
15・16
歌川豊広に弟子入り。
歌川広重の名を師匠からもらう
22
「一遊斎」の画号で役者絵を発表。
これがデビュー作といわれる
25
火消同心・岡部弥左衛門の
娘と結婚
27
家督を養祖父方の嫡子・仲次郎に譲り、
代番を務めながら絵師の活動を続ける
32〜34
歌川豊広が死去。
画号を「一幽斎廣重」に改める
36
仲次郎が元服し、
正式に絵師に専念する。
画号を「一立斎」に改める
37
『東海道五拾三次』を発表。
風景画家として人気を得る
61
当時、日本で大流行した
コレラで死去

#058
Utagawa Hiroshige

「東路に 筆をのこして 旅の空 西のみ国の 名ところを見ん」

（死後は、西方浄土の名所を見てまわるのが楽しみだ）

江戸の火消しの家に生まれる。若くして両親を亡くし家督を継ぐが、絵に対する情熱はやまなかった。江戸で大人気だった浮世絵師・歌川豊国の門をたたくが、既に門下生は満員。絵心を諦めることなく、15歳で歌川豊広に入門。当時、人気のあった役者絵や美人画を描くが、絵師としての人気はなかなか出なかった。広重の名を世間に知らしめたのは、師匠の死をきっかけに描きはじめた風景画である。江戸・日本橋からスタートし、終点の京都・三条大橋まで東海道の53の宿場を描いた計55図からなる『東海道五拾三次』は広重の名を世に知らしめた。その作品は青色が特徴で「ヒロシゲブルー」といわれ、当時のヨーロッパなどで人気だったジャポニズム文化を大いに盛り上げた。かのゴッホも、広重の作品に影響を受けたといわれる。

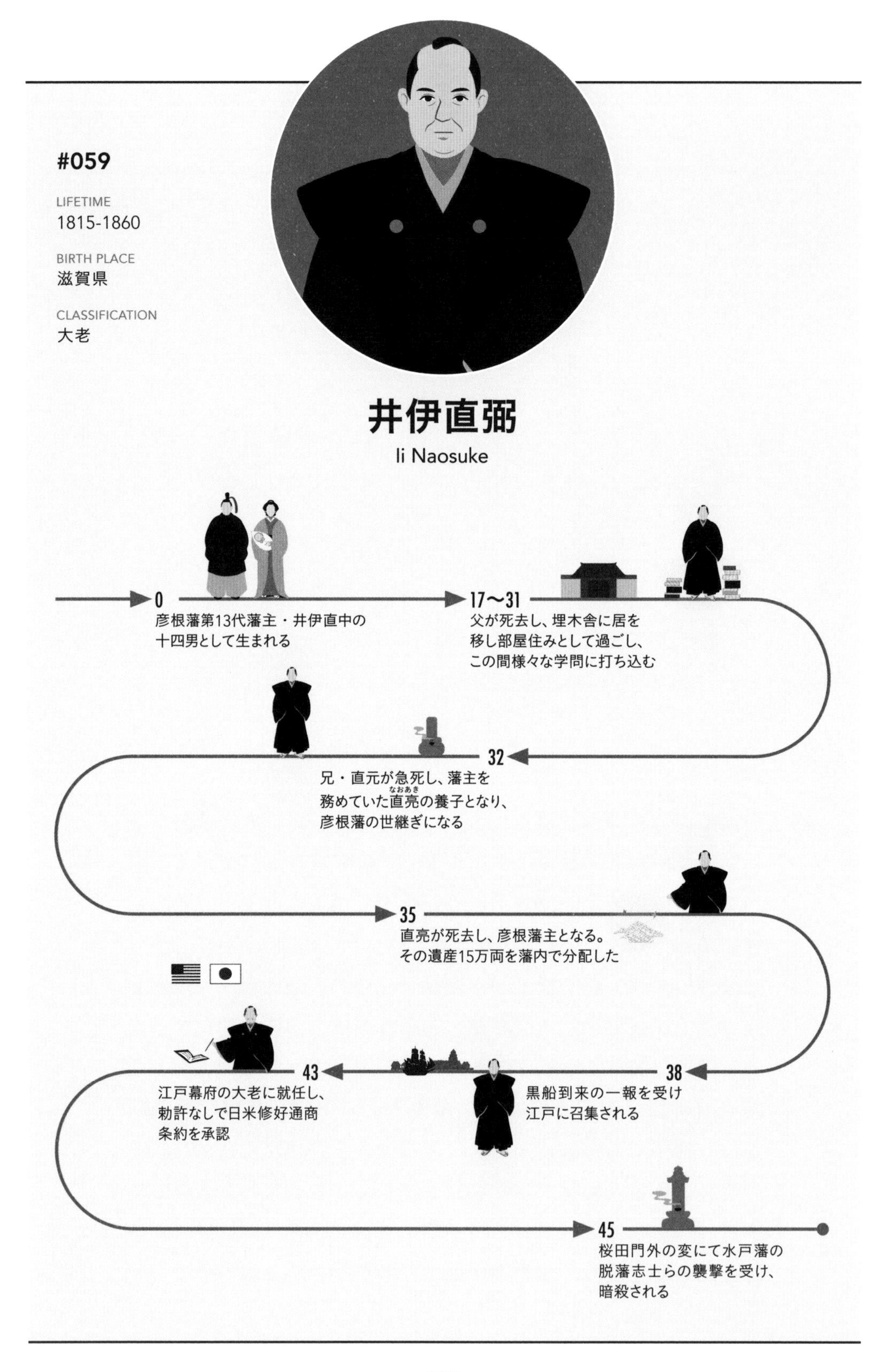
#059
LIFETIME
1815-1860
BIRTH PLACE
滋賀県
CLASSIFICATION
大老
井伊直弼
Ii Naosuke
0
彦根藩第13代藩主・井伊直中の
十四男として生まれる
17〜31
父が死去し、埋木舎に居を
移し部屋住みとして過ごし、
この間様々な学問に打ち込む
32
兄・直元が急死し、藩主を
務めていた直亮の養子となり、
彦根藩の世継ぎになる
35
直亮が死去し、彦根藩主となる。
その遺産15万両を藩内で分配した
38
黒船到来の一報を受け
江戸に召集される
43
江戸幕府の大老に就任し、
勅許なしで日米修好通商
条約を承認
45
桜田門外の変にて水戸藩の
脱藩志士らの襲撃を受け、
暗殺される

#059
Ii Naosuke

「勅許を待ざる重罪は甘んじて我等壱人に受候決意」

（朝廷からの許可を待たずに、日米修好通商条約に調印した重罪は、自分一人で甘受する決意だ）

父は第13代彦根藩主・井伊直中。十四男で母が側室だったため、藩主になる希望は持てないまま青年期を過ごす。住居を自ら「埋木舎（うもれぎのや）」と名付け、「なすべく業」として和歌や禅、居合など武芸学問両方をたしなむ。茶道には熱心で、石州流に一派をつくった。兄・直元の急死により世継ぎに選ばれ、彦根藩藩主・井伊直亮の養子となる。黒船到来により江戸に出府し、開国派として攘夷派と討議をおこなう。大老として全権を持った直弼は、日米修好通商条約に調印、さらに将軍の世継ぎ問題では南紀派として支持していた徳川家茂（いえもち）が将軍となる。これに対し、反対派が激しく反発。対する直弼は、安政の大獄を断行し厳しく粛清した。このことが更なる反発を生み、江戸城に向かう途中、水戸藩の脱藩志士らによる襲撃を受け、暗殺された。

#060

LIFETIME
1823-1899

BIRTH PLACE
東京都

CLASSIFICATION
政治家

勝 海舟

Katsu Kaishuu

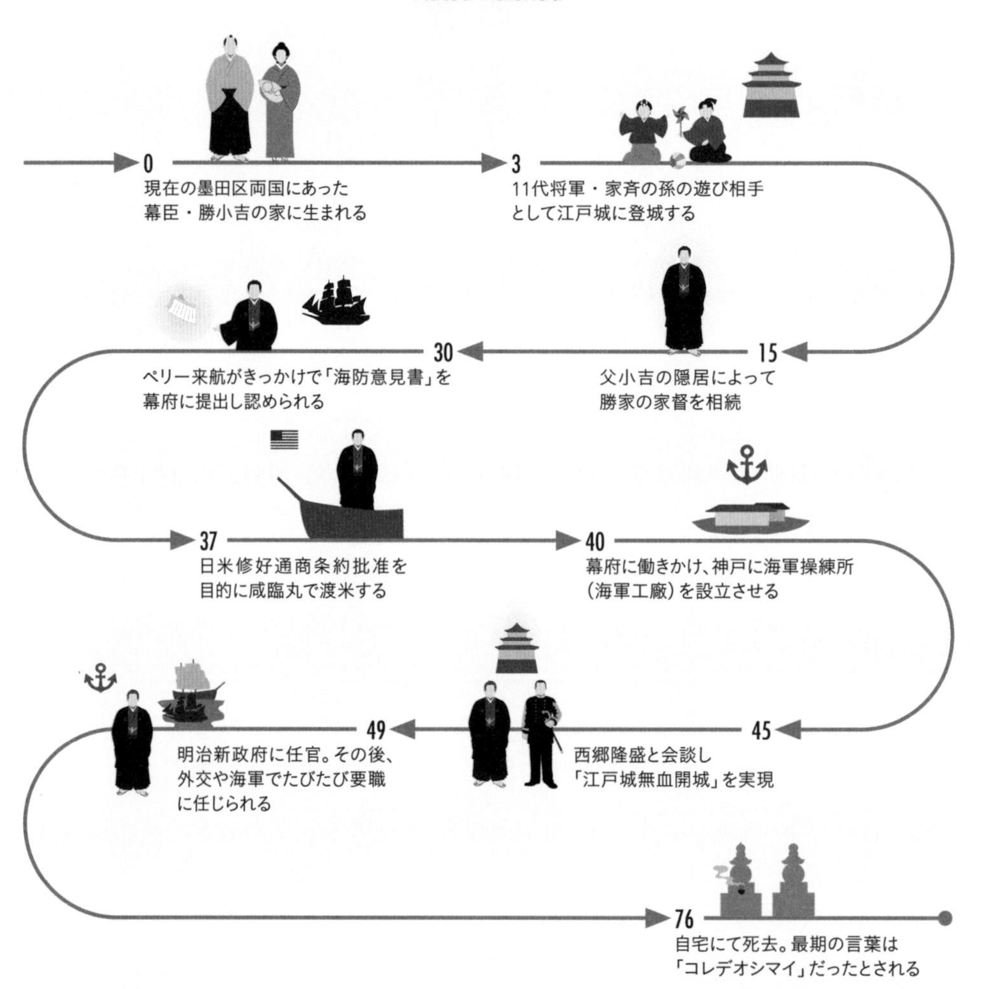

#060
Katsu Kaishuu

「行蔵は我に存す
毀誉は他人の主張
我に与らず」

（行動は自分のもの、批判は他人のもの、私が知ったことではないよ）

幼名は麟太郎、明治になって安芳に改名。10代から剣術・蘭学・禅などを学び、22歳で私塾を開く。幕府から才能を見いだされた勝は、長崎海軍伝習所に入所。アメリカ使節団の護衛任務として咸臨丸の船長役をも務める。軍艦奉行並となり幕府海軍の強化をはかるが、力を入れていた公議政体論（大名諸侯と幕府による議会制度導入）の実現が暗礁に乗り上げ、役職を罷免され蟄居する。その後、老中・板倉勝静によって陸軍総裁として復帰。討幕軍（官軍）との停戦交渉役として幕府での役目を最後までまっとうした。徳川幕府と薩摩藩・長州藩を中心とした倒幕連合軍との戦いにおいて、江戸での戦火を避け、徳川宗家を守るために「江戸城無血開城」を実行。幕府から新政府へと政権移行した後も、政府役人として重職を歴任。

#061

LIFETIME
1825-1883

BIRTH PLACE
京都府

CLASSIFICATION
政治家

岩倉具視
Iwakura Tomomi

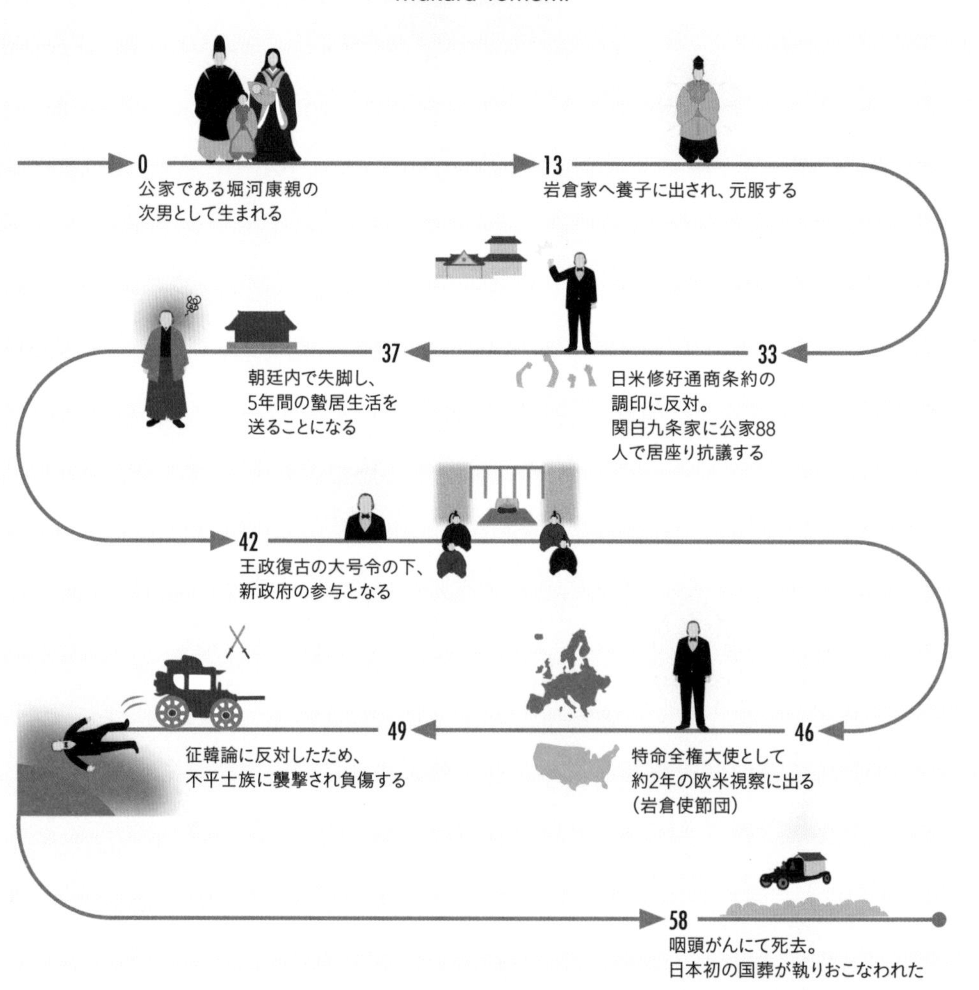

#061
Iwakura Tomomi

「我国小なりといえども
誠によく上下同心（しょうかどうしん）
その目的を一にし
務めて国力を培養せば
宇内に雄飛し
万国に対立するの大業
甚だ難しきにあらざるべし」

（日本は確かに小さな国かもしれないが、皆が同じ方向を向くことができれば、世界を相手に雄飛することは決して難しいことではない）

薩摩藩、長州藩などと協力し討幕を実現、明治維新を成功させた維新十傑の一人。下級公家であった岩倉家の養子となるが、その後、関白・鷹司政通（たかつかさまさみち）を通して孝明天皇の近習へと出世する。朝廷と幕府との結びつきを強める公武合体を推進し、天皇の妹・和宮（かずのみや）を将軍・家茂に嫁がせることに成功。親幕派と見なされ岩倉村で隠遁（いんとん）生活を送る間に、西郷、大久保といった薩摩の志士たちと交流がはじまり、倒幕気運が高まるなか朝廷に復帰。新政府実現に向けて将軍・慶喜の政治的実権を奪う工作をはじめるうちに、鳥羽伏見の戦いが勃発。岩倉は「錦の御旗」をもって慶喜方の旧幕府軍に対抗、これに勝利する。以後、明治政府首脳となって鉄道事業など多くの実績を残した。晩年は憲法制定に向けても尽力、伊藤博文に後を託し生涯を閉じた。

#062

LIFETIME
1827-1877

BIRTH PLACE
鹿児島県

CLASSIFICATION
武士、政治家

西郷隆盛
Saigou Takamori

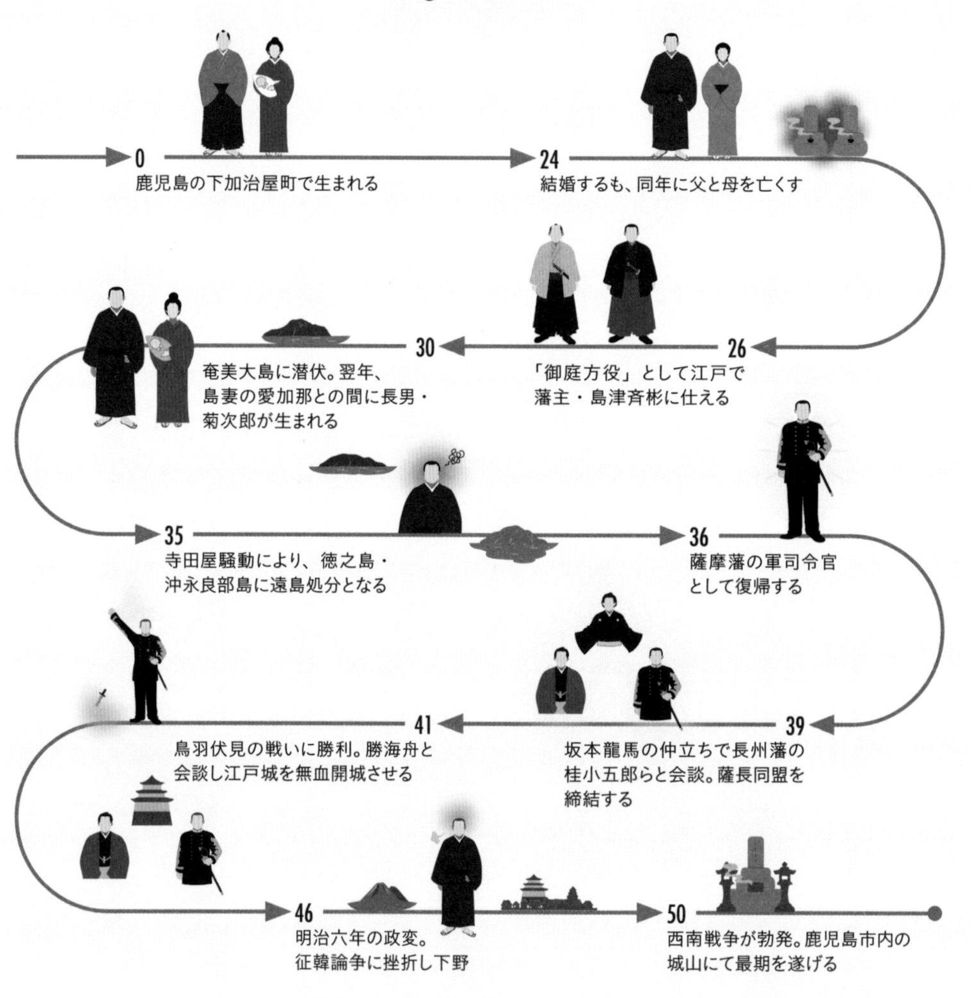

#062
Saigou Takamori

「講学の道は敬天愛人を目的とし身を修するに克己を以て終始せよ」

（学問を究めるには道理を慎み守り、仁の心で人々を愛するという敬天愛人を目指すことが大事である。自らを修養するためには、己に克つということを目標としなければならない）

幼名は小吉（通称は吉之助）、薩摩藩（現在の鹿児島）の下級武士家庭に育つ。青年になると大久保利通らと藩内で一定の勢力を持つ「精忠組」を結成し盟主となる。藩主・島津斉彬（なりあきら）に見いだされた西郷は江戸に行き、斉彬の近習として政治活動をおこなうなかで多くのことを学んだ。西郷は斉彬の命を受け、朝廷と幕府とで新しい政治をおこなっていくという構想に奔走。寺田屋騒動に際しては遠島（えんとう）などの処分を受けている。薩英戦争により薩摩藩が開明政策に転じると、大久保利通と共に藩政を掌握した。その後、敵対していた長州藩と密盟約を結び、倒幕へと向かっていく。新政府軍の司令官として明治維新を成功させたのち、明治政府で重責を担うが、朝鮮出兵に関して政府幹部と対立。最期は西南戦争で故郷・鹿児島の地にて戦死する。

#063

LIFETIME
1830-1859

BIRTH PLACE
山口県

CLASSIFICATION
武士、思想家、教育者

吉田松陰
Yoshida Shouin

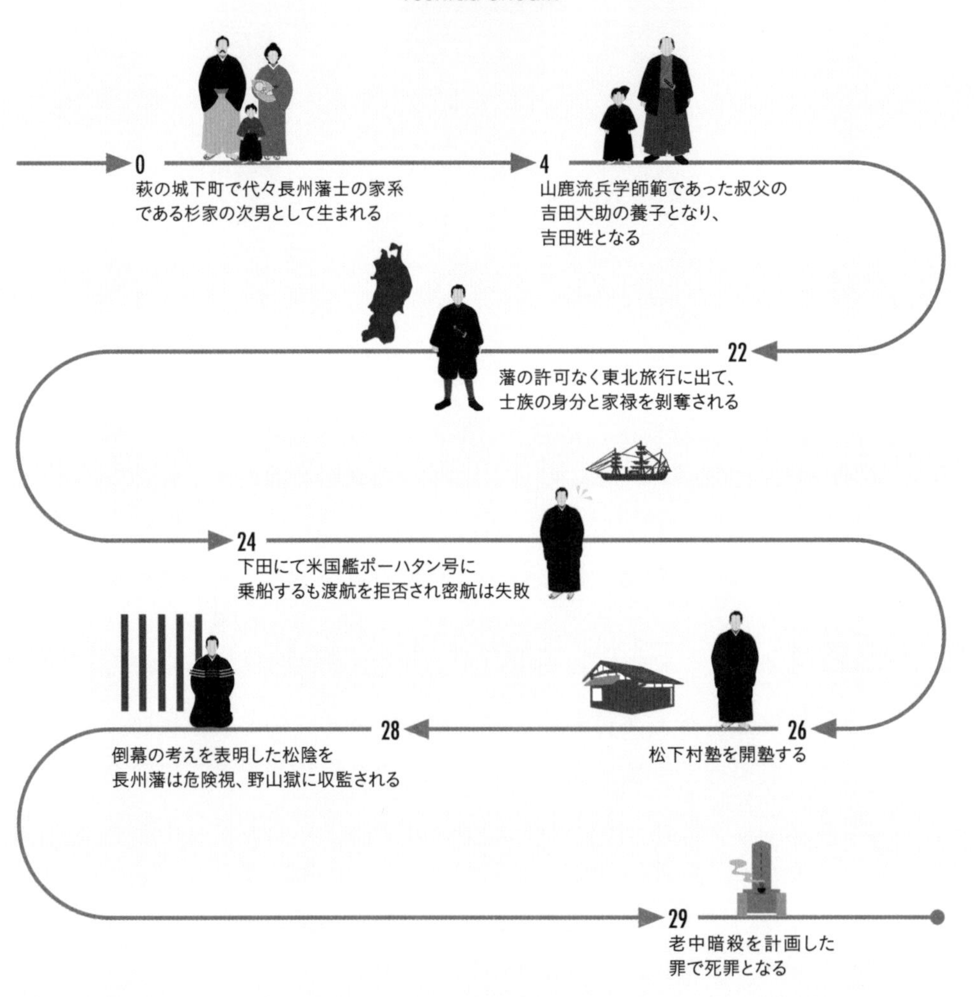

#063
Yoshida Shouin

「道を明(あきらか)にして功を計らず義を正して利を計らず」

（君に仕えるとは、功利のためではなく、道義を明らかにすることである）

幼少より学業に優れ、山鹿流、長沼流といった兵学を修め、13歳の頃には西洋艦隊を攻撃する演習の指揮を執ったとされる。松陰は九州、江戸に遊学し、佐久間象山らに師事する。ペリーが浦賀に来航したことを受け、外国の脅威に対抗するための意見書を藩主に出した。アメリカへの密航に失敗し、出獄後、叔父の「松下村塾」を引き継ぎ、実家の敷地に開塾。そこで久坂玄瑞などの尊王攘夷運動の中心人物や高杉晋作など倒幕実現に向けて働く志士、明治新政府の要職を担う人材を育てる。日米修好通商条約が幕府により朝廷の許可を得ないまま締結されたことを知り、老中暗殺を計画。弟子たちの引き留めに遭い実施を断念したが、安政の大獄に連座した際、暗殺計画を幕府に自首する。それによって伝馬町の牢屋式で死罪に処された。

#064

LIFETIME
1830-1878

BIRTH PLACE
鹿児島県

CLASSIFICATION
武士、政治家

大久保利通

Ookubo Toshimichi

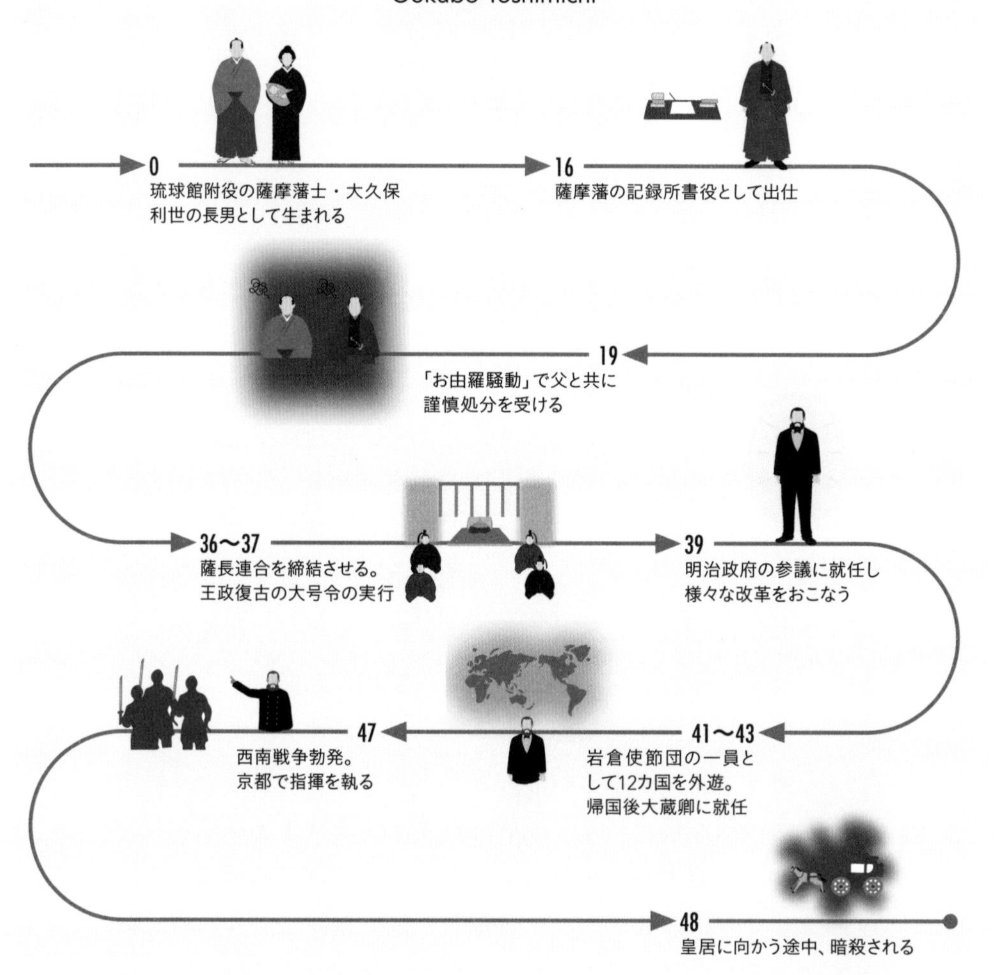

#064
Ookubo Toshimichi

「おはんの死と共に新しか日本がうまれる強か日本が」

子供の頃は悪戯好きで活発な少年であったが、学問に関しては郷中で一番と言われ、藩校造士館では西郷隆盛と共に学び同志となった。その後、共に薩摩藩士のリーダー的存在として、藩政を公武合体派へと推し進めていく。やがて幕府と対立し倒幕へと転じ、薩長連合を成立させると、岩倉具視と共に王政復古のクーデターを成功させる。明治新政府では版籍奉還や廃藩置県を推進するなどし、新政府の基盤となるものをつくりあげ、初代内務卿になった。明治新政府の命で岩倉使節団の副使として欧米を視察、進んだ西洋の技術や文化にふれ、日本も西欧に追いつけると確信。帰国後、内務卿として富岡製糸場を造るなど、殖産興業に貢献した。西郷とは征韓論をめぐり対立。西南戦争で西郷が自害した翌年、自身も不平士族に暗殺される。

#065

LIFETIME
1833-1877

BIRTH PLACE
山口県

CLASSIFICATION
政治家

桂 小五郎（木戸孝允）

Katsura Kogorou

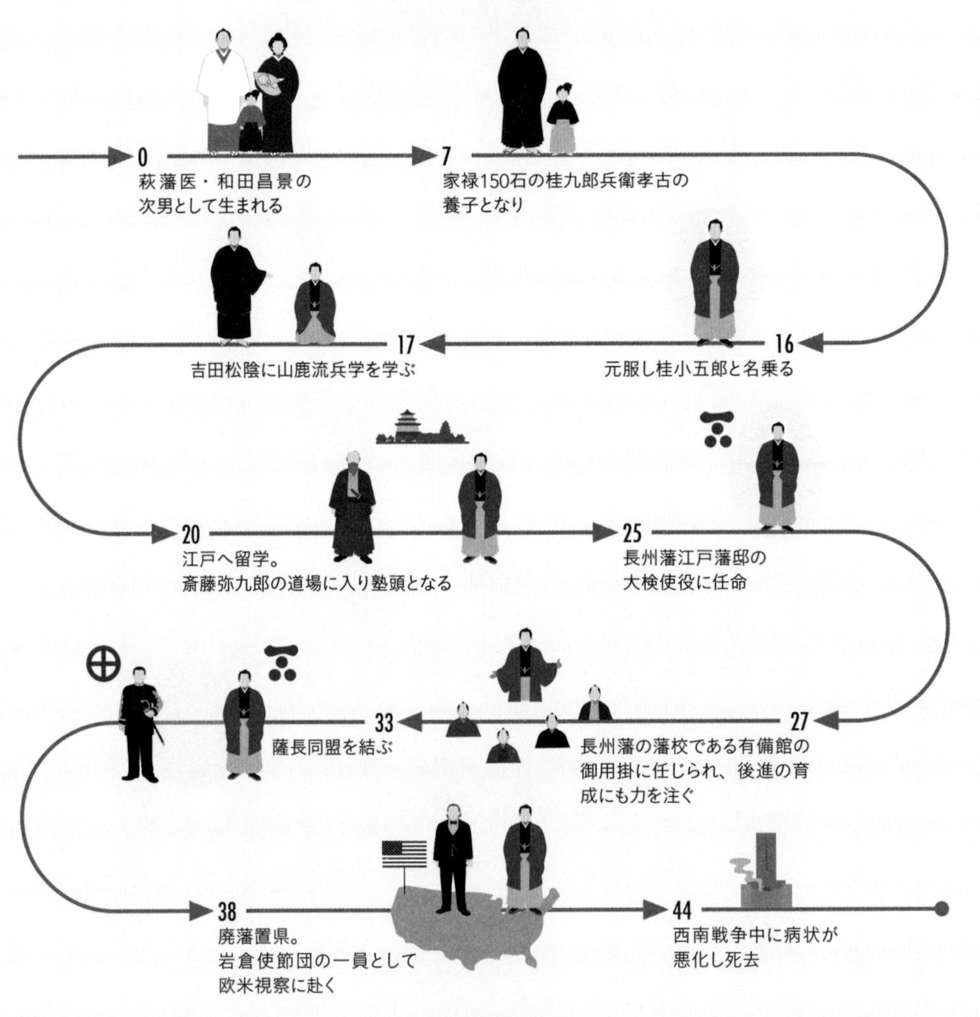

#065
Katsura Kogorou

「人の巧を取って
我が拙を捨て
人の長を取って
我が短を補う」

（人にはそれぞれ得手不得手がある。自分の未熟な部分を補うには、人の優れたところを取り入れるべきである）

藩医の家に生まれるが、藩士・桂孝古（たかふる）の末期（まつご）養子となり禄を得る。武士の出ではないことから剣術修行に励み、長州藩の若き俊英として注目される存在であった。剣術修行のため自費で江戸に下る。ペリーの来航の際には、藩主・毛利慶親（よしちか）の警固隊として海外の脅威を目のあたりにする。以後、尊王攘夷に傾くが、下関で長州藩が四国艦隊に惨敗すると、攘夷の不可能さを悟り、坂本龍馬の仲介で薩長同盟を結び、倒幕に転換した。大政奉還後、新政府では総裁局顧問専任、外国事務係、参与を歴任。廃藩置県の実現に奔走する。また岩倉使節団の全権副使として不平等条約の撤廃と対等条約締結のため、欧米視察などをおこなった。西南戦争のさなか、朦朧（もうろう）状態のなかで「西郷もいいかげんにしないか」という言葉を遺しこの世を去った。

#066

LIFETIME
1834-1885

BIRTH PLACE
高知県

CLASSIFICATION
実業家

岩崎弥太郎

Iwasaki Yatarou

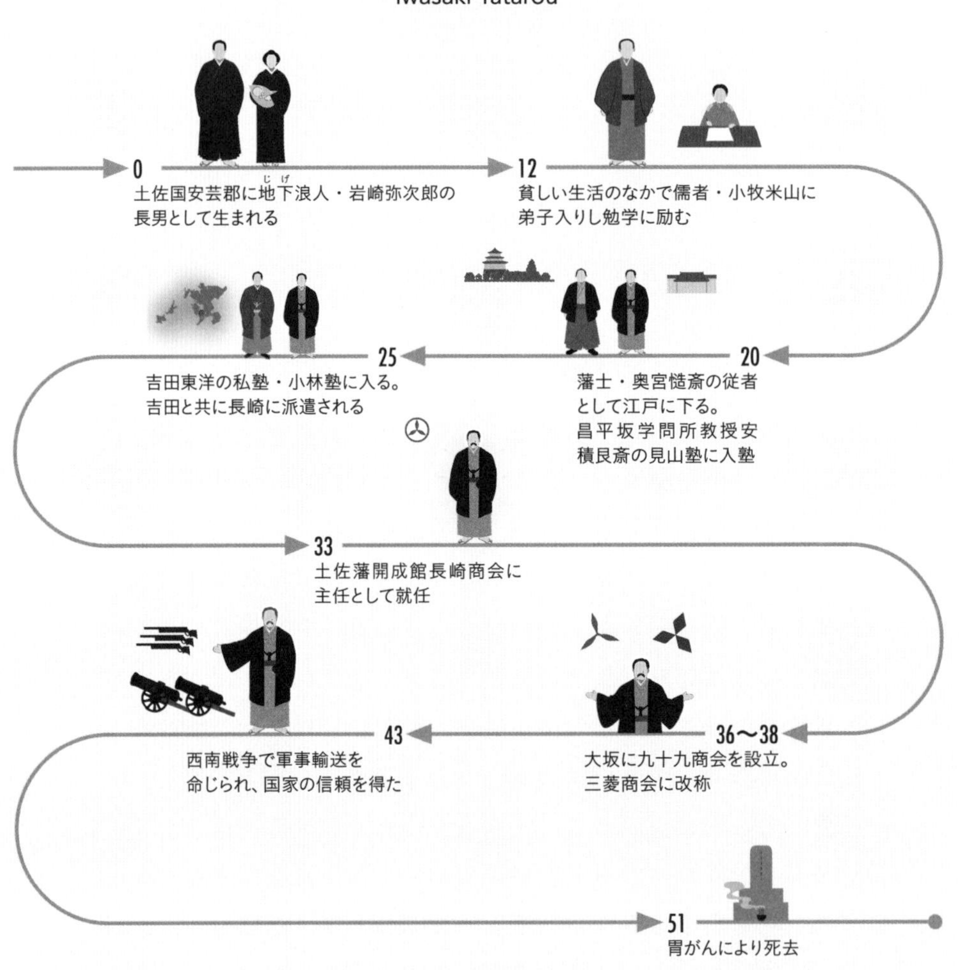

#066
Iwasaki Yatarou

「碌々人下に立つのは死すとも肯わずこれはわが性である」

（平々凡々と人の下にいることは、死んでいるようなものである）

貧しい生活のなかでも、儒学、漢学など勉強に励む。奥宮慥斎の従者として江戸に遊学中、父が庄屋との酒席での喧嘩で投獄されたと聞き帰国。父の冤罪を訴えるが、逆に自身も投獄されてしまう。獄中で同房になった商人から算術や商法を学び、のちに商業に進むきっかけになった。出獄後、吉田東洋の私塾・小林塾に入り、参政となった東洋と共に長崎に滞在。土佐藩開成館長崎商会の主任に任命され、欧米商人との輸出入交渉を担当した。明治政府が藩営事業を禁止すると、土佐藩から藩船三隻を借り受け「九十九商会」を設立。改名を経て「三菱商会」として、海運業界における国内外の熾烈な競争に突入する。台湾出兵、西南戦争において軍事輸送を引き受け、これで得た資金を他の事業に投入し、三菱財閥をつくりあげていく。

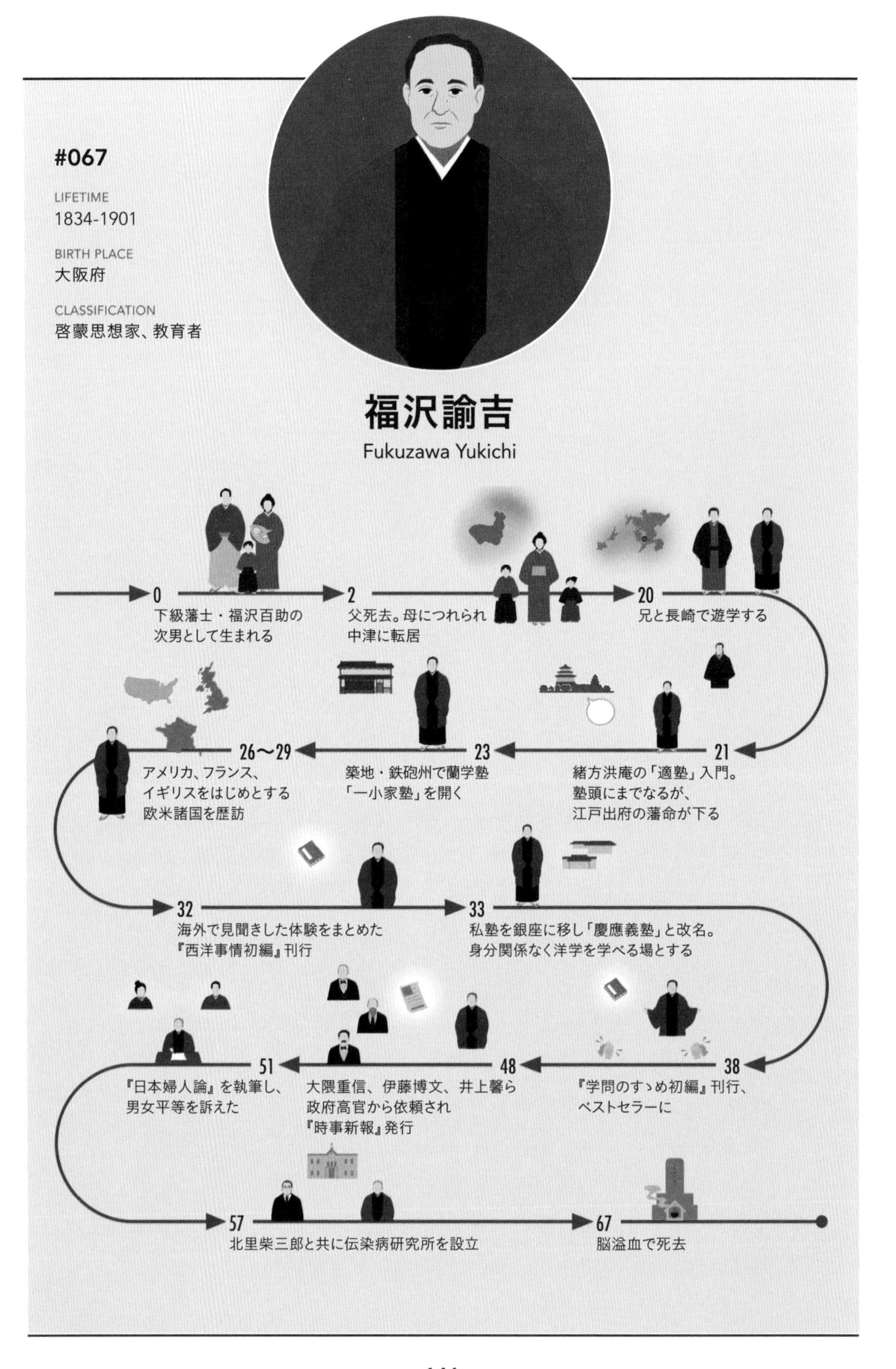
#067
LIFETIME
1834-1901
BIRTH PLACE
大阪府
CLASSIFICATION
啓蒙思想家、教育者
福沢諭吉
Fukuzawa Yukichi
0
下級藩士・福沢百助の次男として生まれる
2
父死去。母につれられ中津に転居
20
兄と長崎で遊学する
21
緒方洪庵の「適塾」入門。塾頭にまでなるが、江戸出府の藩命が下る
23
築地・鉄砲州で蘭学塾「一小家塾」を開く
26〜29
アメリカ、フランス、イギリスをはじめとする欧米諸国を歴訪
32
海外で見聞きした体験をまとめた『西洋事情初編』刊行
33
私塾を銀座に移し「慶應義塾」と改名。身分関係なく洋学を学べる場とする
38
『学問のすゝめ初編』刊行、ベストセラーに
48
大隈重信、伊藤博文、井上馨ら政府高官から依頼され『時事新報』発行
51
『日本婦人論』を執筆し、男女平等を訴えた
57
北里柴三郎と共に伝染病研究所を設立
67
脳溢血で死去

#067
Fukuzawa Yukichi

「学問を勤めて物事を
よく知る者は貴人となり
富人となり
無学なる者は貧人となり
下人となるなり」

（学問をして、物事を知る人は偉く、金持ちになる。
無学のものは、卑しくて、貧乏になる）

幼い頃から漢学を学び、15歳には様々な漢書を読みこなしていた。兄と共に長崎で砲術家・山本物次郎（ものじろう）のもとでオランダ砲術を学びながら蘭学も熱心に学ぶ。江戸に出ることを計画するが兄に反対され、大坂の蘭学者・緒方洪庵の「適塾」に入門、やがて塾頭にまでなるが藩命で江戸に下る。江戸では、のちの慶應義塾に発展することになる蘭学の私塾を開いた。この頃、独学で英語を学びはじめ、幕府使節団としてアメリカに派遣されることになった軍艦奉行・木村摂津守の従者として「咸臨丸」で初渡米、翌年ヨーロッパ6カ国を歴訪、そして再度の渡米で見聞きしたことを『西洋事情初編』としてまとめた。一橋大学神戸商業高校などの創設に尽力し、伝染病研究所創設にも関与。葬儀には多くの参列者が訪れ、その死を惜しんだという。

#068

LIFETIME
1835-1867

BIRTH PLACE
高知県

CLASSIFICATION
武士

坂本龍馬

Sakamoto Ryouma

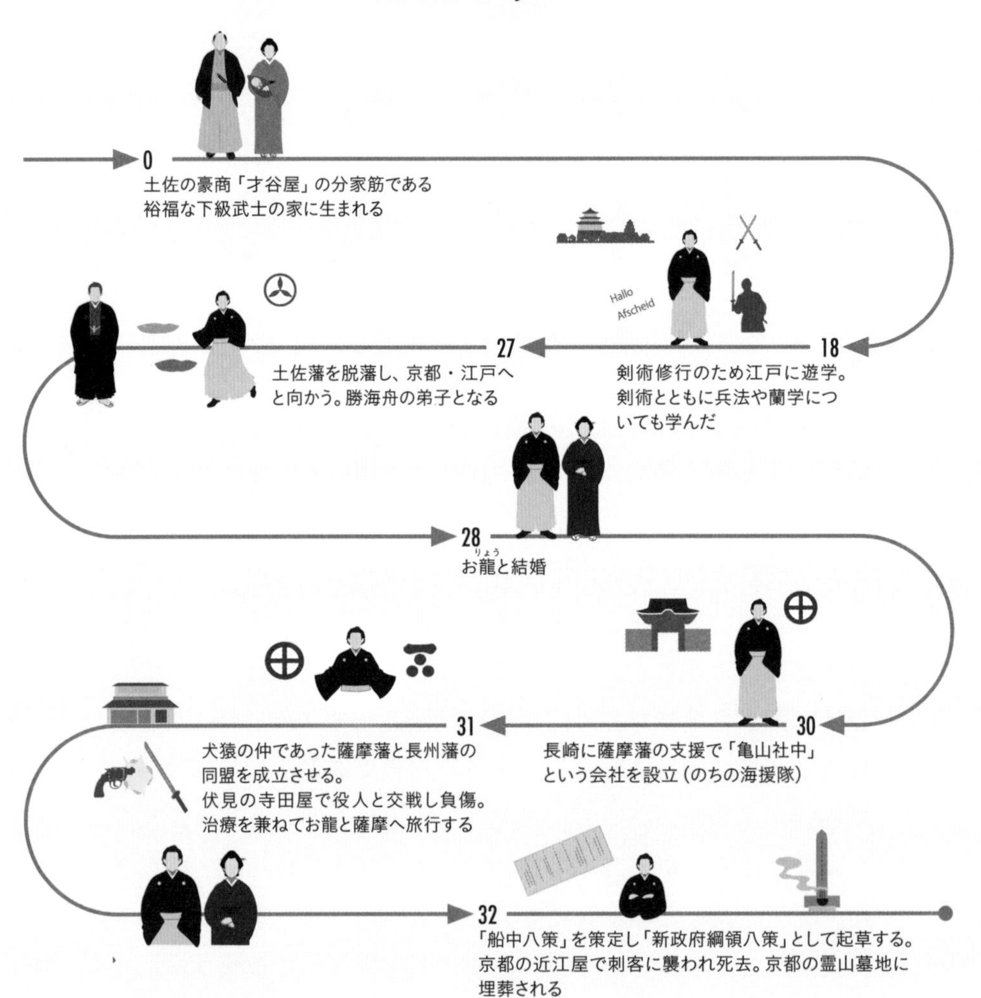

#068
Sakamoto Ryouma

「日本を今一度せんたくいたし申候」

尊王攘夷思想のもと、土佐藩でも武市(たけち)半平太を盟主とした「土佐勤王党」が結党され、龍馬はそれに参加する。脱藩し江戸へと向かった龍馬は志士たちと交流。当時、幕府政事総裁職であった松平春嶽の紹介を受け、勝海舟と面会。この面会で、ただ攘夷というだけでなく海軍力を強化しなければ日本は危ない、という勝海舟の考えに強く同調。勝の弟子となり神戸に海軍操練所をつくるために奔走した。度重なる政変や勝の失脚により海軍操練所が閉鎖されると、薩摩藩が龍馬ら塾生を庇護。彼らの近代的な商業組織（現在の株式会社に類似）結成を資金面から支援した。龍馬は薩摩藩が米を、長州藩が武器を欲していることを利用して両藩から物資の輸送を請け負うことで、倒幕を決定づける「薩長同盟」の仲立ち役を担うことになる。

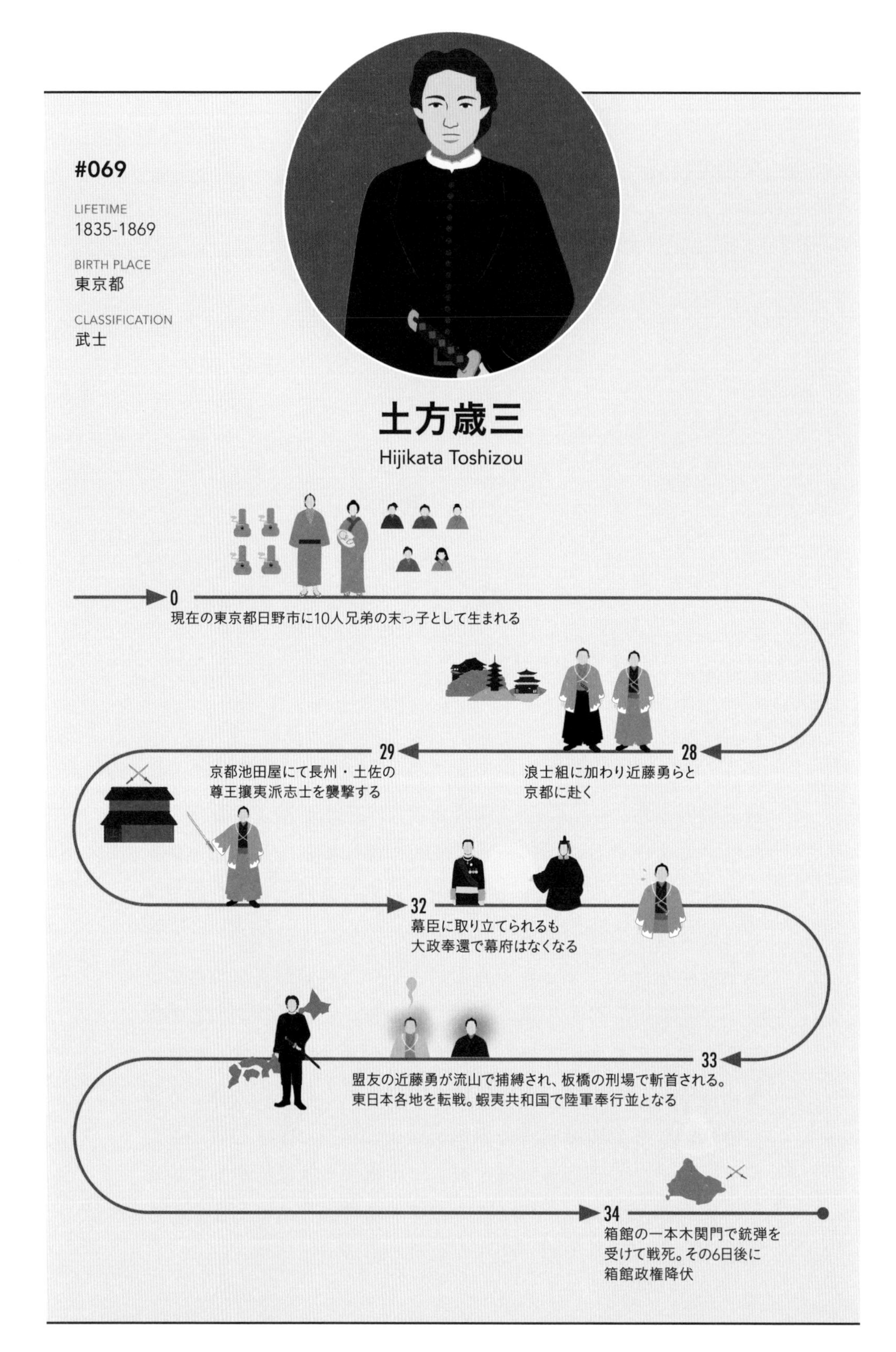
#069
LIFETIME
1835-1869
BIRTH PLACE
東京都
CLASSIFICATION
武士
土方歳三
Hijikata Toshizou
0
現在の東京都日野市に10人兄弟の末っ子として生まれる
28
浪士組に加わり近藤勇らと
京都に赴く
29
京都池田屋にて長州・土佐の
尊王攘夷派志士を襲撃する
32
幕臣に取り立てられるも
大政奉還で幕府はなくなる
33
盟友の近藤勇が流山で捕縛され、板橋の刑場で斬首される。
東日本各地を転戦。蝦夷共和国で陸軍奉行並となる
34
箱館の一本木関門で銃弾を
受けて戦死。その6日後に
箱館政権降伏

#069
Hijikata Toshizou

「たとえ身は蝦夷の島根に朽ちるとも魂は東の君やまもらむ」

（たとえこの身が蝦夷の地で朽ち果てても、魂は必ず君主を守るだろう）

豪農の家に育った歳三は、青年期、薬の行商をしながら剣術稽古に励んでいたが、将軍・家茂上洛の警護役として結成された浪士組に剣術道場（試衛館）仲間と参加。京都守護職である会津藩の庇護を受け「新選組」となる。土方は副長となり局長の近藤勇の右腕として活躍。新選組は非正規な組織ながら隊員数は最盛期で200名を超えた。京都に潜伏していた倒幕派の浪士たちを次々に捕縛、斬殺し、土方は鬼の副長として京都の町を震えさせる。鳥羽伏見の戦いで敗北後、甲府で官軍と戦うも敗北。近藤は千葉の流山で捕縛後、斬首されたが、土方は宇都宮、会津と転戦し、旧幕府海軍を率いていた榎本武揚と合流。東北で幕府との決戦を唱えるも東北諸藩は降伏。最後は榎本らと箱館に渡り箱館政権を樹立。五稜郭の戦いで戦死する。

#070

LIFETIME
1836-1908

BIRTH PLACE
東京都

CLASSIFICATION
軍人、政治家

榎本武揚

Enomoto Takeaki

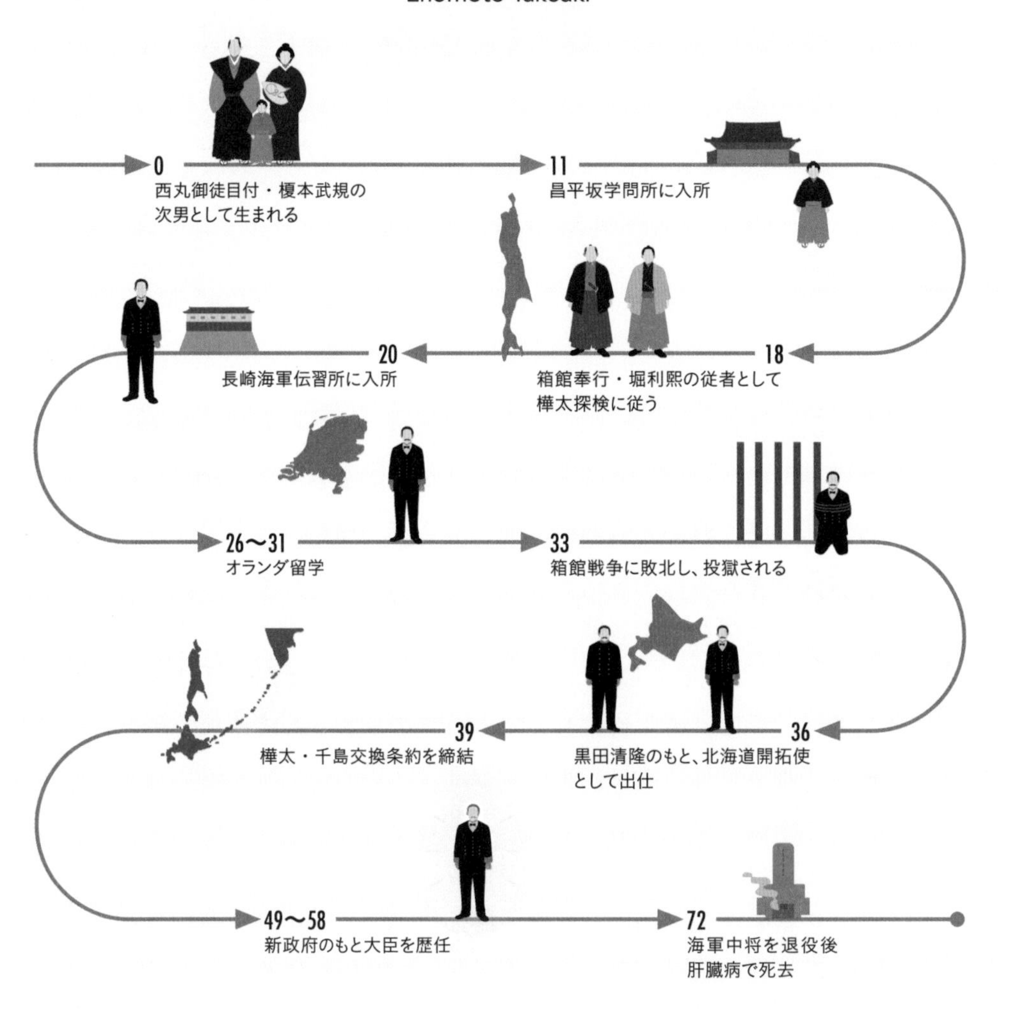

#070
Enomoto Takeaki

「冒険は最良の師なり」

父の榎本武規(たけのり)は伊能忠敬の元弟子であった。箱館奉行・堀利熙(としひろ)の小姓として樺太探検を経験する。長崎海軍伝習所で勝海舟らに、機関学や化学を学ぶ。軍艦開陽丸を発注した幕府から、造船の監督も兼ねてオランダ留学を命じられる。現地では航海術、造船術や国際法を学んだ。帰国後は海軍副総裁として旧幕府艦隊を支配し、新政府が旧幕府艦隊の受け渡しを要求した際これを拒否し、軍艦8隻を率いて蝦夷地・箱館に脱出した。新選組の土方歳三らと共に箱館五稜郭を本拠に戦うが敗北。降伏し牢獄生活を送るが、特赦され北海道開拓使として出仕し北海道開拓の調査に従事。のちに特命全権公使としてロシアに駐在し、樺太千島交換条約を締結。語学力と外交力が買われ、初代逓信大臣、文部大臣、外務大臣など主要なポストなども歴任。

#071

LIFETIME
1836-1883

BIRTH PLACE
鹿児島県

CLASSIFICATION
将軍御台所

天璋院（篤姫）

Tenshouin

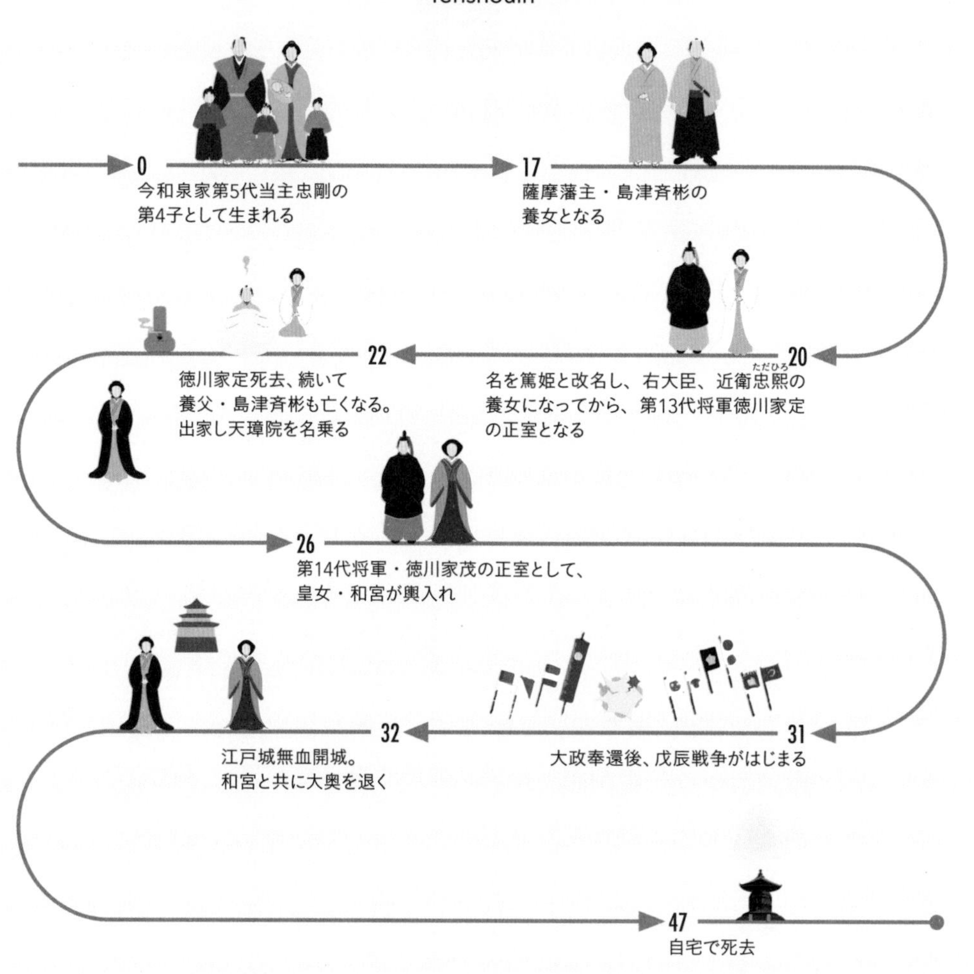

#071
Tenshouin

「徳川家へ嫁しつき候うえは当家の土となり候」

（徳川家に嫁いだ以上は、徳川家の土になる覚悟である）

鹿児島の地に生まれ、幼名は一子（かつこ）。幼い頃は父が「一子が男子だったら」と惜しむほど、利発で活発な子だったという。第13代将軍徳川家定に輿入れするため鹿児島の地を離れてから、二度と故郷の地を踏むことはなかった。家定の病死後、落飾（らくしょく）し「天璋院」として大奥を取り仕切ることになる。14代将軍・家茂と和宮の婚儀の後、天璋院と和宮は互いの立場の違いから確執が生じたが、第15代将軍・徳川慶喜が大政を奉還し戊辰戦争に突入すると、徳川家存続と慶喜の助命に共に尽力。維新後は東京千駄ヶ谷の徳川宗家に身を寄せ、質素ながら大奥とは違う自由な生活を楽しんだといわれる。また徳川宗家第16代・家達（いえさと）を留学させるなどして養育し、最後まで徳川家の人間として誇り高く生き抜いた。

#072

LIFETIME
1837-1919

BIRTH PLACE
高知県

CLASSIFICATION
武士、軍人、政治家

板垣退助

Itagaki Taisuke

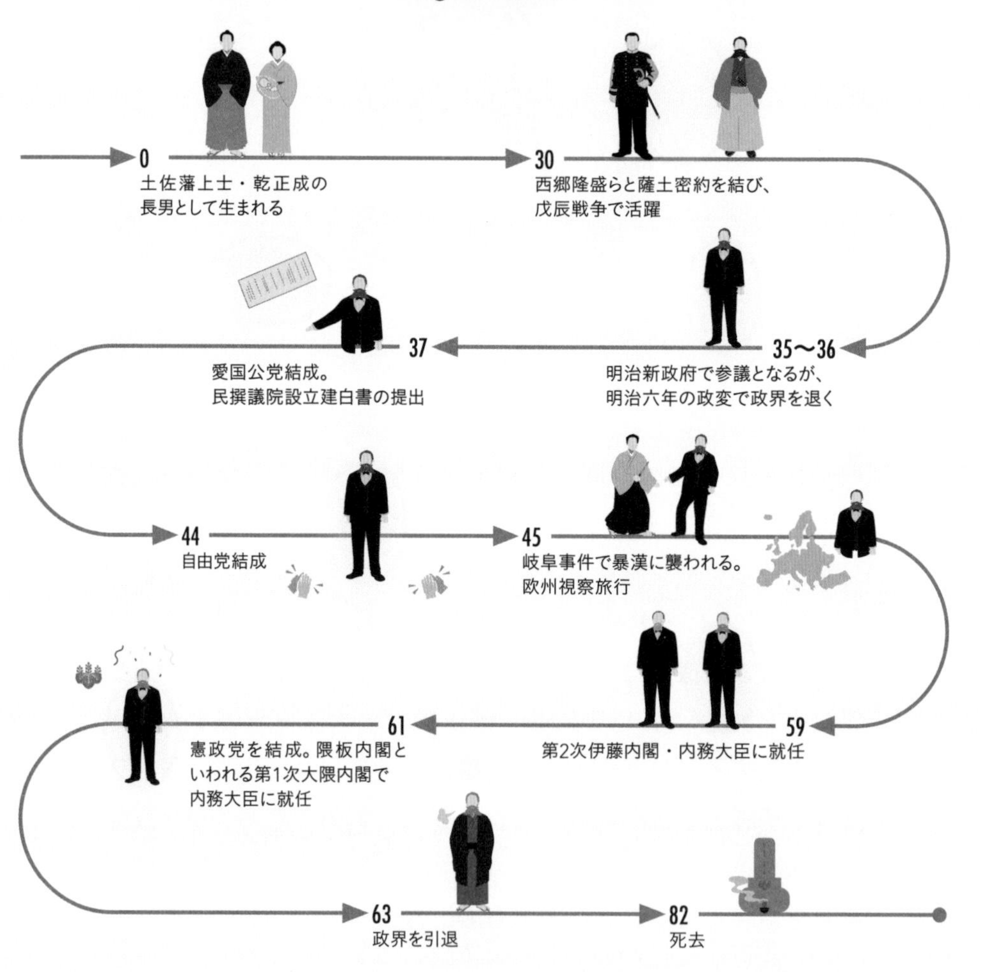

#072
Itagaki Taisuke

「吾死スルトモ 自由は死セン」

子供の頃から正義感が強く、弱い者いじめをする相手には毅然と喧嘩で立ち向かったという。上士の家の出でありながら、庶民とも分けへだてなく交わる人柄でもあった。公武合体派だった藩の考えに対し、武力倒幕に前向きだった板垣は、西郷隆盛率いる薩摩藩と「薩土密約」を結ぶ。戊辰戦争では薩摩藩と共に戦い、明治新政府の参議となる。要職を歴任するが、明治6年、征韓論に反対され、政府を去ることになる。その後、副島種臣・江藤新平らと愛国公党を結成、国会開設を求めた。これをきっかけに自由民権運動が活発になっていき、日本で初となる本格的政党・自由党を立ち上げ総理に就任、そして日本初の政党内閣・第1次大隈内閣の内務大臣も務めるが、わずか4カ月で総辞職となる。政界引退後は社会事業に尽くした。

#073

LIFETIME
1837-1913

BIRTH PLACE
東京都

CLASSIFICATION
征夷大将軍

徳川慶喜
Tokugawa Yoshinobu

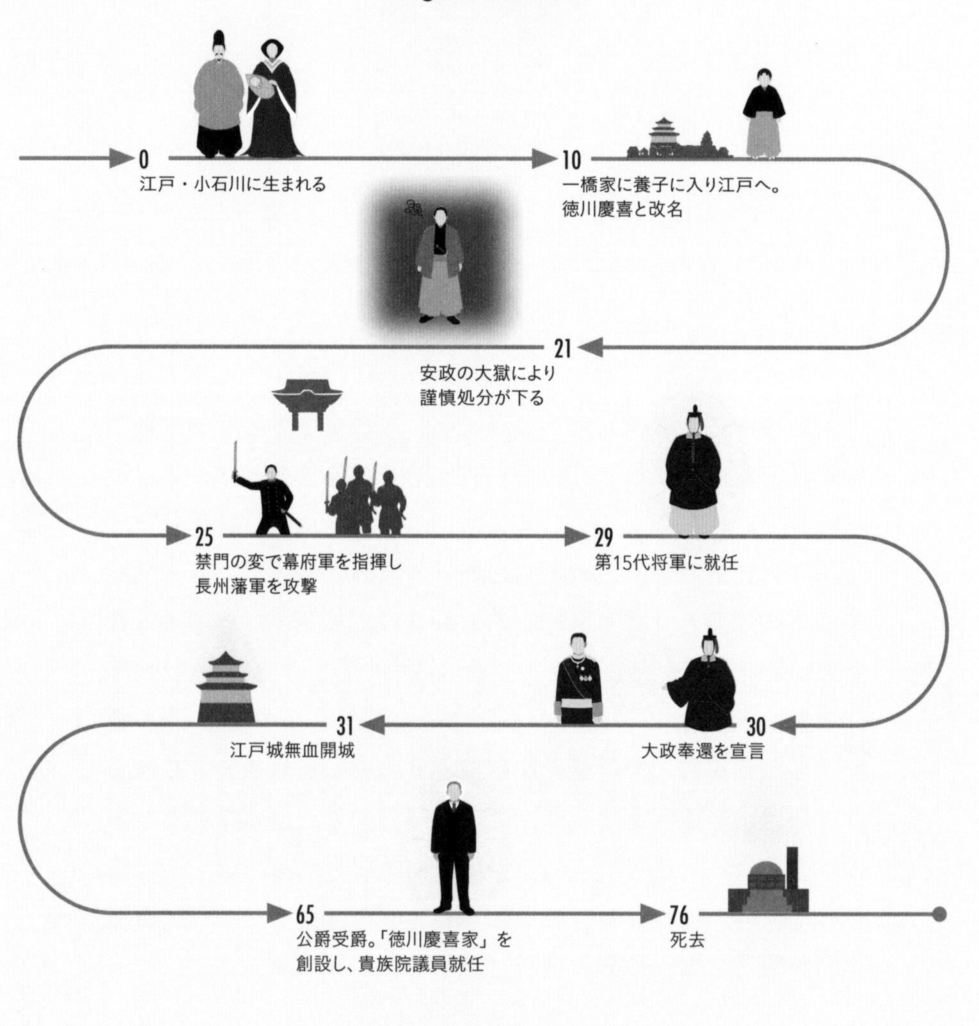

#073
Tokugawa Yoshinobu

「我等は又天下の安からんが為に徳川家の政権を朝廷に還し奉るなり」

（我ら徳川家は日本の国の平和を守るため、政権を朝廷に返還申し上げます）

日本の最後の将軍。水戸徳川家の9代目藩主、徳川斉昭（なりあき）の七男として生まれる。母は有栖川宮熾仁（たるひと）親王王女・吉子（よしこ）女王。武士と皇室、両方の系統を継いでいる。病弱な第13代将軍・徳川家定の後継をめぐる将軍継嗣問題の渦中の人となるも、慶福（よしとみ）（家茂）が14代将軍となった。14代将軍家茂の病死を受け、15代将軍となる。京都にとどまり朝廷との公武合体政策を進めるが、薩摩藩など有力諸藩との対立が深まり幕府は弱体化。政治情勢を考えた慶喜は、大政奉還を宣言する。続く戊辰戦争で朝敵とされるが、尊王思想である慶喜はこれ以上の戦いは意味がないとし、江戸城を明け渡した。公爵に叙せられ貴族院議員として政治に携わったりしたが、七男・慶久に家督を譲ると隠居生活に入る。晩年は趣味に没頭する穏やかなものだったという。

#074

LIFETIME
1838-1922

BIRTH PLACE
佐賀県

CLASSIFICATION
政治家

大隈重信

Ookuma Shigenobu

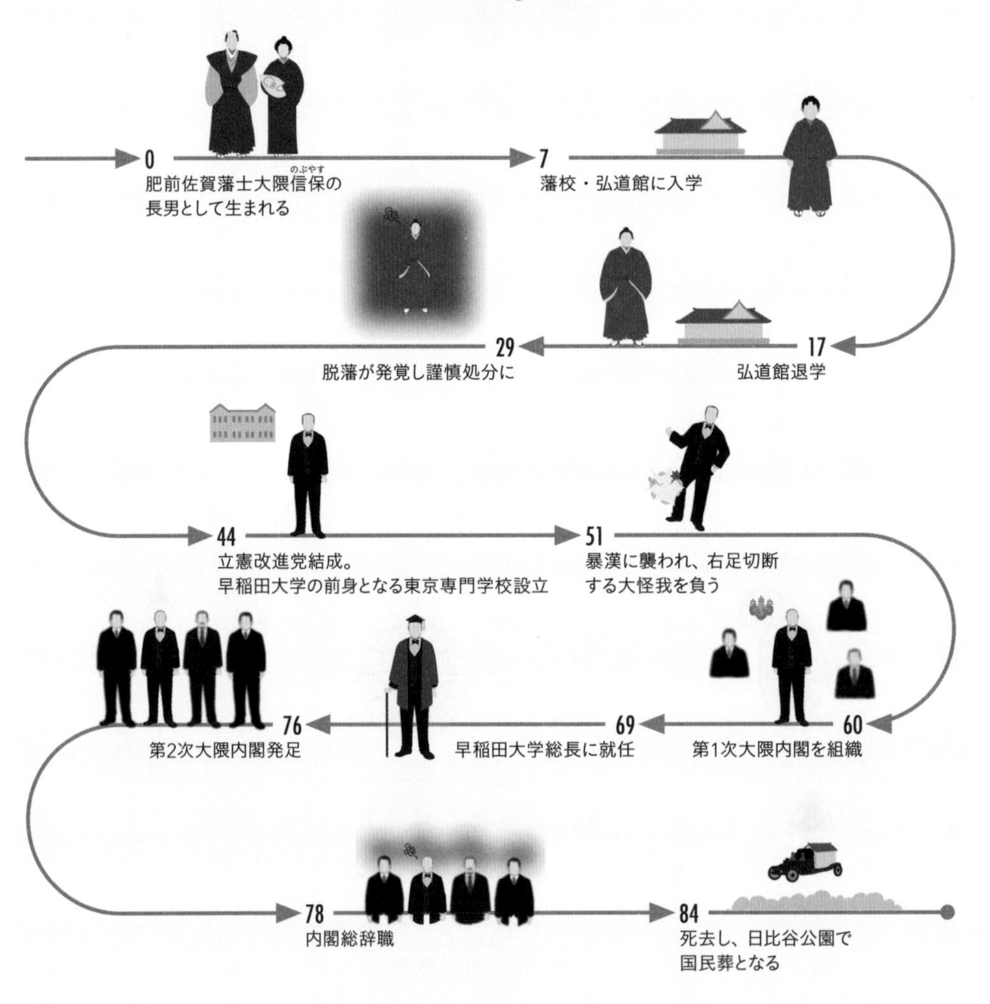

#074
Ookuma Shigenobu

「諸君は必ず失敗する
成功があるかも
しれませぬけれども
成功より失敗が多い
失敗に落胆しなさるな
失敗に打ち勝たねばならぬ」

佐賀藩の上級武士の家に生まれる。朱子学を主とした閉鎖的な藩校の制度に反発、騒動の首謀者として放校処分を受ける。のちに蘭学寮に移ったのをきっかけに、長崎でアメリカ人フルベッキに英語を学ぶ。尊王派として副島種臣と共に脱藩し、将軍徳川慶喜に大政奉還を勧告しようと試みるが失敗し佐賀へ送還された。謹慎が解かれると、新政府に出仕し外国事務局判事として長崎に赴任し、外国人との訴訟の処理にあたった。その後は大蔵卿、外務大臣、農商務大臣など重要ポストを歴任。立憲改進党を結成し党首となると、日本初の政党内閣を組閣（第1次大隈内閣)。第2次内閣では、第1次世界大戦への参戦を決定する。政治以外でも、教育者として優れた人材を育成するために東京専門学校を開校。のちに早稲田大学と名を改める。

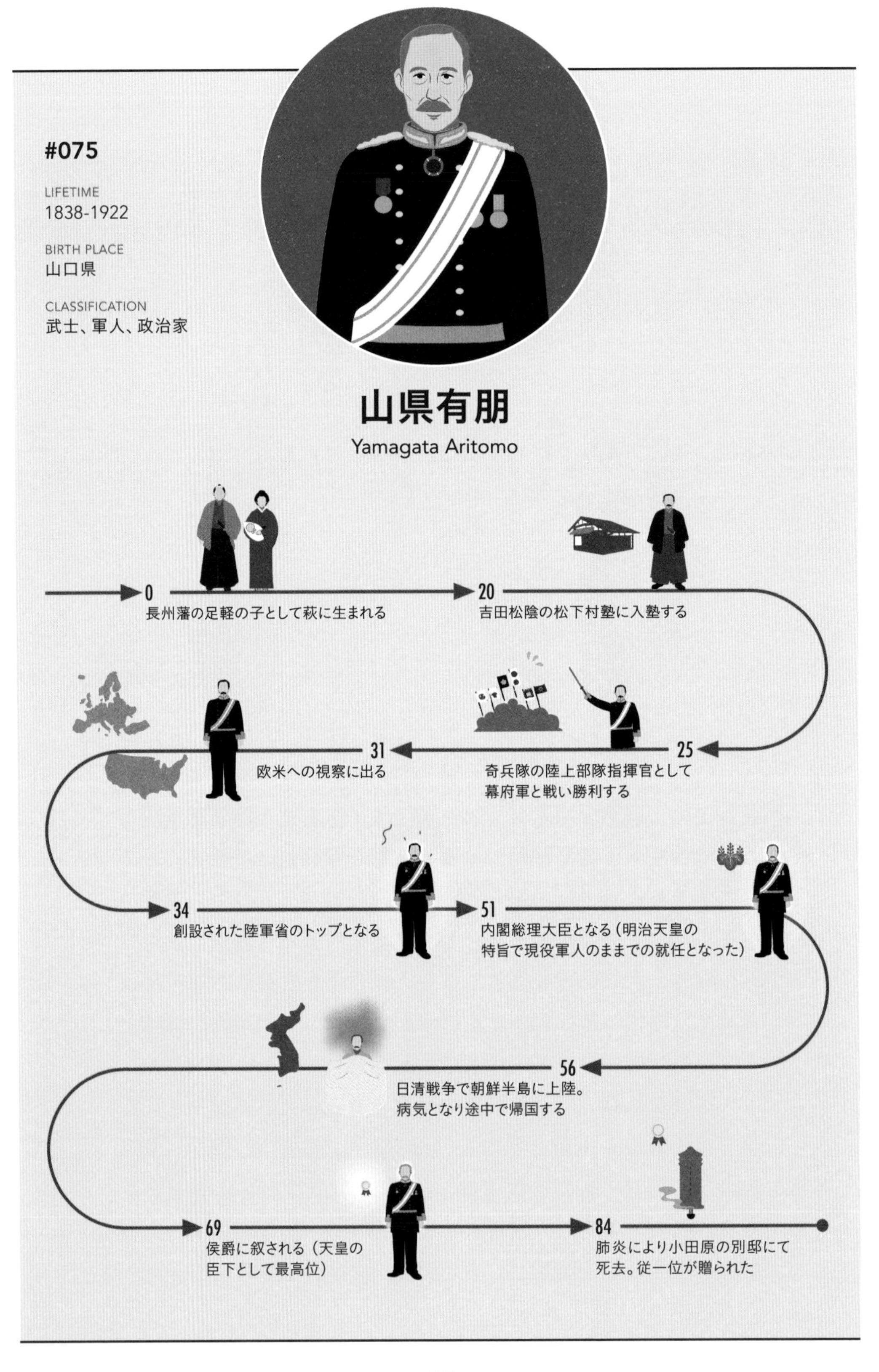

#075
LIFETIME
1838-1922
BIRTH PLACE
山口県
CLASSIFICATION
武士、軍人、政治家
山県有朋
Yamagata Aritomo
0
長州藩の足軽の子として萩に生まれる
20
吉田松陰の松下村塾に入塾する
25
奇兵隊の陸上部隊指揮官として
幕府軍と戦い勝利する
31
欧米への視察に出る
34
創設された陸軍省のトップとなる
51
内閣総理大臣となる（明治天皇の
特旨で現役軍人のままでの就任となった）
56
日清戦争で朝鮮半島に上陸。
病気となり途中で帰国する
69
侯爵に叙される（天皇の
臣下として最高位）
84
肺炎により小田原の別邸にて
死去。従一位が贈られた

#075
Yamagata Aritomo

「蓋国家独立自衛の道に二途あり
第一に主権線を守護すること
第二には利益線を保護すること」

（国家独立自衛に2つの道があり、第1に国境を守ること、第2に国境の維持に密接な関係を持つ地域を保護することである）

20歳の頃、京都へ留学した際に尊王攘夷思想に強く影響を受け、吉田松陰の門下生となる。下関戦争では壇ノ浦砲台の指揮官として英国軍艦に応戦するも敗北、第1次長州征伐で恭順を決めた藩の方針に反発。奇兵隊を掌握し、第2次長州征伐では高杉晋作と共に小倉で幕府軍と戦い勝利した。その後、京都で倒幕に向けた活動を開始。戊辰戦争が勃発し奇兵隊と他藩兵を率いて北越へ侵攻するも、長州と薩摩の兵士同士が不仲な状態での会津転戦など、苦労の連続であった。明治以降は陸軍の創設に邁進。西郷隆盛を明治政府入りさせるなど、薩摩との調整役としても活躍した。陸軍の骨子が固まると、そのトップに就任。第一回帝国議会実施時の内閣総理大臣を務めるなどした。その後、元老として明治、大正の政界に大きな影響力を持った。

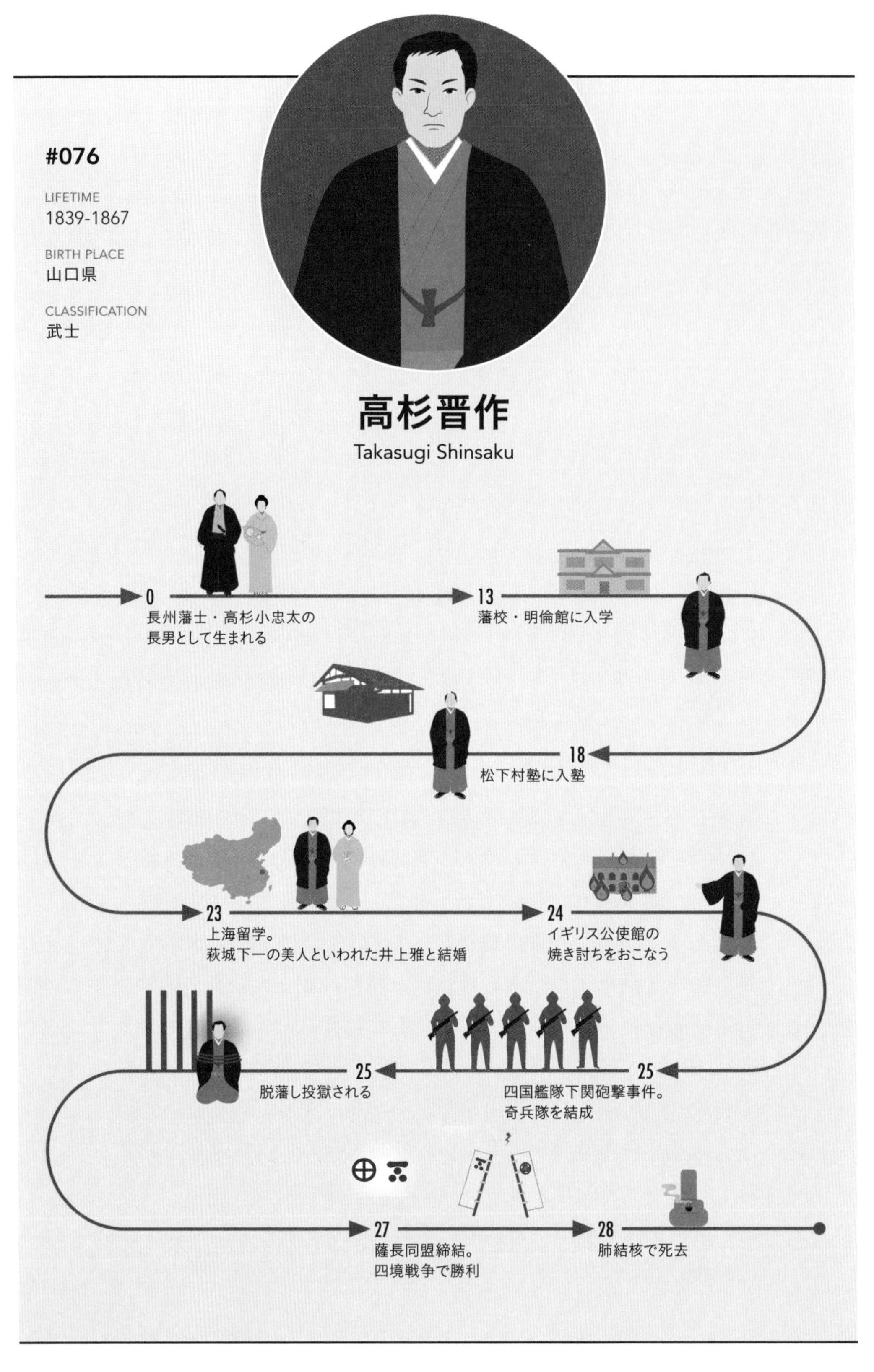
#076
LIFETIME
1839-1867
BIRTH PLACE
山口県
CLASSIFICATION
武士
高杉晋作
Takasugi Shinsaku
0
長州藩士・高杉小忠太の
長男として生まれる
13
藩校・明倫館に入学
18
松下村塾に入塾
23
上海留学。
萩城下一の美人といわれた井上雅と結婚
24
イギリス公使館の
焼き討ちをおこなう
25
四国艦隊下関砲撃事件。
奇兵隊を結成
25
脱藩し投獄される
27
薩長同盟締結。
四境戦争で勝利
28
肺結核で死去

#076
Takasugi Shinsaku

「おもしろきこともなき
世をおもしろく」

松下村塾で吉田松陰のもとに学び、久坂玄瑞と共に双璧と称された。長州藩の藩士として尊王攘夷活動で活躍。松陰の処刑後、帰郷。幕府使節随行員として中国・上海へ渡航し清国が欧米の植民地になりつつある現状を目のあたりにする。帰国後、尊王攘夷運動に加わり、品川御殿山の英国公使館を焼き討ちした。将軍・徳川家茂が攘夷実行開始期日を通達すると、長州藩は関門海峡で外国船を襲撃するが、四国連合艦隊から砲撃報復に遭い惨敗、講和使節の使者として交渉全権を担った。この戦いに際し、身分を問わない志願兵で組織する奇兵隊を結成させる。幕府による長州征伐が迫るなか、諸隊を率いて俗論派を排除し倒幕に統一。薩長同盟を締結させ、海軍総督として幕府艦隊との戦いに勝利、大政奉還へとつながることになる。

#077

LIFETIME
1840-1931

BIRTH PLACE
埼玉県

CLASSIFICATION
実業家

渋沢栄一

Shibusawa Eiichi

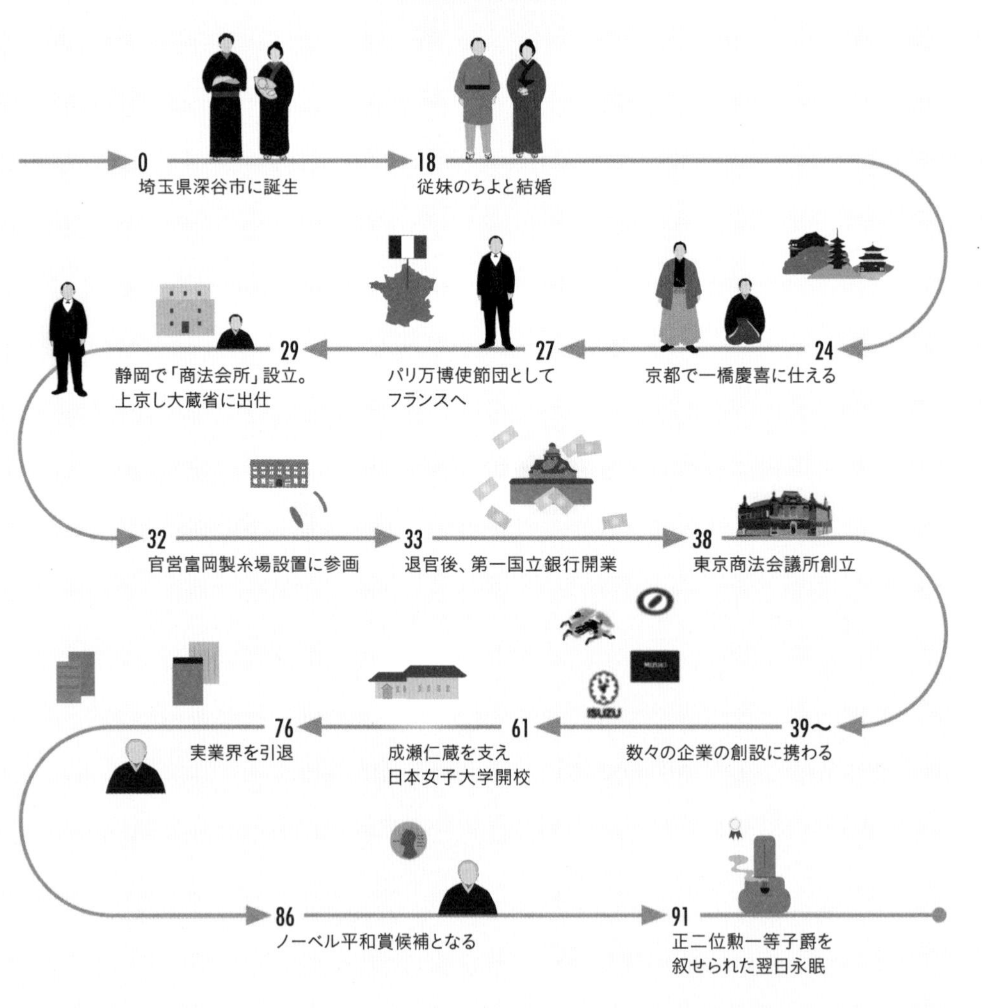

#077
Shibusawa Eiichi

「もうこれで満足だという時はすなわち衰える時である」

500以上もの企業の設立に関わり、近代日本経済の父といわれる。埼玉県の豪農の家に生まれるが、江戸で尊王攘夷運動に参加。八月十八日の政変後、尊王攘夷運動が下火になると、一橋（徳川）慶喜・幕府に仕え幕臣となる。パリ万博使節団としてヨーロッパ各地を訪問、各地で近代的諸施設や諸制度を見聞して帰国。明治維新後は、静岡で日本初の株式会社「商法会所」を設立。その手腕を求める新政府のもと大蔵省に出仕することとなり、税制・幣制改革に尽力する。退官後、日本最初の銀行である第一国立銀行を創立し頭取に就任。財界の組織化を目指し、東京銀行集会所、東京手形交換所などを設立し、リーダーとして精力的に活躍した。実業界を引退した後も社会公共事業、福祉・教育機関の支援などに取り組み、数々の功績を残した。

#078

LIFETIME
1841-1909

BIRTH PLACE
山口県

CLASSIFICATION
政治家

伊藤博文

Itou Hirobumi

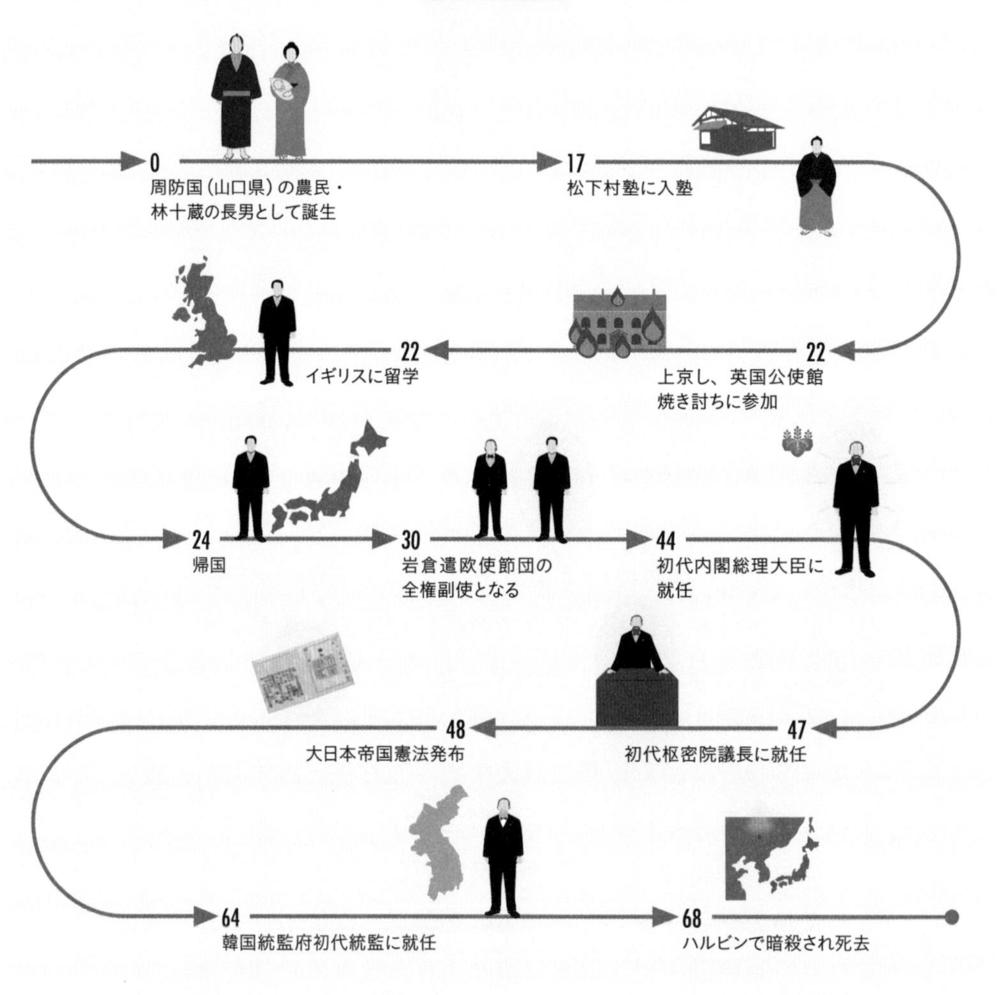

#078
Itou Hirobumi

「依頼心を起こしてはならぬ他力はいかぬ自力でやれ」

父が下級藩士である伊藤家に養子入りし、自身も武士身分を得た。吉田松陰のもと松下村塾で学んだのち、桂小五郎（のちの木戸孝允）の従者として上京、尊王攘夷運動に参加する。藩命によりイギリスに留学すると、イギリスの進んだ文化を目のあたりにして開国主義に転換。在英中に四国連合艦隊の長州藩攻撃の計画を知り、急ぎ帰国。藩主らに開国論を説くが受け入れられず、結果として長州藩は敗北。講和の際には通訳を務めた。明治維新後、新政府の中心人物として活躍。太政官制度を廃止し内閣制度を創設。自ら初代内閣総理大臣に就任。枢密（すうみつ）院議長として大日本帝国憲法を発布したのち、立憲政友会総裁として第4次内閣を組織し、政党政治への道筋を開いた。晩年、元老として初代韓国統監となるが、ハルビンで暗殺され死去。

#079

LIFETIME
1841-1913

BIRTH PLACE
栃木県

CLASSIFICATION
政治家

田中正造

Tanaka Shouzou

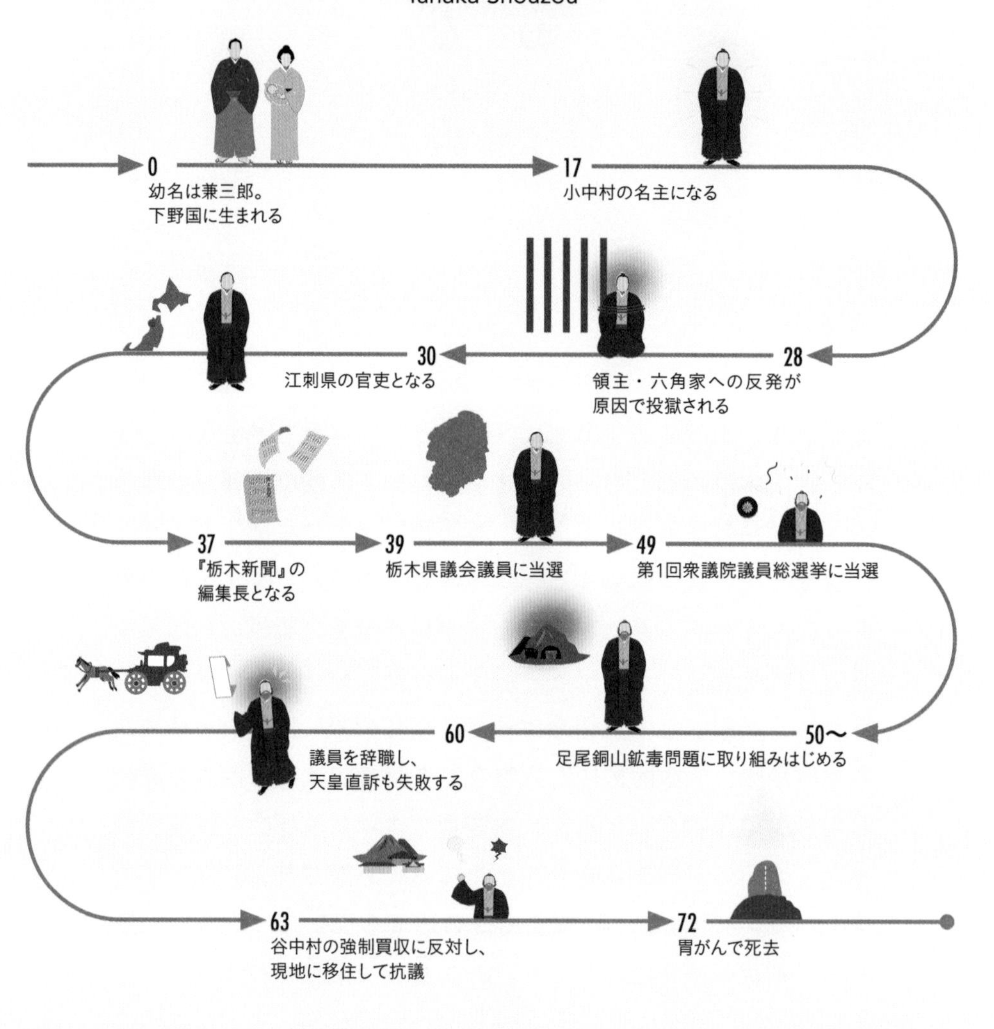

#079
Tanaka Shouzou

「真の文明は山を荒さず
川を荒さず
村を破らず
人を殺さゞるべし」

名主の家に生まれ、自身も17歳で名主となる。村民と共に、領主・六角家に対して抗議運動をおこなったことで投獄される。出所後、江刺県（現在の秋田県）で下級官吏を務める。郷里に戻って民権運動を志し、『栃木新聞』の編集長となる。立憲改進党に入党し、栃木県議会議員、県議会議長を経て、第1回衆議院議員総選挙に当選。その頃、足尾銅山の鉱毒が渡良瀬川に流れ込み、農漁業に大きな被害が発生した。被害のひどさを目のあたりにし、農民と共に立ち上がる。帝国議会において質問書を提出し、政府の責任を追及するが受け入れられず、議員を辞職。そして田中の名前を世間にとどろかせた明治天皇への直訴は失敗するが、このことがきっかけで世論が盛り上がり、政府内に鉱毒調査委員会が設けられることとなった。

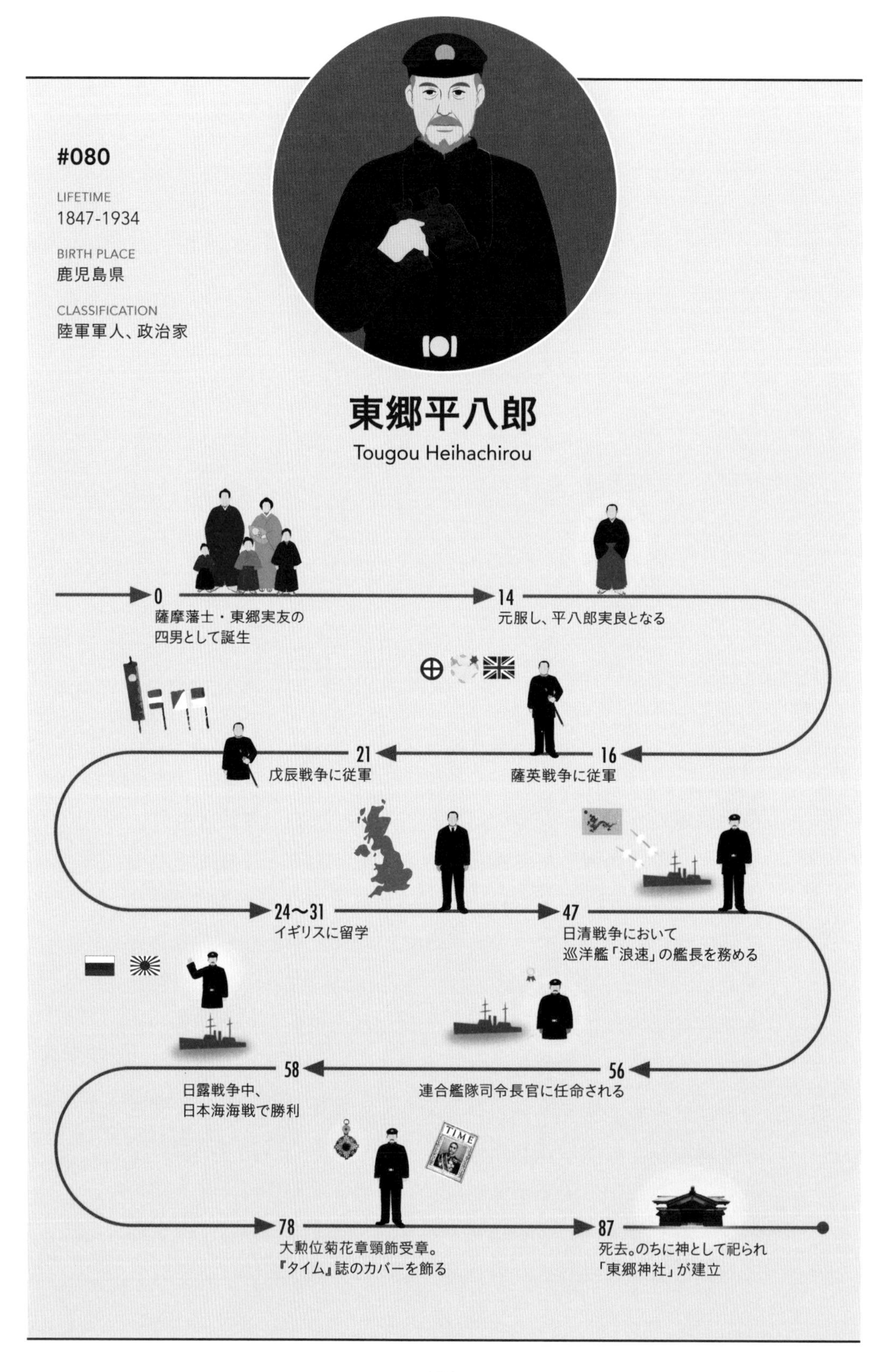
#080
LIFETIME
1847-1934
BIRTH PLACE
鹿児島県
CLASSIFICATION
陸軍軍人、政治家
東郷平八郎
Tougou Heihachirou
0
薩摩藩士・東郷実友の
四男として誕生
14
元服し、平八郎実良となる
16
薩英戦争に従軍
21
戊辰戦争に従軍
24〜31
イギリスに留学
47
日清戦争において
巡洋艦「浪速」の艦長を務める
56
連合艦隊司令長官に任命される
58
日露戦争中、
日本海海戦で勝利
78
大勲位菊花章頸飾受章。
『タイム』誌のカバーを飾る
TIME
87
死去。のちに神として祀られ
「東郷神社」が建立

#080
Tougou Heihachirou

「皇国の興廃
此(こ)の一戦に在り
各員一層奮励努力せよ」

(わが大日本帝国の興廃はこの一戦にかかっている。全員、いっそう奮闘努力をするように)

薩英戦争に薩摩藩士として従軍、これが初陣となる。戊辰戦争では春日丸に乗船し、阿波沖海戦や箱館戦争、宮古湾海戦で旧幕府艦隊と戦った。維新後、海軍士官としてイギリスに留学。海軍技術や国際法を学び、日本海軍の近代化を目指した。日清戦争では「浪速」艦長を務めるが、ある日、警告に応じないイギリス船籍の商船「高陞(こうしょう)号」を撃沈。この判断が論争を巻き起こすが、撃沈は国際法に違反しない行為だとわかった上での判断であり、この冷静な判断が高く評価される。日露戦争では、連合艦隊司令長官として、ロシアのバルチック艦隊を迎撃、「東洋のネルソン」と称され、一躍世界的名声を得た。世界初のニュース雑誌『タイム』誌のカバーパーソンを飾った初の日本人でもある。死去の直前には侯爵となり、国葬が執りおこなわれた。

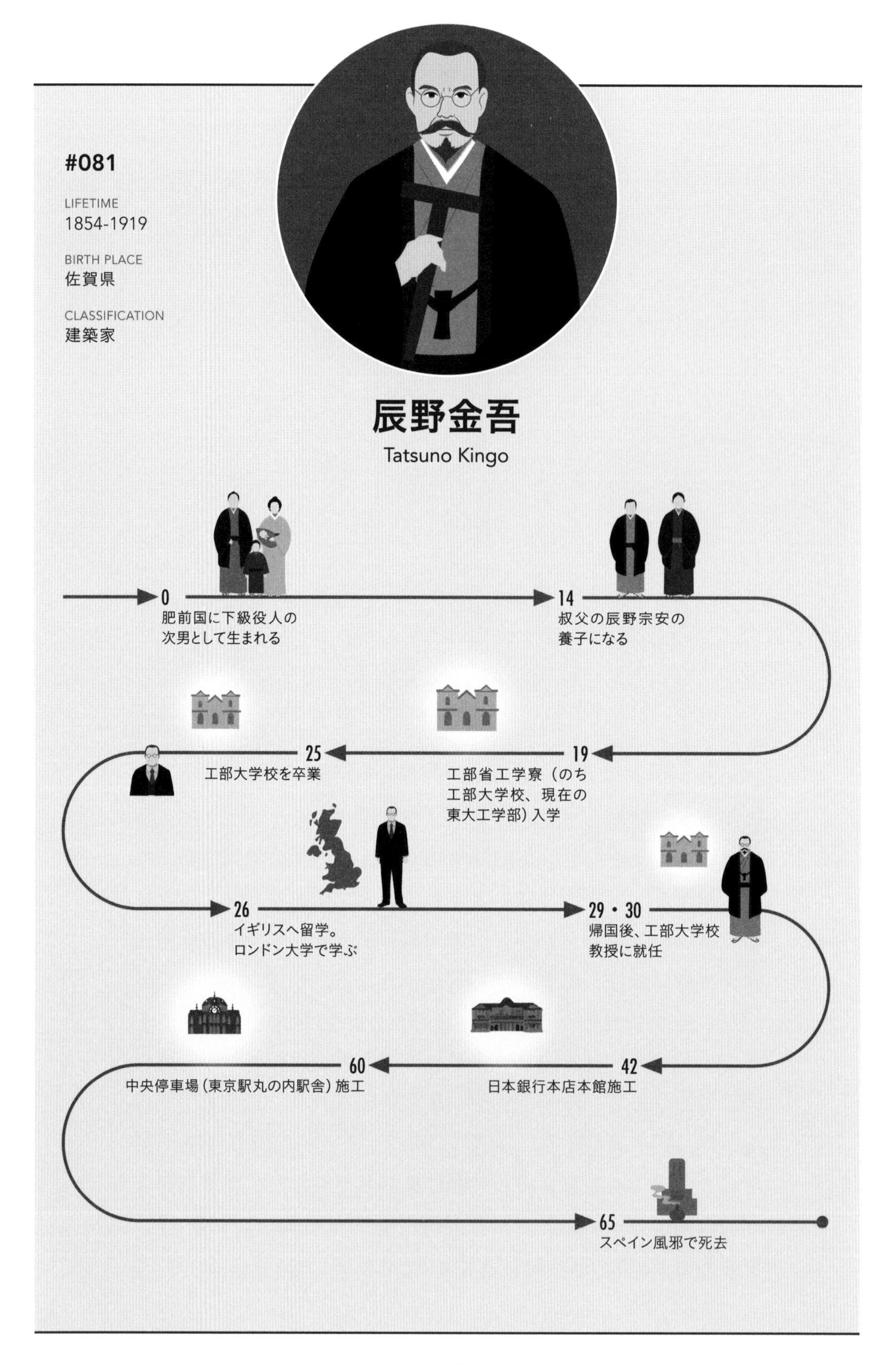
#081
LIFETIME
1854-1919
BIRTH PLACE
佐賀県
CLASSIFICATION
建築家
辰野金吾
Tatsuno Kingo
0
肥前国に下級役人の
次男として生まれる
14
叔父の辰野宗安の
養子になる
19
工部省工学寮（のち
工部大学校、現在の
東大工学部）入学
25
工部大学校を卒業
26
イギリスへ留学。
ロンドン大学で学ぶ
29・30
帰国後、工部大学校
教授に就任
42
日本銀行本店本館施工
60
中央停車場（東京駅丸の内駅舎）施工
65
スペイン風邪で死去

#081
Tatsuno Kingo

「一つもない
俺は一生懸命やったが
ダメだったなあ」

「近代建築の祖」といわれる。工部大学校（現在の東大工学部）の第1期生。明治から大正時代の日本が西洋文化を取り入れはじめた時代に、イギリスの建築家ジョサイア・コンドルから建築を学ぶ。造家学科を首席で卒業すると、英国へ留学。帰国後工部大学校の教授に就任し、建築設計の教育に貢献。多くの優れた建築家を世の中に送り出した。主要作品として、「日本銀行本店本館」を手がける。その後、民間の建築家として日本全国の数多くの建築物を手掛け、その多くが重要文化財として現存する。「辰野式」といわれる建物の特色は、赤レンガに白い花崗岩（かこうがん）でラインを帯状にめぐらせた鮮やかなデザイン。そして、地震に負けない耐震性。関東大震災時にもびくともしなかったその佇（たたず）まいは、多くの人に希望を与えたという。

#082

LIFETIME
1854-1936

BIRTH PLACE
東京都

CLASSIFICATION
官僚、政治家

高橋是清
Takahashi Korekiyo

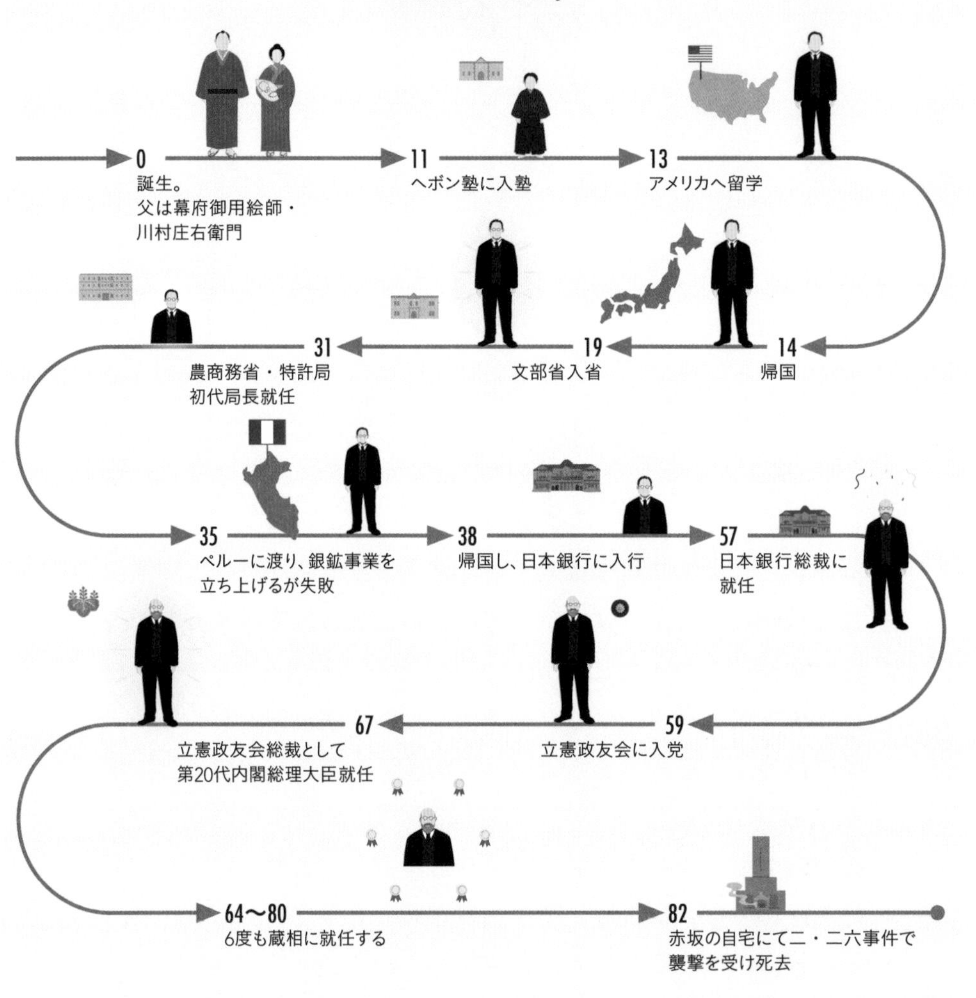

#082
Takahashi Korekiyo

「一足す一が二 二足す二が四だと 思いこんでいる秀才には 生きた財政は 分からない」

横浜のヘボン塾にて英語を学び、藩命によりアメリカに留学する。しかしホームステイ先で騙(だま)され、年季奉公の契約書にサインをしてしまう。奴隷として扱われ苦労するが、英語の読み書きに励み自力で交渉し帰国する。英語教師などを務めながら、文部省や農商務省で官僚としても活躍。特許局の初代局長として、商標登録や発明の専売特許などの制度を整えた。その後、キャリアを中断してペルーに渡り銀山の経営にあたるが失敗、全財産を失う。日銀新庁舎の工事責任者として採用され、工期を短縮するなど手腕を発揮、日銀に正式採用される。日銀総裁・蔵相を経て、立憲政友会総裁として総理大臣にも就任。積極財政を推進し日本の経済危機を救うが、軍費拡大に首を縦にふらなかったため軍部と対立、二・二六事件において暗殺された。

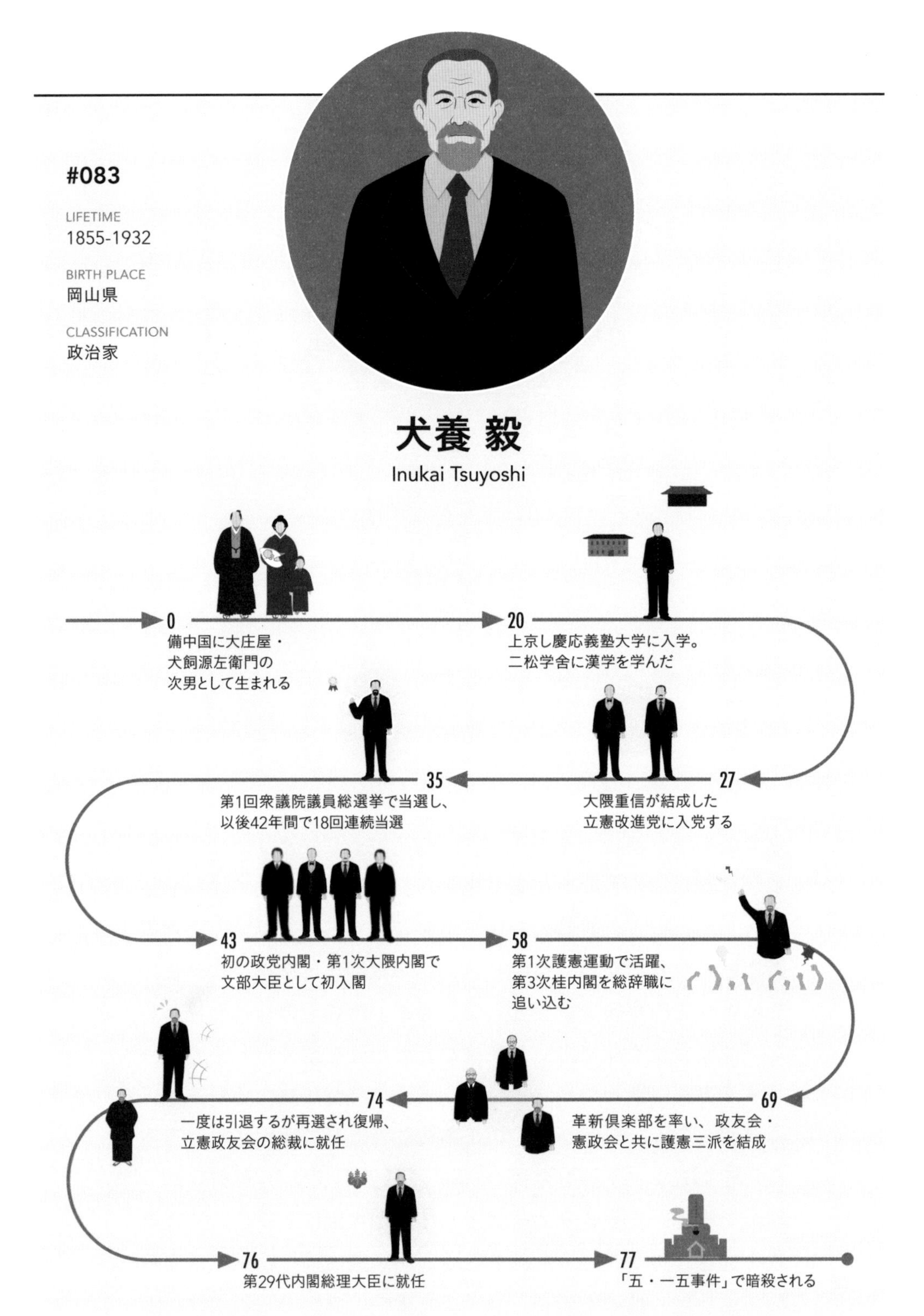
#083
LIFETIME
1855-1932
BIRTH PLACE
岡山県
CLASSIFICATION
政治家
犬養 毅
Inukai Tsuyoshi
0
備中国に大庄屋・
犬飼源左衛門の
次男として生まれる
20
上京し慶応義塾大学に入学。
二松学舎に漢学を学んだ
27
大隈重信が結成した
立憲改進党に入党する
35
第1回衆議院議員総選挙で当選し、
以後42年間で18回連続当選
43
初の政党内閣・第1次大隈内閣で
文部大臣として初入閣
58
第1次護憲運動で活躍、
第3次桂内閣を総辞職に
追い込む
69
革新倶楽部を率い、政友会・
憲政会と共に護憲三派を結成
74
一度は引退するが再選され復帰、
立憲政友会の総裁に就任
76
第29代内閣総理大臣に就任
77
「五・一五事件」で暗殺される

#083
Inukai Tsuyoshi

「話せばわかる」

名字帯刀を許されていた名家である犬養家に次男として生まれる。郵便報知新聞の記者として活動、西南戦争にも従軍した。この時期、二松学舎で漢学を学んだことは、のちに孫文と交流を深めるなどしてアジア主義者として世界的に認知されるきっかけとなる。立憲改進党の結成に参加し、党の要職について大同団結運動などで活躍。第1回衆議院議員総選挙で初当選以降18回連続で当選し、政党政治家としての道を歩む。第1次・第2次護憲運動において藩閥政治打破、護憲運動の先頭に立ち、「憲政の神様」と呼ばれる。政界を引退後、立憲政友会の総裁として復帰。内閣総理大臣に就任すると積極財政を実施。日本経済を世界恐慌から脱出させるが、その翌年、政府に不満を持つ海軍青年将校らによって暗殺された。

#084

LIFETIME
1855-1911

BIRTH PLACE
宮崎県

CLASSIFICATION
外交官

小村寿太郎

Komura Jutarou

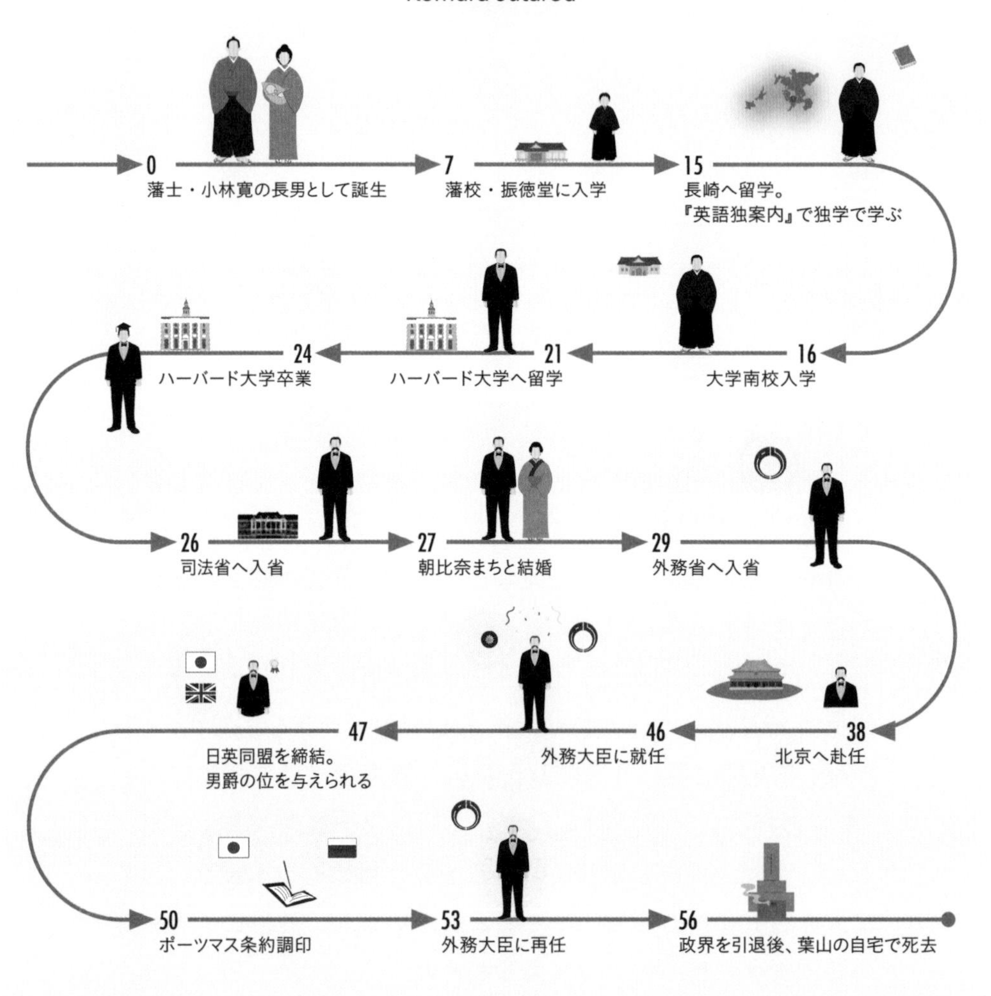

#084
Komura Jutarou

「私の真正の仕事は これからである 私の苦労は これからであります」

藩校・振徳堂で学び、大学南校（現在の東京大学）に藩から選出された貢進生として入学。改組された開成学校では法学を専攻する。国の将来に役立つためには西洋文明に直接ふれるべきだと、留学を文部省に訴える。その結果、第1回文部省留学生としてハーバード大学への留学が実現した。卒業後、現地の法律事務所で実務を積み、5年の滞在期間で英語力はかなりのレベルまで向上し、語学力を買われ外務省に入省。外務次官、駐米公使、駐露公使、駐清公使を経て、第1次桂太郎内閣で外務大臣に就任。国際的地位の確立を目指し、日英同盟を締結した。日露戦争の講和会議では全権大使としてポーツマス条約を締結。第2次桂太郎内閣でも、幕末以来の不平等条約の改正に取り組み、日米通商航海条約を調印。関税自主権の回復に成功した。

#085

LIFETIME

1856-1921

BIRTH PLACE

岩手県

CLASSIFICATION

外交官、政治家

原敬

Hara Takashi

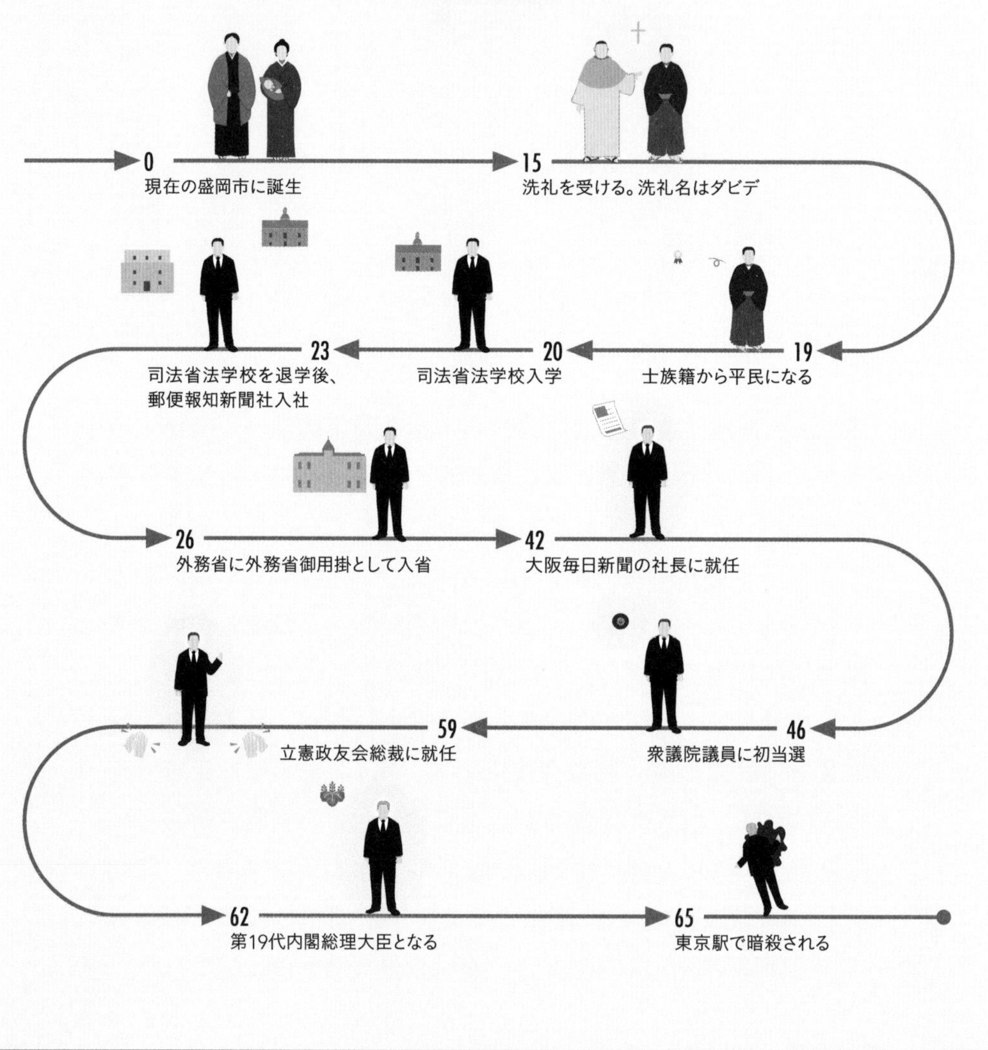

#085
Hara Takashi

「もし日本に
欠点ありとすれば
寧ろ謙譲に過ぎ
遠慮に失する」

南部藩重臣の次男として生まれるが、分家の際に士族を離脱し平民籍に編入。経済的事情から、学費のかからない神学校に入塾。宣教師よりフランス語を学んだのち、司法省法学校でフランス法を学ぶ。郵便報知新聞社、大東日報の記者を経て、外務省に外交官として採用される。天津領事官として清国に滞在中、伊藤博文にその仕事ぶりを高く評価されたことから、パリ公使館書記官に転じる。帰国後、農商務省、通商局長を経て外務次官と歴任したのち官界から退き、政界に進出。第3代立憲政友会総裁として首相に指名されると、本格的政党内閣を組閣した。華族の爵位を持たない最初の首相で、「平民宰相」として人気を得た。第2次世界大戦後刊行された『原敬日記』は明治・大正政の政治史の貴重な史料である。

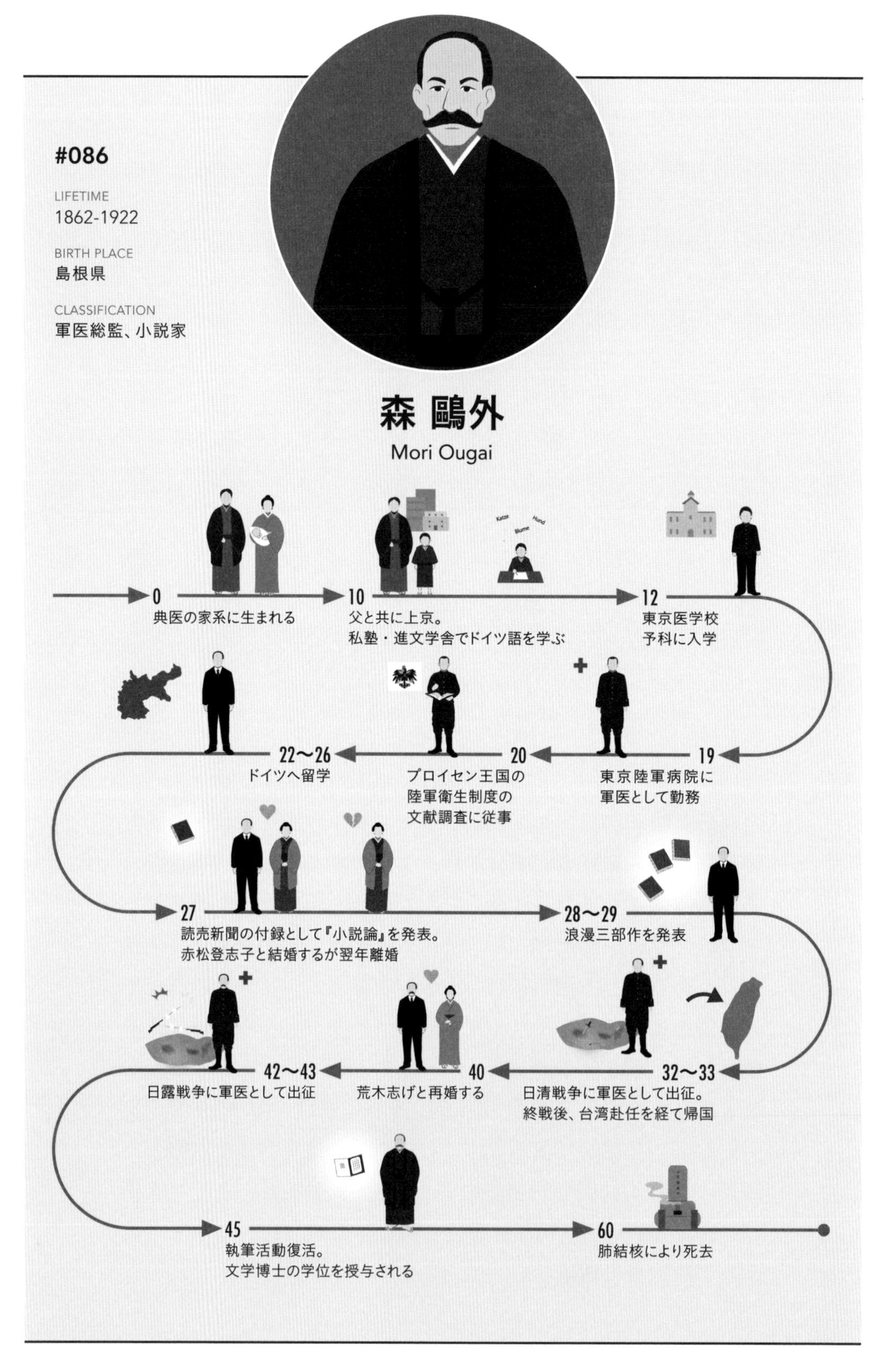
#086
LIFETIME
1862-1922
BIRTH PLACE
島根県
CLASSIFICATION
軍医総監、小説家
森 鷗外
Mori Ougai
Katze
Hund
Blume
0
典医の家系に生まれる
10
父と共に上京。
私塾・進文学舎でドイツ語を学ぶ
12
東京医学校
予科に入学
19
東京陸軍病院に
軍医として勤務
20
プロイセン王国の
陸軍衛生制度の
文献調査に従事
22〜26
ドイツへ留学
27
読売新聞の付録として『小説論』を発表。
赤松登志子と結婚するが翌年離婚
28〜29
浪漫三部作を発表
32〜33
日清戦争に軍医として出征。
終戦後、台湾赴任を経て帰国
40
荒木志げと再婚する
42〜43
日露戦争に軍医として出征
45
執筆活動復活。
文学博士の学位を授与される
60
肺結核により死去

#086
Mori Ougai

「日の光を借りて照る
大いなる月たらんよりは
自ら光を放つ
小さな灯火たれ」

津和野で代々典医を務める家系である森家に長男・林太郎として生まれる。廃藩置県をきっかけに父と共に上京。幼少の頃より秀才ぶりを発揮し、2歳年齢をごまかし最年少で東京医学校予科に入学、本科を卒業後は陸軍軍医となる。衛生学の研究のため、ドイツに4年間留学。帰国後、現地での自身の恋愛体験がもとになっているといわれる『舞姫』を発表。「森鷗外」として作家活動をはじめる。続いて『うたかたの記』『文づかひ』を発表し、これは浪漫三部作と呼ばれる。軍医として仕事を続けながら、小説や戯曲の執筆、外国語文学の翻訳や評論もおこなった。晩年は歴史小説も多く執筆し、文学博士も授与される。軍医としても最高峰である陸軍軍医総監に任命され、医学・文学の両博士称号を得て、明治を代表する知識人として活躍した。

#087

LIFETIME
1862-1933

BIRTH PLACE
岩手県

CLASSIFICATION
教育者、思想家

新渡戸稲造
Nitobe Inazou

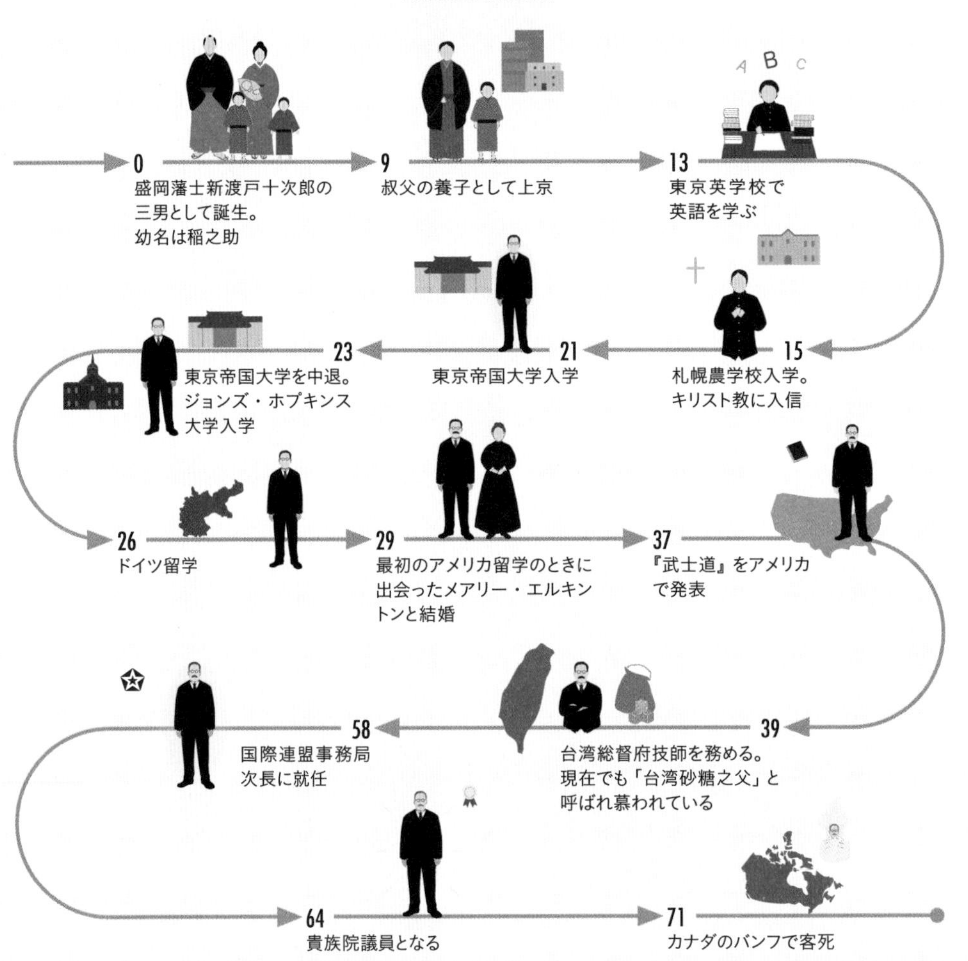

#087
Nitobe Inazou

「武士道は知識を重んじるものではない重んずるものは行動である」

2007年まで発行されていた旧5千円札の肖像としても有名。幼い頃、明治天皇から「父祖伝来の生業を継ぎ農業にいそしむべし」という趣旨の言葉をかけられたことで農学を志したという。札幌農学校に2期生として入学し、入れ違いで帰国していたクラーク博士の残した教えに感銘を受け、キリスト教に入信。卒業後は上級官吏として蝗害（こうがい）対策などに尽力する。東京帝国大学で英文学、理財、統計学を学ぶが、より高い学問を求めて退学。自費でアメリカに留学ののち、札幌農学校から助教授としてドイツ留学を命じられる。留学後、英文で発表した『武士道』は数カ国語に訳され、世界に広く日本文化を紹介することとなる。京大教授、一高校長、東京女子大初代校長などを歴任し、晩年は国際連盟事務局次長として国際親善にも努めた。

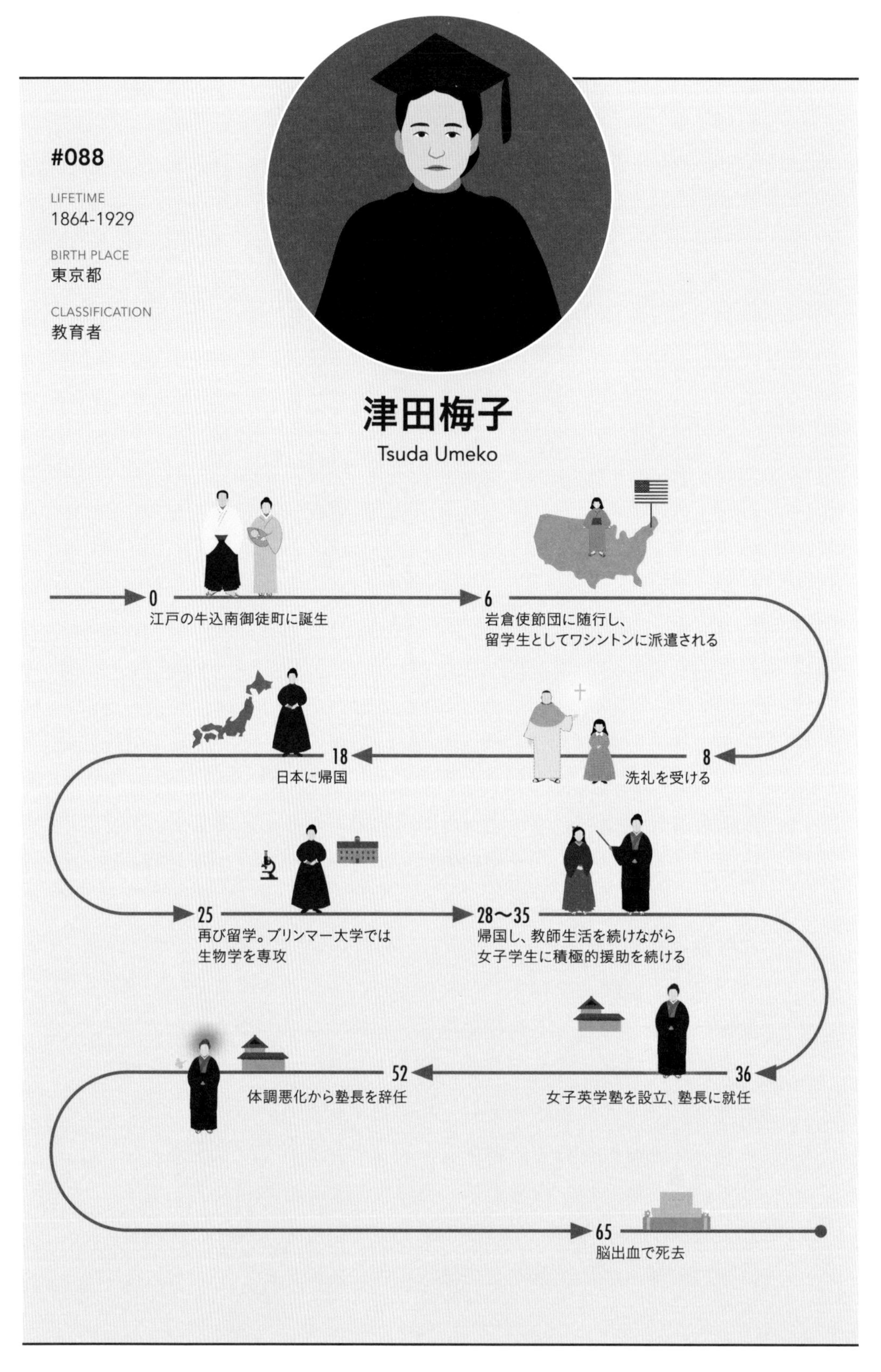
#088
LIFETIME
1864-1929
BIRTH PLACE
東京都
CLASSIFICATION
教育者
津田梅子
Tsuda Umeko
0
江戸の牛込南御徒町に誕生
6
岩倉使節団に随行し、
留学生としてワシントンに派遣される
8
洗礼を受ける
18
日本に帰国
25
再び留学。ブリンマー大学では
生物学を専攻
28〜35
帰国し、教師生活を続けながら
女子学生に積極的援助を続ける
36
女子英学塾を設立、塾長に就任
52
体調悪化から塾長を辞任
65
脳出血で死去

#088
Tsuda Umeko

「真の教育には
物質上の設備以上に
もっと大切なことが
あると思います
それは一口に申せば
教師の資格と熱心と
それに学生の
研究心とであります」

農業・教育に尽力した幕臣である津田仙の次女として誕生。岩倉使節団に随行し、わずか6歳で渡米。日本における最初の女子留学生の一人。国費留学の責任を胸に帰国するが、使節団は解散しており、女子留学生の活躍の場はそこにはなかった。留学中からの知人であった伊藤博文の通訳兼家庭教師として働くことになり、伊藤が設立した華族女学校の英語教師となるが、再び留学。留学先の米・ブリンマー大学では、日本人女性が留学するための奨学金設立活動に尽力する。帰国後、華族女学校に教授として復帰、女子高等師範学校教授も兼任する。1900年、日本女性の地位向上と華族平民の区別なく学べる教育を目指し「女子英学塾（現在の津田塾大学）」を開校。女子高等教育の先駆者として、その生涯をささげた。

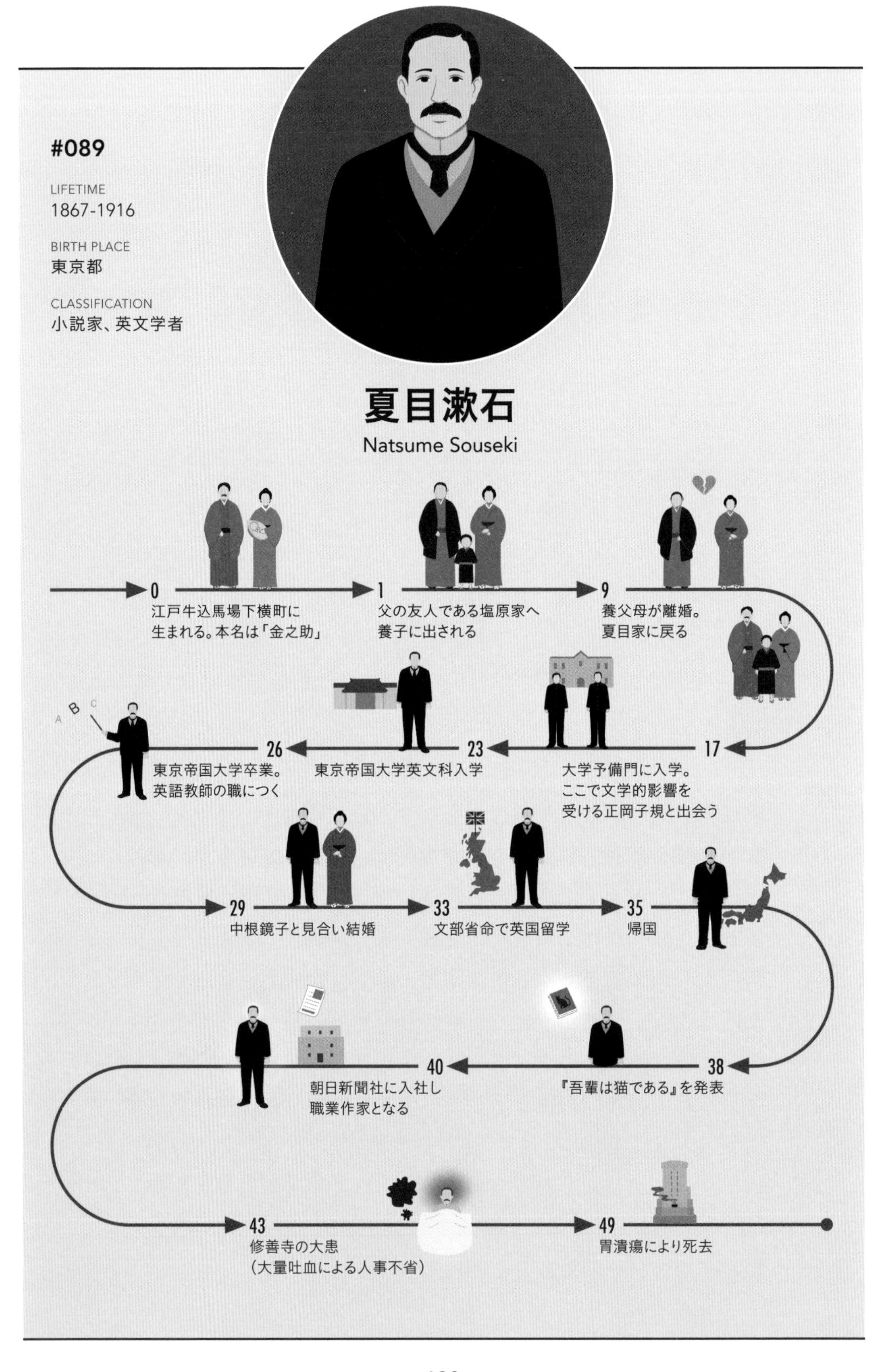
#089
LIFETIME
1867-1916
BIRTH PLACE
東京都
CLASSIFICATION
小説家、英文学者
夏目漱石
Natsume Souseki
0
江戸牛込馬場下横町に
生まれる。本名は「金之助」
1
父の友人である塩原家へ
養子に出される
9
養父母が離婚。
夏目家に戻る
17
大学予備門に入学。
ここで文学的影響を
受ける正岡子規と出会う
23
東京帝国大学英文科入学
26
東京帝国大学卒業。
英語教師の職につく
A B C
29
中根鏡子と見合い結婚
33
文部省命で英国留学
35
帰国
38
『吾輩は猫である』を発表
40
朝日新聞社に入社し
職業作家となる
43
修善寺の大患
（大量吐血による人事不省）
49
胃潰瘍により死去

#089
Natsume Souseki

「あせってはいけません
ただ、牛のように
図々しく進んでいくのが
大事です」

裕福な名主の家に生まれるが1歳で養子に出され、夏目家に復籍したのは21歳だったという。大学予備門では、俳人・正岡子規と出会う。実は「漱石」というペンネームは、子規の数多いペンネームのなかの一つだったといわれる。優秀な成績で、東京帝国大学英文学科へ入学。卒後後は松山中学校、熊本の第五高等学校で英語科教師として教鞭をとった。文部省からの命でロンドンに留学生として渡英するが、やがて留学生活に神経が衰弱していき帰国。帰国後は東京帝国大学に講師として勤務する傍ら、雑誌『ホトトギス』に『吾輩は猫である』『坊っちゃん』『倫敦塔』と立て続けに発表。これが評判となり、教師の職を辞して朝日新聞社に入社。作家として執筆活動に専念し、日本文学史に残る名作を多く世に送り出した。

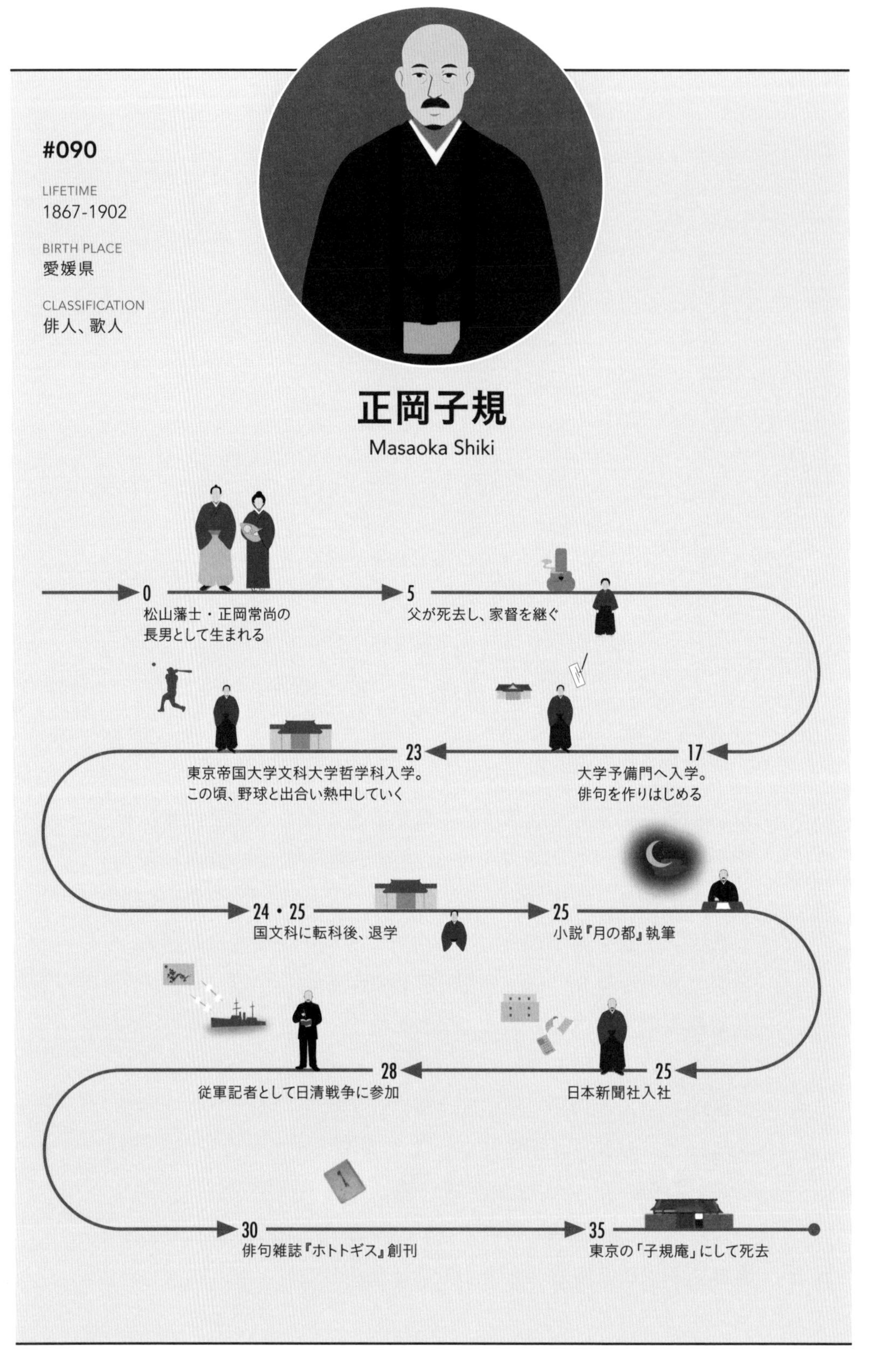
#090
LIFETIME
1867-1902
BIRTH PLACE
愛媛県
CLASSIFICATION
俳人、歌人
正岡子規
Masaoka Shiki
0
松山藩士・正岡常尚の
長男として生まれる
5
父が死去し、家督を継ぐ
17
大学予備門へ入学。
俳句を作りはじめる
23
東京帝国大学文科大学哲学科入学。
この頃、野球と出合い熱中していく
24・25
国文科に転科後、退学
25
小説『月の都』執筆
25
日本新聞社入社
28
従軍記者として日清戦争に参加
30
俳句雑誌『ホトトギス』創刊
35
東京の「子規庵」にして死去

#090
Masaoka Shiki

「柿くえば 鐘が鳴るなり 法隆寺」

明治を代表する俳人。幼くして父を亡くすが、おじの後見を受け、外祖父・大原観山の私塾で漢学を学ぶ。上京し、大学予備門に入学。同窓生の夏目漱石らと親交を持ち、生涯の友となる。東京帝国大学文科大学入学当初、哲学科に学ぶも、古俳諧に興味を持ち文学に傾倒していき、国文科に転科。俳人として生きる決意を固める。また当時、日本に入ってきたばかりの野球のルール解説にも取り組み、「投手」「打者」など、野球用語を創出し野球の普及にも貢献した。東大を退学すると日本新聞社に入社。記者として働きながら、俳人として江戸時代以降、低迷していた俳句の革新活動に身を投じ、多くの後進を育成した。日清戦争にも記者として従軍するが、帰国の船の中で吐血。死の直前まで、俳句・短歌・随筆を書き続けたという。

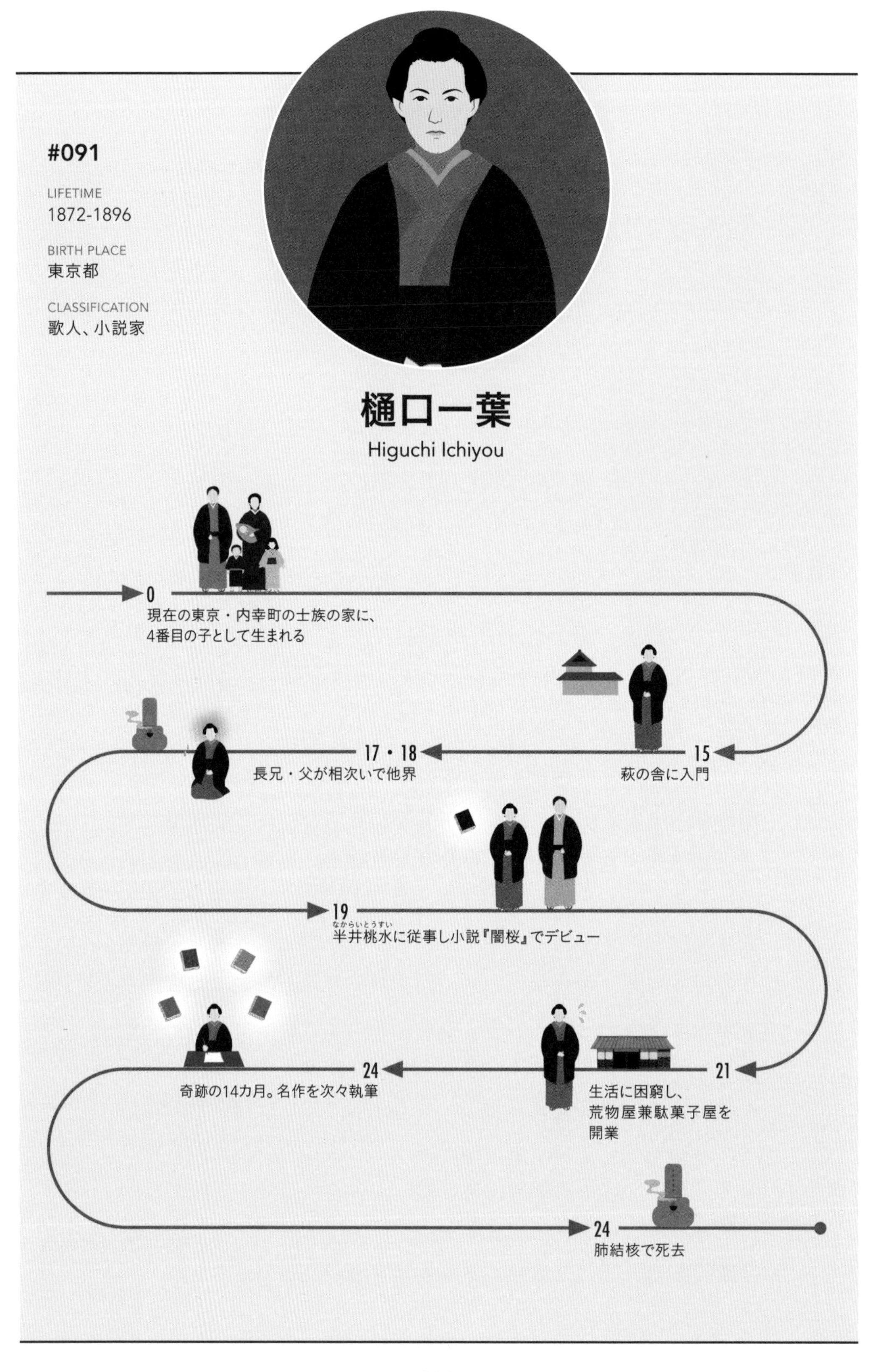
#091
LIFETIME
1872-1896
BIRTH PLACE
東京都
CLASSIFICATION
歌人、小説家
樋口一葉
Higuchi Ichiyou
0
現在の東京・内幸町の士族の家に、
4番目の子として生まれる
15
萩の舎に入門
17・18
長兄・父が相次いで他界
19
半井桃水に従事し小説『闇桜』でデビュー
21
生活に困窮し、
荒物屋兼駄菓子屋を
開業
24
奇跡の14カ月。名作を次々執筆
24
肺結核で死去

#091
Higuchi Ichiyou

「一番大切なことは親兄弟の為や家の為にすることです」

日本人として初の女性小説家。浪漫主義の運動下で、東京下町の貧困にあえぐ女性たちの悲哀を描く。女に学歴は必要ないという母の意見で、小学校高等科で修了。しかしやむことのない娘の向学心を知る父の計らいで、明治時代の上流・中級階級の子女が多く通う歌塾「萩(はぎ)の舎(や)」に入門、一時はその才能が認められ内弟子として過ごした。この頃、長兄と父が病死。小説を書きはじめたのは、その原稿料で一家を養わなければいけなくなったためである。このときから没年までは「奇跡の14カ月」といわれ、『たけくらべ』『ゆく雲』『にごりえ』『十三夜』など次々と発表。16歳から亡くなるまでの9年間の女流作家としての成功の裏にあった恋、文学、借金に彩られた日々を綴(つづ)った日記が遺され、日記文学として極めて価値が高い。

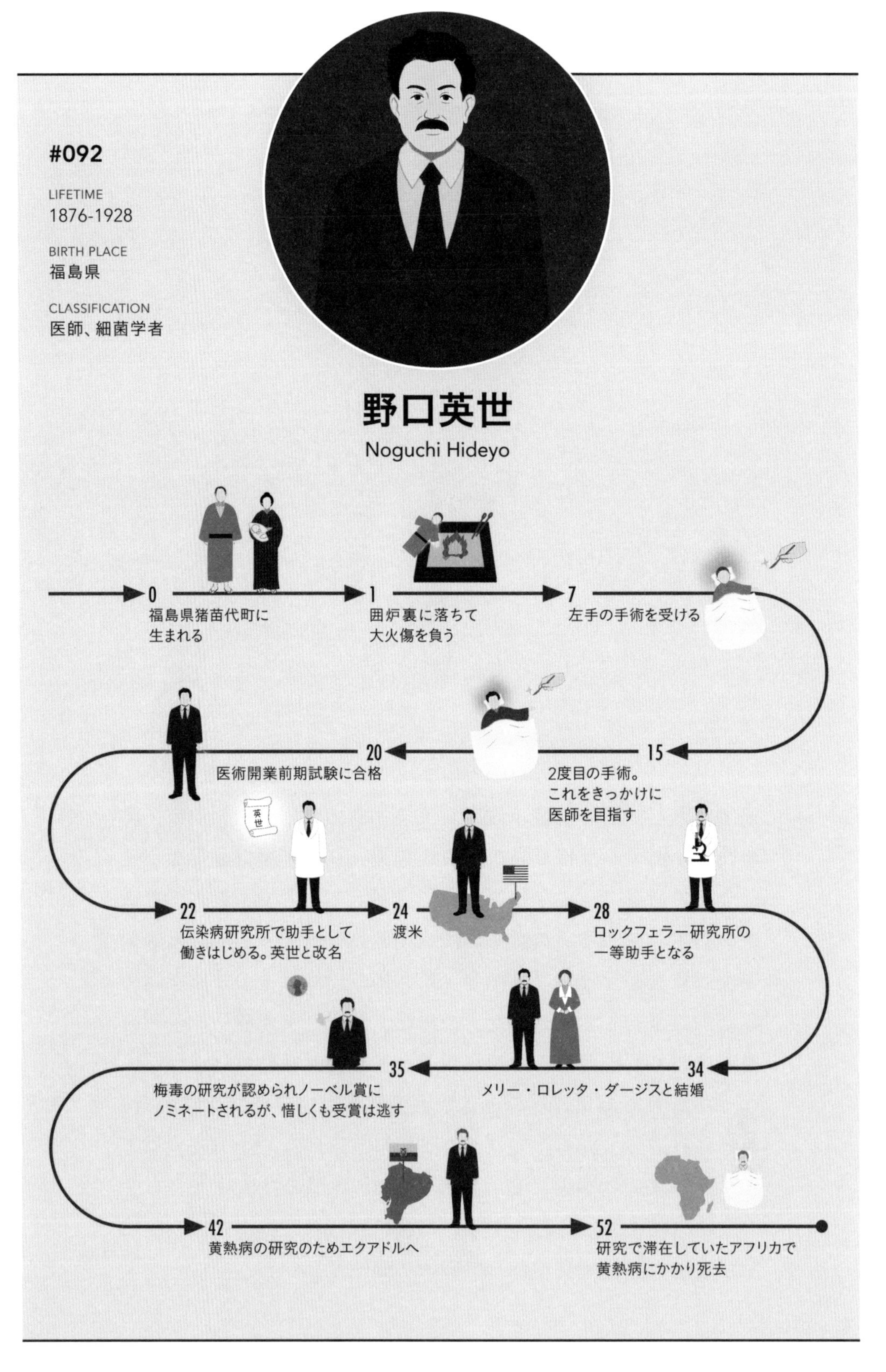
#092
LIFETIME
1876-1928
BIRTH PLACE
福島県
CLASSIFICATION
医師、細菌学者
野口英世
Noguchi Hideyo
0
福島県猪苗代町に
生まれる
1
囲炉裏に落ちて
大火傷を負う
7
左手の手術を受ける
15
2度目の手術。
これをきっかけに
医師を目指す
20
医術開業前期試験に合格
英世
22
伝染病研究所で助手として
働きはじめる。英世と改名
24
渡米
28
ロックフェラー研究所の
一等助手となる
34
メリー・ロレッタ・ダージスと結婚
35
梅毒の研究が認められノーベル賞に
ノミネートされるが、惜しくも受賞は逃す
42
黄熱病の研究のためエクアドルへ
52
研究で滞在していたアフリカで
黄熱病にかかり死去

#092
Noguchi Hideyo

「努力だ勉強だ
それが天才だ
誰よりも三倍、四倍
五倍勉強する者
それが天才だ」

幼名は「清作」。のちに、すぐれたという意の漢字「英」を使い、英世と改名する。1歳の頃、囲炉裏に落ち、左手に大火傷を負う。その後遺症のため農作業はできないからと、母から学問で身を立てるよう勧められる。恩師や友人の尽力により、左手の手術を受け成功、左手の指が使えるようになった。これをきっかけに医学の重要性を実感して医学の道を志すが、臨床医ではなく細菌学者として研究の道へ進み、何度もノーベル生理学・医学賞の候補となる。アメリカの細菌学者フレクスナーが来日した際、その通訳を務めたことで渡米を決意。渡米してロックフェラー研究所所員となると、梅毒スピロヘータの純粋培養に成功。アフリカで黄熱病の原因究明中のさなか、自らがその病に倒れ「私にはわからない」を最期の言葉に死去。

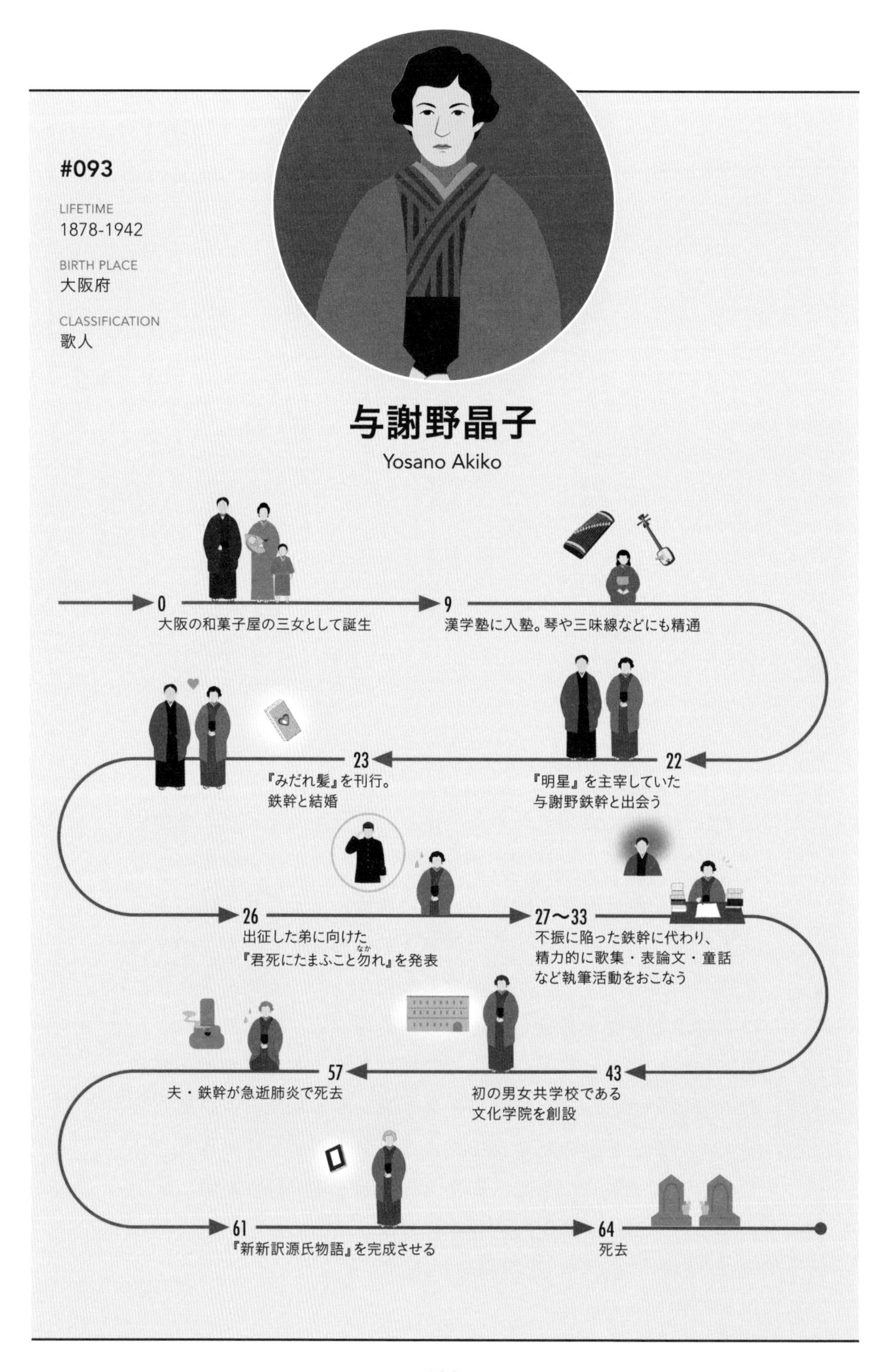

#093
LIFETIME
1878-1942
BIRTH PLACE
大阪府
CLASSIFICATION
歌人
与謝野晶子
Yosano Akiko
0
大阪の和菓子屋の三女として誕生
9
漢学塾に入塾。琴や三味線などにも精通
22
『明星』を主宰していた
与謝野鉄幹と出会う
23
『みだれ髪』を刊行。
鉄幹と結婚
26
出征した弟に向けた
『君死にたまふこと勿れ』を発表
27〜33
不振に陥った鉄幹に代わり、
精力的に歌集・表論文・童話
など執筆活動をおこなう
43
初の男女共学校である
文化学院を創設
57
夫・鉄幹が急逝肺炎で死去
61
『新新訳源氏物語』を完成させる
64
死去

#093
Yosano Akiko

「私は青春の日の愛に目覚めたのです」

実家は大阪で老舗和菓子屋を営む。父の収集していた古典蔵書で古典に親しみ、琴、三味線にも精通していた。「柵草紙」や「めざまし草」など文芸誌を読み、関西青年文学会に参加。店番をしながら詩や短歌を投稿するようになったのをきっかけに、文学誌『明星』主宰の与謝野鉄幹と出会う。彼を慕って上京後、当時、妻帯者だった鉄幹との関係を大胆に歌った処女歌集『みだれ髪』を出版。情熱的かつ官能的な歌風に賛否両論が巻き起こる。のちに2人は結婚し、12子を産み育てあげる。鉄幹と共にヨーロッパを訪問した際には話題を集めた。晩年、古典研究にも力を注ぎ、3回の『源氏物語』の現代語訳がある。1回目はすでに出版。2回目は関東大震災で原稿がすべて灰となってしまった。3回目は17年かけて完成させ出版した。

#094

LIFETIME
1884-1948

BIRTH PLACE
東京都

CLASSIFICATION
陸軍軍人、政治家

東条英機
Toujou Hideki

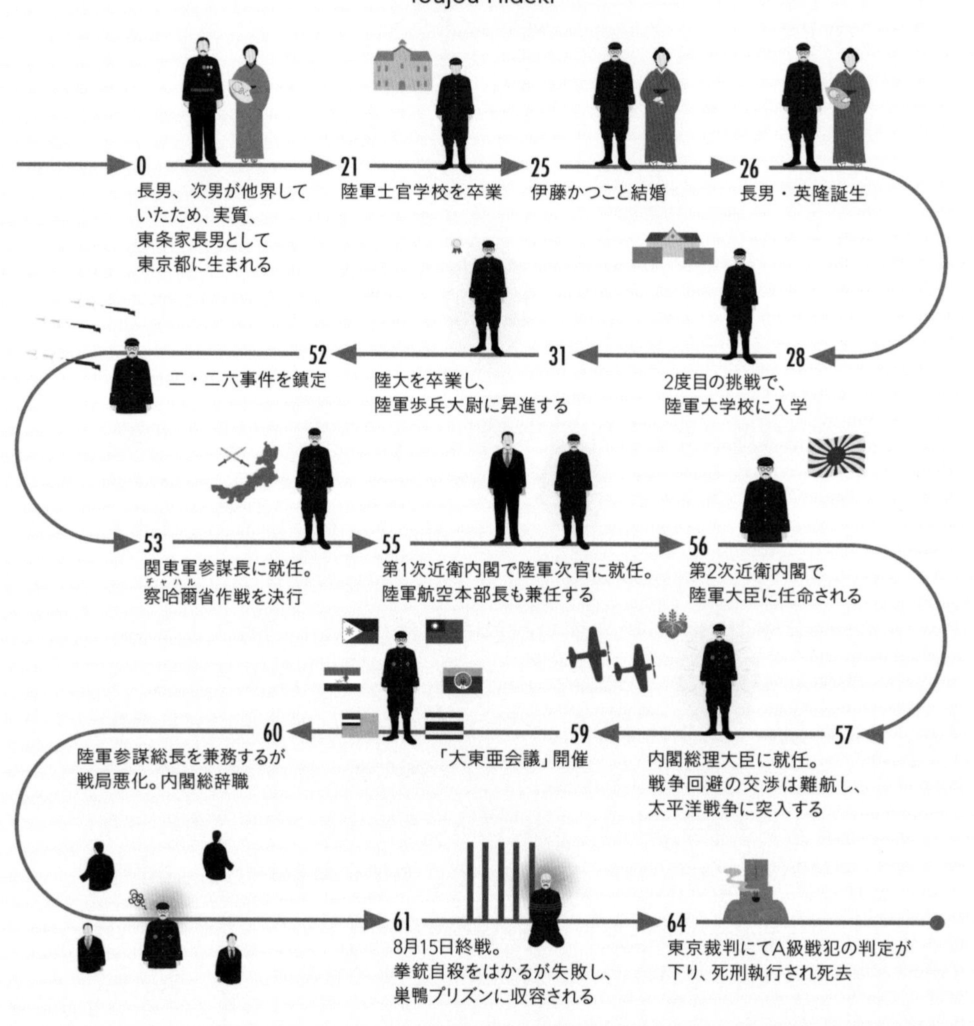

#094
Toujou Hideki

「さらばなり
苔の下にて われ待たん
大和島根に 花薫るとき」

（日本に再び花が咲くよう黄泉の国から願っている）

陸軍中将であった父・東条英教（ひでのり）と母・千歳の間に三男として誕生（兄2人は夭折（ようせつ））。父と同じ道に進み、陸軍大学校を卒業後、スイス・ドイツに駐在。皇道派による二・二六事件において統制派として活躍し、事件の鎮圧に貢献。このことが高く評価され、満州国において関東軍参謀長に任命される。盧溝橋事件が起こると、内モンゴルでの作戦遂行にあたった。政治家としては、第2、第3次近衛文麿内閣の陸相を歴任。参謀総長と陸相を兼任したまま、1941年に首相に就任すると、対米交渉の難航から、太平洋戦争へ突入する。しかし戦況の不利に従い、内閣総辞職に至る。第2次世界大戦後、極東国際軍事裁判（東京裁判）においてA級戦犯として裁きを受け、処刑された。「A級」とは「平和に対する罪」という意味である。

#095

LIFETIME
1886-1912

BIRTH PLACE
岩手県

CLASSIFICATION
歌人、詩人

石川啄木

Ishikawa Takuboku

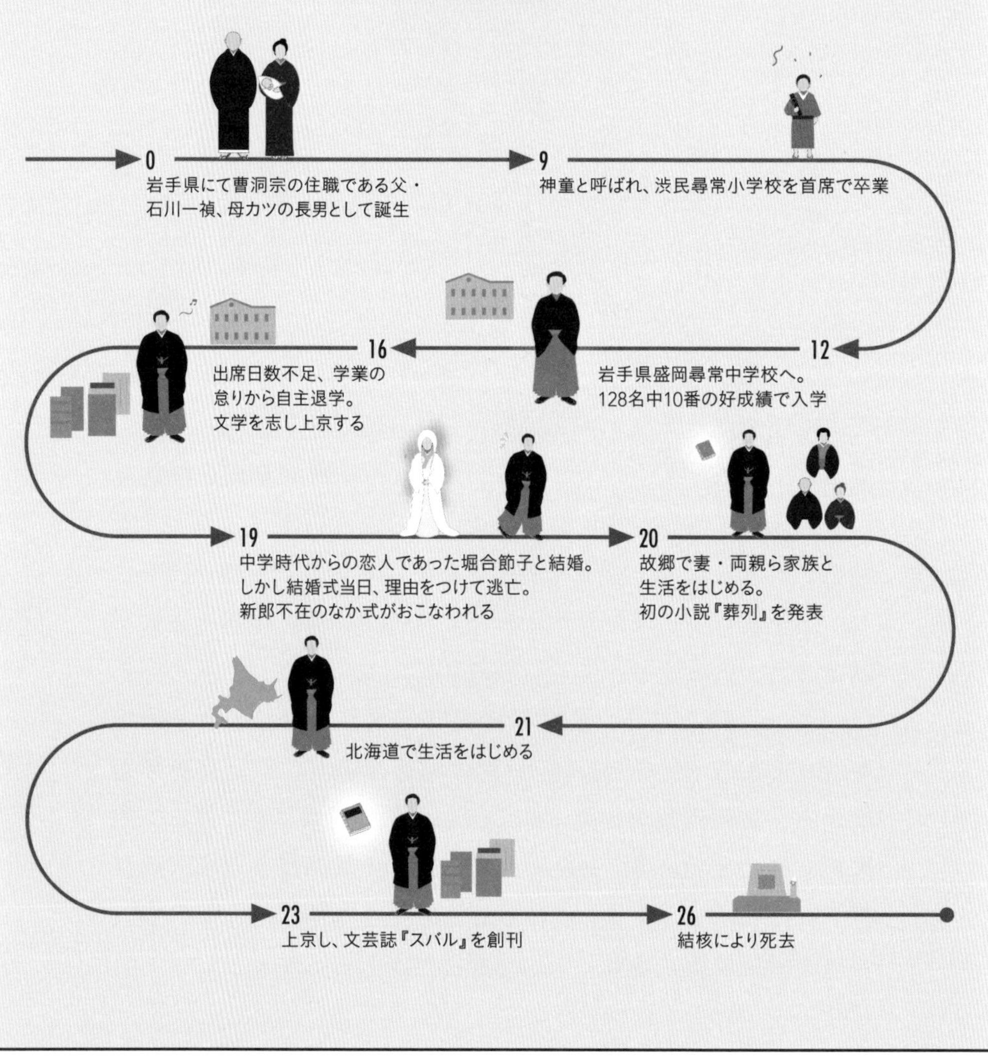

#095
Ishikawa Takuboku

「はたらけど
はたらけど猶(なお)
わが生活(くらし)楽にならざり
ぢっと手を見る」

岩手県で生まれ、盛岡尋常中学校の先輩であった金田一京介(のちの言語学者)の影響で、文芸雑誌『明星』と出合う。やがて文学に傾倒していき自主退学をすると上京。与謝野鉄幹・晶子の知遇を得て作歌は続けるものの、希望であった出版社への就職はかなわず故郷へ帰ることとなる。この頃から「啄木」と名乗りはじめ(本名は一(はじめ))、20歳で処女詩集『あこがれ』を出版。望郷と漂泊の天才詩人として注目を集める。生活のために故郷の小学校の代用教員や、北海道で地方新聞の記者など職を転々とすると、再び上京。東京朝日新聞社の校正係の職につきながら、代表作である『一握(いちあく)の砂』を発表。常に病苦と貧困のなかにあり、肺結核により26歳の若さでその生涯を閉じる。第2歌集『悲しき玩具』は友人らの尽力で死後出版された。

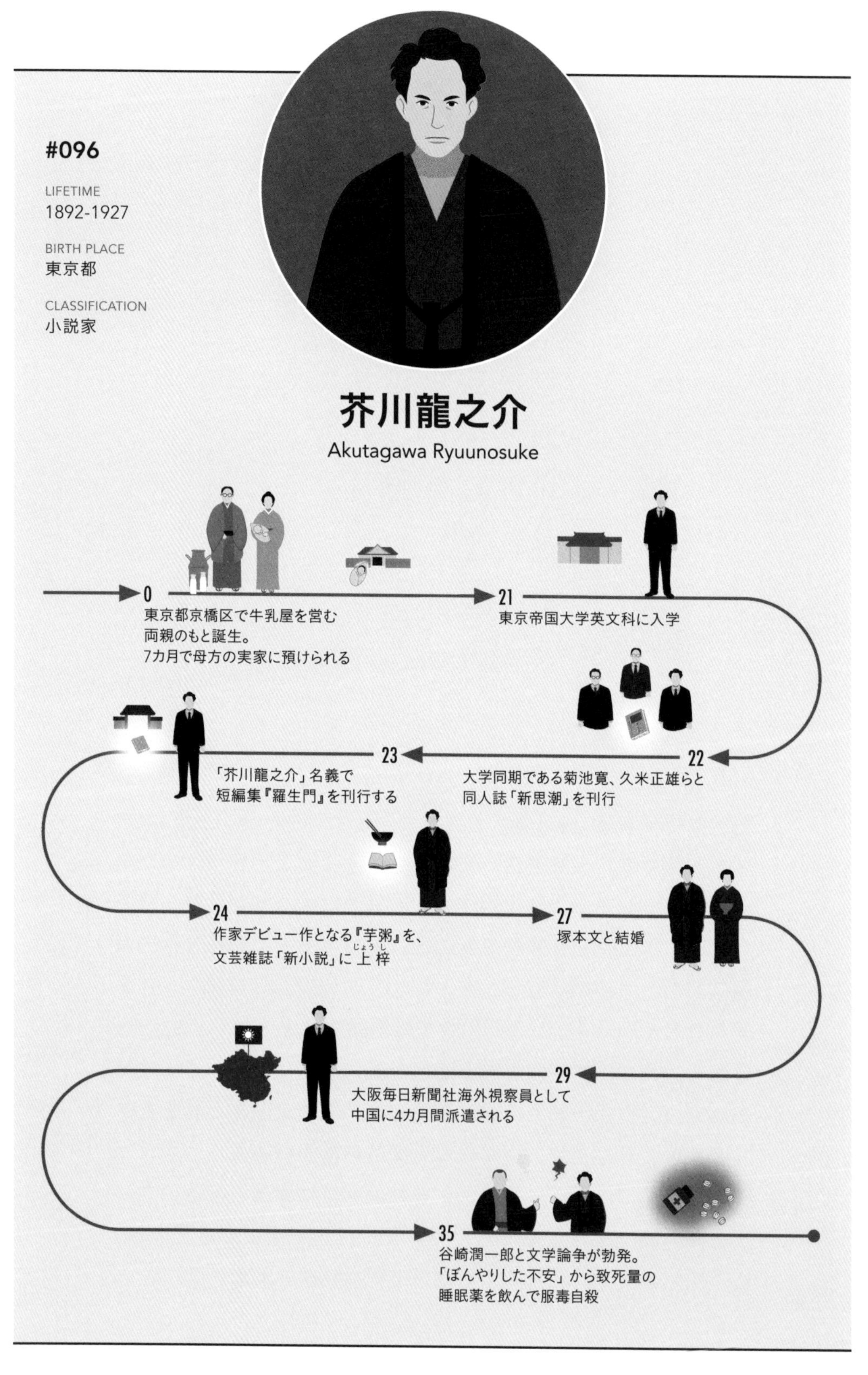

#096
LIFETIME
1892-1927
BIRTH PLACE
東京都
CLASSIFICATION
小説家
芥川龍之介
Akutagawa Ryuunosuke
0
東京都京橋区で牛乳屋を営む
両親のもと誕生。
7カ月で母方の実家に預けられる
21
東京帝国大学英文科に入学
22
大学同期である菊池寛、久米正雄らと
同人誌「新思潮」を刊行
23
「芥川龍之介」名義で
短編集『羅生門』を刊行する
24
作家デビュー作となる『芋粥』を、
文芸雑誌「新小説」に上梓
27
塚本文と結婚
29
大阪毎日新聞社海外視察員として
中国に4カ月間派遣される
35
谷崎潤一郎と文学論争が勃発。
「ぼんやりした不安」から致死量の
睡眠薬を飲んで服毒自殺

#096
Akutagawa Ryuunosuke

「阿呆はいつも彼以外のものを阿呆であると信じている」

東京帝国大学英文科卒。在学中より創作をはじめ、22歳で雑誌「新思潮」を創刊。その創刊号（第4次）に掲載した『鼻』を夏目漱石に認められ、文壇デビューを飾る。今昔物語から『羅生門』『鼻』『芋粥（いもがゆ）』、宇治拾遺（しゅうい）物語から『地獄変』、中国の説話から『杜子春』など、様々な時代の歴史的文献に題材をとり、意欲的に短編小説を発表。大正文壇の代表的作家としての地位を確立していく。私生活では恋多き男といわれるが、結婚し3人の子をもうける。しかし、創作活動も順調と思われた裏で少しずつずれていった歯車は、芥川の心身をむしばみはじめる。人間社会を痛烈に批判した『河童』、私小説といわれる『歯車』など、作風も変化していき、『続西方の人』を書き上げた後、自らの手でその35年の生涯を閉じた。命日である7月24日は河童忌と呼ばれる。

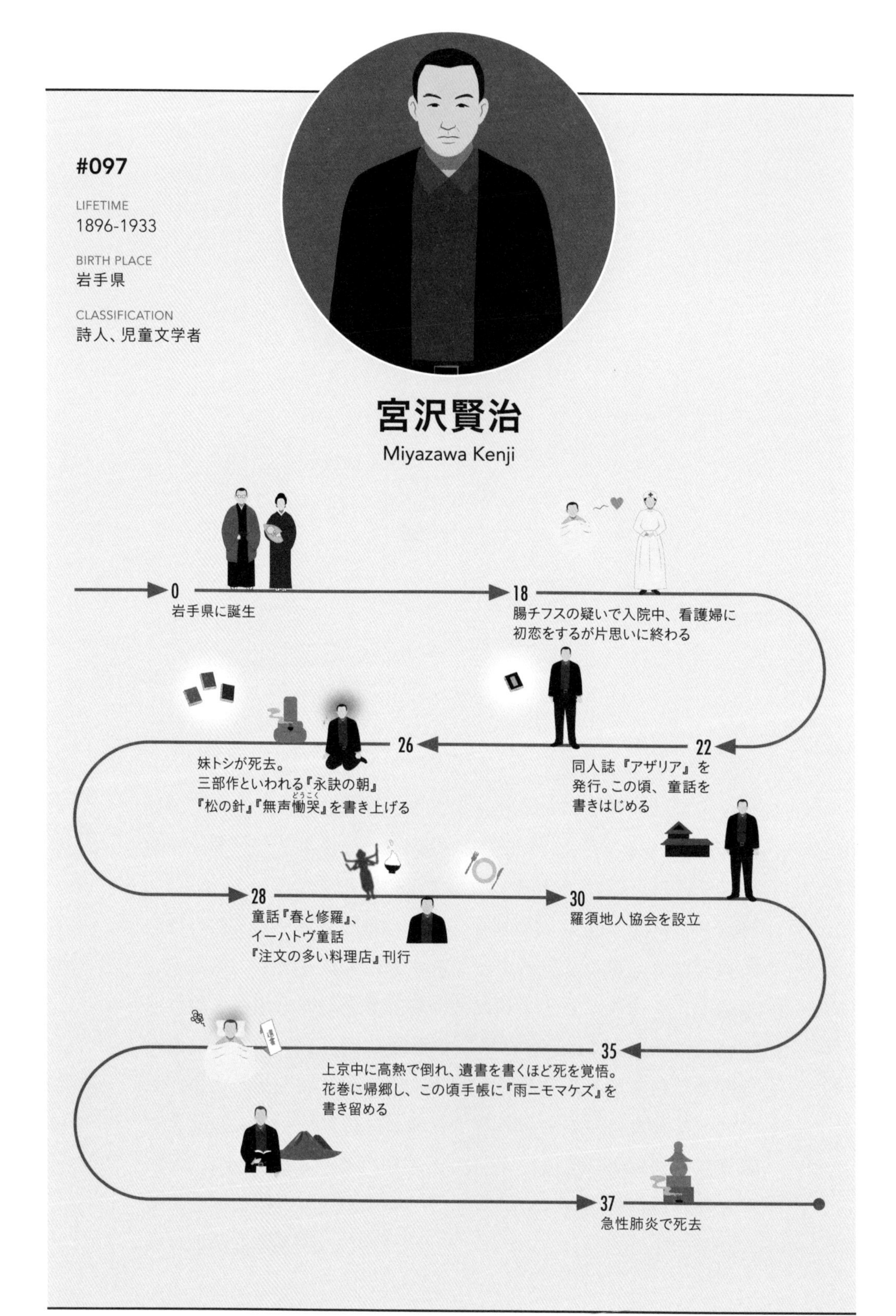
#097
LIFETIME
1896-1933
BIRTH PLACE
岩手県
CLASSIFICATION
詩人、児童文学者
宮沢賢治
Miyazawa Kenji
0
岩手県に誕生
18
腸チフスの疑いで入院中、看護婦に初恋をするが片思いに終わる
22
同人誌『アザリア』を発行。この頃、童話を書きはじめる
26
妹トシが死去。三部作といわれる『永訣の朝』『松の針』『無声慟哭』を書き上げる
28
童話『春と修羅』、イーハトヴ童話『注文の多い料理店』刊行
30
羅須地人協会を設立
35
上京中に高熱で倒れ、遺書を書くほど死を覚悟。花巻に帰郷し、この頃手帳に『雨ニモマケズ』を書き留める
遺書
37
急性肺炎で死去

#097
Miyazawa Kenji

「かなしみはちからに
欲(ほ)りはいつくしみに
いかりは智慧に
みちびかるべし」

詩人、作家のほかに、教師、宗教家、農芸科学者といった多彩な顔を持つ。地元の農学校で教師を務めた際、不況や凶作による農民の厳しい現状を知り、辞職し羅須地人(らすちじん)協会を設立。農業の技術指導はもちろん、楽器演奏やレコード演奏などを開催し、農民の生活向上を目指した活動をはじめる。しかし思ったほどは受け入れられず、過労などが原因で肺結核が悪化。志半ばでの療養生活となってしまう。宗教と科学精神に基づく独特な世界観と想像力のある作風は、幻想文学として高く評価され、現代文学に影響を与えた。しかし、生前に出版したのは詩集『春と修羅』、童話集『注文の多い料理店』の2冊のみ。没後、詩人の草野心平、高村光太郎らの尽力により広く世間に知られることとなる。

#098

LIFETIME
1901-1975

BIRTH PLACE
山口県

CLASSIFICATION
政治家

佐藤栄作

Satou Eisaku

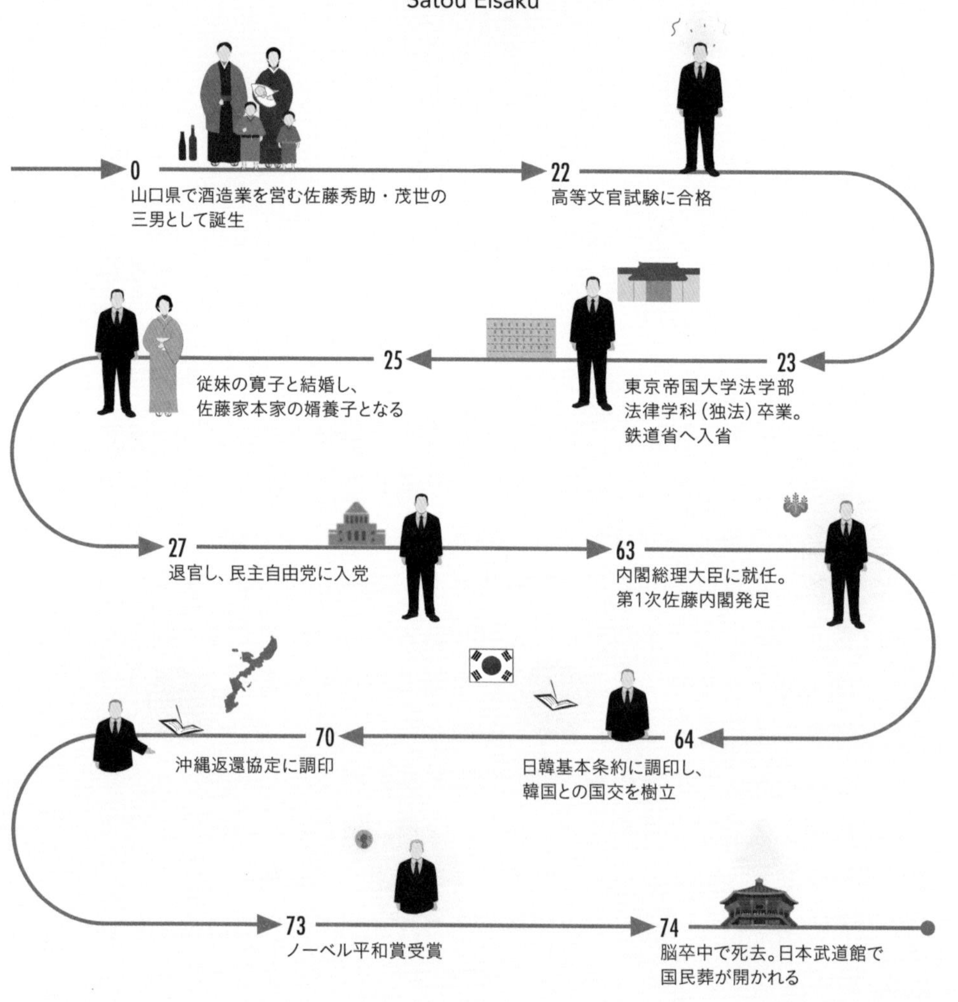

#098
Satou Eisaku

「沖縄の祖国復帰が実現しない限りわが国の戦後は終わらない」

第56・57代内閣総理大臣・岸信介(のぶすけ)の実弟にあたる。吉田茂に重んじられ、自民党および政府の要職を歴任したのち、第61代内閣総理大臣に就任。7年半以上におよぶ長期政権となり、日本経済の高度成長に支えられ、その終焉(しゅうえん)とともに幕を閉じた。第1次内閣では、戦後20年間、空白状態だった日韓国交正常化を実現。日韓基本条約と、4協定「日韓漁業協定」「日韓請求権ならびに経済協力協定」「在日韓国人の法定地位協定」「文化財及び文化協力に関する協定」に調印。非核三原則をかかげ、第2次内閣では小笠原諸島の返還を実現。第3次内閣では、ニクソン大統領との日米首脳会談において沖縄返還で合意し、沖縄返還協定を調印。翌年沖縄の祖国復帰を実現させた。2020年現在、ノーベル平和賞を受賞した唯一の日本人である。

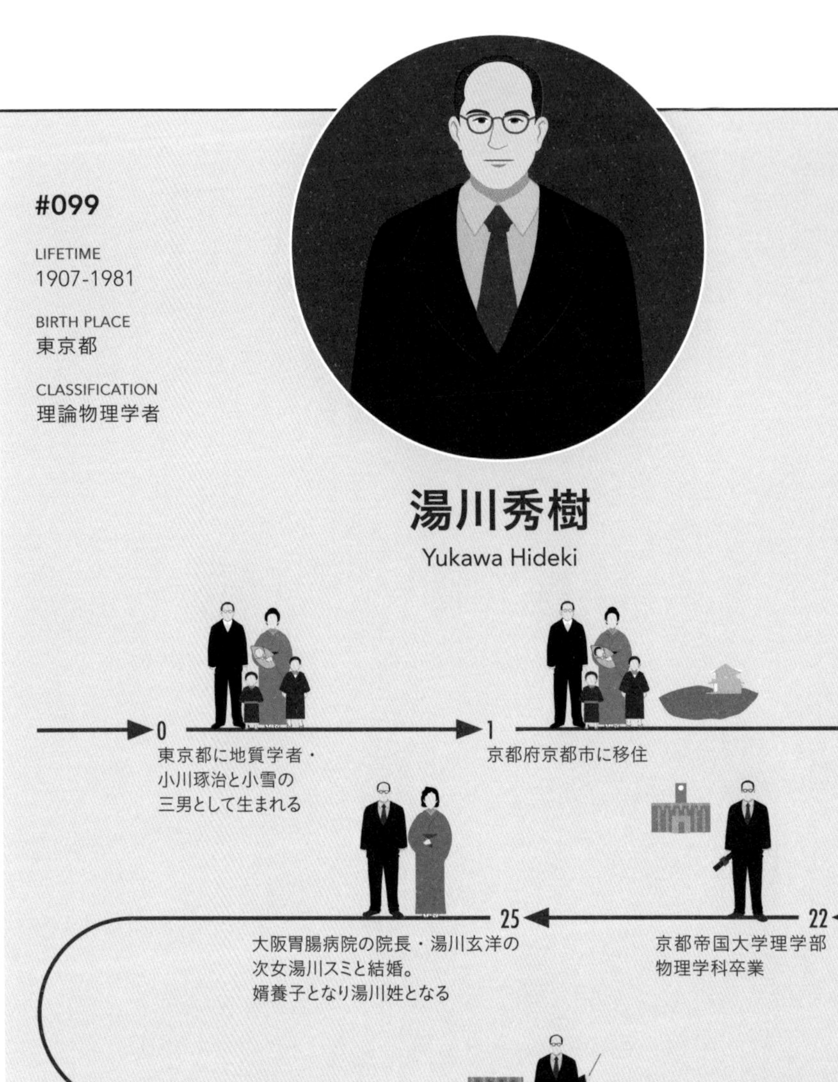

#099

LIFETIME
1907-1981

BIRTH PLACE
東京都

CLASSIFICATION
理論物理学者

湯川秀樹

Yukawa Hideki

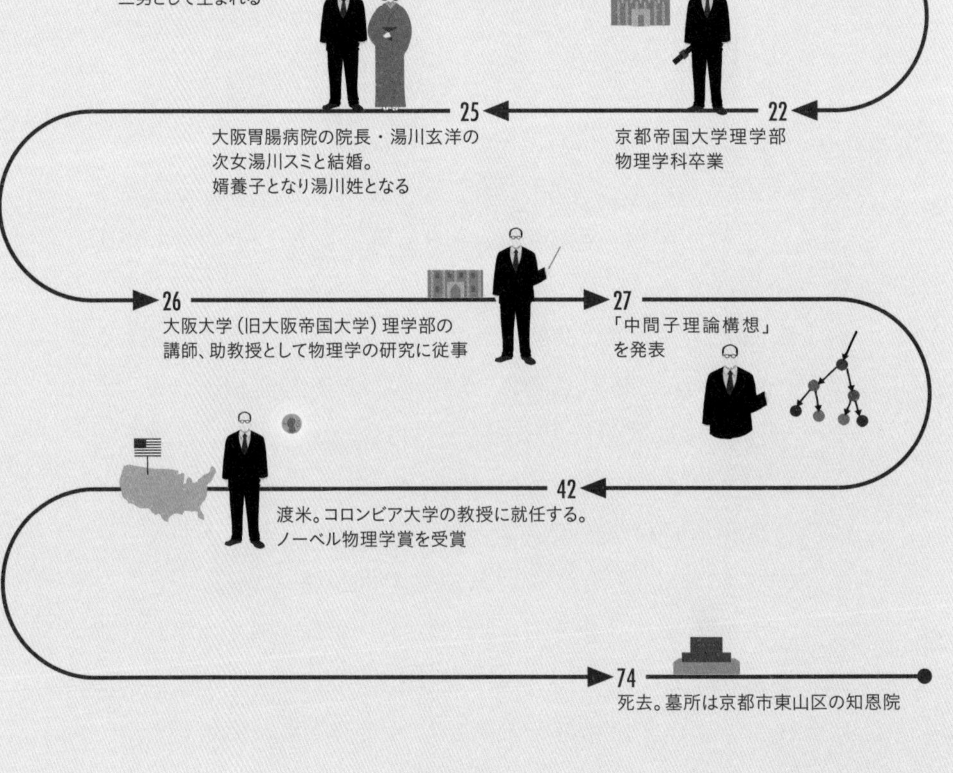

#099
Yukawa Hideki

「一日生きることは一歩進むことでありたい」

27歳で「性質が違う陽子と中性子が崩壊せずに原子核を構成しているのは、間に中間子という物質がある」といったことを理論的に予測した「中間子理論構想」を発表する。論文発表から13年後、英国の学者セシル・パウエルが中間子を発見。翌々年、日本人としてはじめてノーベル賞（物理学賞）を受賞。このニュースは、敗戦で自信を失っていた日本人の心に大きな希望と力を与える。アメリカにおけるアインシュタインとの出会いが、研究一筋だった科学者としての姿勢を大きく変えることとなる。「何の罪もない日本人を、殺すことになって申し訳ない」と湯川の手を握り、大粒の涙を流すアインシュタインの様子に、大きな衝撃と感銘を受け、これ以降は核兵器全廃と反戦を訴える平和運動にも取り組むようになった。

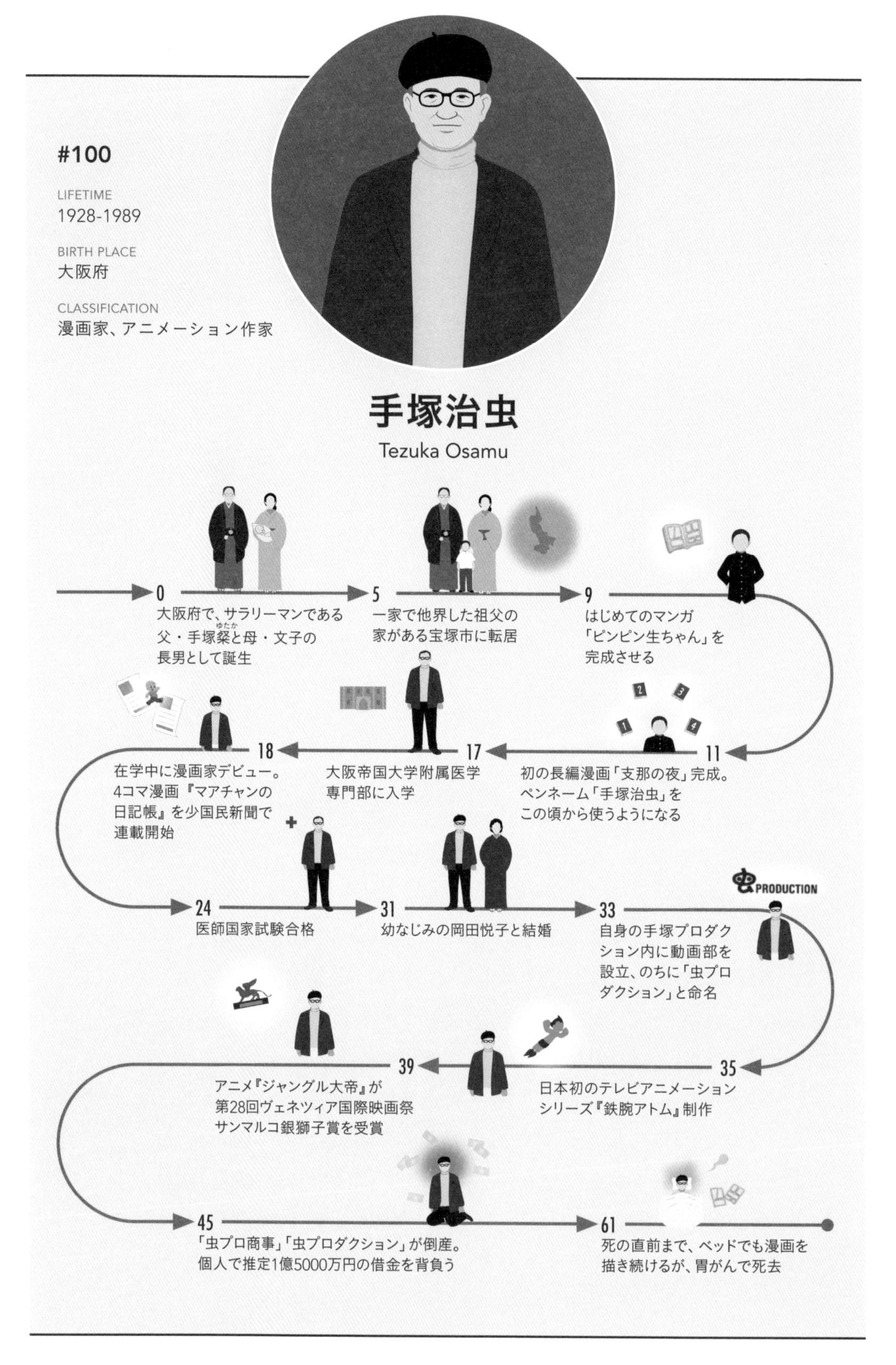
#100
LIFETIME
1928-1989
BIRTH PLACE
大阪府
CLASSIFICATION
漫画家、アニメーション作家
手塚治虫
Tezuka Osamu
0
大阪府で、サラリーマンである父・手塚粲(ゆたか)と母・文子の長男として誕生
5
一家で他界した祖父の家がある宝塚市に転居
9
はじめてのマンガ「ピンピン生ちゃん」を完成させる
11
初の長編漫画「支那の夜」完成。ペンネーム「手塚治虫」をこの頃から使うようになる
17
大阪帝国大学附属医学専門部に入学
18
在学中に漫画家デビュー。4コマ漫画『マアチャンの日記帳』を少国民新聞で連載開始
24
医師国家試験合格
31
幼なじみの岡田悦子と結婚
33
自身の手塚プロダクション内に動画部を設立、のちに「虫プロダクション」と命名
PRODUCTION
35
日本初のテレビアニメーションシリーズ『鉄腕アトム』制作
39
アニメ『ジャングル大帝』が第28回ヴェネツィア国際映画祭サンマルコ銀獅子賞を受賞
45
「虫プロ商事」「虫プロダクション」が倒産。個人で推定1億5000万円の借金を背負う
61
死の直前まで、ベッドでも漫画を描き続けるが、胃がんで死去

#100
Tezuka Osamu

「人を信じよ しかしその百倍も 自らを信じよ」

ストーリー漫画の先駆者であり、漫画界をリードし続け「漫画の神様」といわれる。幼少の頃から昆虫好きで、手描きの挿絵で「原色甲虫図譜」を制作するほど。本名は「治」だが、この虫好きなことからペンネームは「治虫」となった。自身の戦争経験から生命の尊さを感じ、医学部に入学し医学博士号を持つ。だが進路を選ぶ際に「本当の自分の進みたい道」を最終的に考え、漫画家の道に絞る。自身が設立したアニメスタジオ「虫プロダクション」で日本初のアニメである『鉄腕アトム』や、日本初のカラーテレビ・アニメ『ジャングル大帝』を制作。生涯において約15万枚の漫画原稿を描いたとされ、『ブラック・ジャック』『三つ目がとおる』『火の鳥』など数々の名作を生み出し、日本のみならず世界中の子供たちの夢を育み続けた。

Column 4

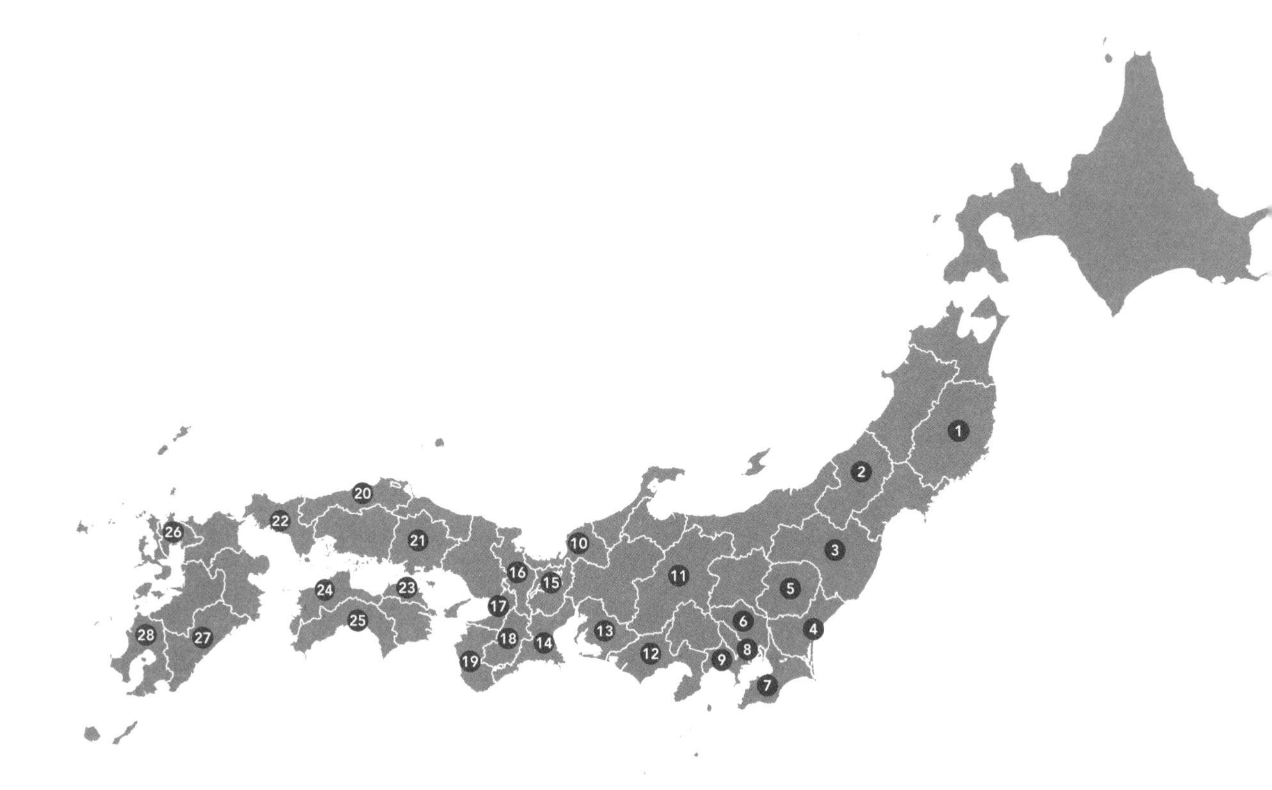

❶ 岩手県
原敬
新渡戸稲造
石川啄木
宮沢賢治

❷ 山形県
伊達政宗

❸ 福島県
野口英世

❹ 茨城県
間宮林蔵

❺ 栃木県
田中正造

❻ 埼玉県
渋沢栄一

❼ 千葉県
平将門
日蓮
伊能忠敬

❽ 東京都
徳川家光
徳川綱吉
新井白石
田沼意次
杉田玄白
上杉鷹山
松平定信
葛飾北斎
水野忠邦
歌川広重
勝海舟
土方歳三
榎本武揚
徳川慶喜
高橋是清
津田梅子

出身都道府県分布図

夏目漱石
樋口一葉
東条英機
芥川龍之介
湯川秀樹

⑨ 神奈川県
北条泰時
北条時宗
足利尊氏

⑩ 福井県
近松門左衛門

⑪ 長野県
小林一茶

⑫ 静岡県
北条政子

⑬ 愛知県
源頼朝
織田信長
豊臣秀吉
徳川家康

⑭ 三重県
松尾芭蕉
本居宣長

⑮ 滋賀県
最澄
石田三成
井伊直弼

⑯ 京都府
菅原道真
紀貫之
藤原道長
清少納言
紫式部
平清盛
藤原定家
親鸞
後鳥羽上皇
道元
吉田兼好
後醍醐天皇
足利義満
一休宗純
足利義政
岩倉具視

⑰ 大阪府
行基
楠木正成
千利休
井原西鶴
大塩平八郎
福沢諭吉
与謝野晶子
手塚治虫

⑱ 奈良県
厩戸王(聖徳太子)
天智天皇(中大兄皇子)
天武天皇
聖武天皇
桓武天皇
運慶

⑲ 和歌山県
徳川吉宗

⑳ 島根県
森鷗外

㉑ 岡山県
北条早雲
犬養毅

㉒ 山口県
吉田松陰
桂小五郎(木戸孝允)
山県有朋
高杉晋作
伊藤博文
佐藤栄作

㉓ 香川県
空海

㉔ 愛媛県
正岡子規

㉕ 高知県
岩崎弥太郎
坂本龍馬
板垣退助

㉖ 佐賀県
大隈重信
辰野金吾

㉗ 宮崎県
小村寿太郎

㉘ 鹿児島県
西郷隆盛
大久保利通
天璋院(篤姫)
東郷平八郎

索引 五十音順

あ

芥川龍之介 204
足利尊氏 068
足利義政 076
足利義満 070
新井白石 100
井伊直弼 130
石川啄木 202
石田三成 086
板垣退助 156
一休宗純 072
伊藤博文 168
犬養毅 178
伊能忠敬 110
井原西鶴 092
岩倉具視 134
岩崎弥太郎 144
上杉鷹山 114
歌川広重 128
厩戸王(聖徳太子) 010
運慶 042
榎本武揚 152
大久保利通 140
大隈重信 160
大塩平八郎 124
織田信長 080

か

勝海舟 132
葛飾北斎 118
桂小五郎(木戸孝允) 142
桓武天皇 020
紀貫之 028
行基 016
空海 024
楠木正成 066
後醍醐天皇 064
後鳥羽上皇 050
小林一茶 120
小村寿太郎 180

さ

西郷隆盛 136
最澄 022
坂本龍馬 148
佐藤栄作 208
渋沢栄一 166
聖武天皇 018
親鸞 048
菅原道真 026
杉田玄白 108
清少納言 034
千利休 078

た

平清盛 038
平将門 030
高杉晋作 164
高橋是清 176
辰野金吾 174

伊達政宗 088
田中正造 170
田沼意次 104
近松門左衛門 098
津田梅子 188
手塚治虫 212
天璋院(篤姫) 154
天智天皇(中大兄皇子) 012
天武天皇 014
道元 054
東郷平八郎 172
東条英機 200
徳川家光 090
徳川家康 084
徳川綱吉 096
徳川慶喜 158
徳川吉宗 102
豊臣秀吉 082

な

夏目漱石 190
日蓮 056
新渡戸稲造 186
野口英世 196

は

原敬 182
樋口一葉 194
土方歳三 150
福沢諭吉 146
藤原定家 046
藤原道長 032
北条早雲 074
北条時宗 058
北条政子 044
北条泰時 052

ま

正岡子規 192
松尾芭蕉 094
松平定信 116
間宮林蔵 122
水野忠邦 126
源頼朝 040
宮沢賢治 206
紫式部 036
本居宣長 106
森鷗外 184

や

山県有朋 162
湯川秀樹 210
与謝野晶子 198
吉田兼好 062
吉田松陰 138

索引 分類別

政治

厩戸王(聖徳太子) 010
天智天皇(中大兄皇子) 012
天武天皇 014
聖武天皇 018
桓武天皇 020
菅原道真 026
藤原道長 032
平清盛 038
源頼朝 040
北条政子 044
北条泰時 052
北条時宗 058
後醍醐天皇 064
足利尊氏 068
足利義満 070
足利義政 076
徳川家康 084
徳川家光 090
徳川綱吉 096
新井白石 100
徳川吉宗 102
田沼意次 104
上杉鷹山 114
松平定信 116
水野忠邦 126
井伊直弼 130
勝海舟 132
岩倉具視 134
西郷隆盛 136
吉田松陰 138
大久保利通 140
桂小五郎(木戸孝允) 142
坂本龍馬 148
榎本武揚 152
天璋院(篤姫) 154
板垣退助 156
徳川慶喜 158
大隈重信 160
山県有朋 162
伊藤博文 168
田中正造 170
高橋是清 176
犬養毅 178
小村寿太郎 180
原敬 182
東条英機 200
佐藤栄作 208

武士・軍人

楠木正成 066
北条早雲 074
織田信長 080
豊臣秀吉 082
石田三成 086
伊達政宗 088
土方歳三 150
高杉晋作 164
東郷平八郎 172

宗教

行基 016
最澄 022
空海 024

親鸞 048
道元 054
日蓮 056
一休宗純 072

文化・芸術

紀貫之 028
清少納言 034
紫式部 036
運慶 042
藤原定家 046
吉田兼好 062
千利休 078
井原西鶴 092
松尾芭蕉 094
近松門左衛門 098
本居宣長 106
葛飾北斎 118
小林一茶 120
歌川広重 128
福沢諭吉 146
辰野金吾 174
森鷗外 184
津田梅子 188
夏目漱石 190
正岡子規 192
樋口一葉 194
与謝野晶子 198
石川啄木 202
芥川龍之介 204
宮沢賢治 206
手塚治虫 212

経済・社会

岩崎弥太郎 144
渋沢栄一 166
新渡戸稲造 186

科学

杉田玄白 108
伊能忠敬 110
間宮林蔵 122
野口英世 196
湯川秀樹 210

反乱

平将門 030
後鳥羽上皇 050
大塩平八郎 124

おわりに

　いかがだったでしょうか。ぜひ、この本を読み終えた後は、興味をもった人物が活躍した地を訪れ、その人物の息吹を感じてほしいと思います。そして、よりその人物を、さらにはその背景にある日本の歴史を、身近に感じてほしいと思います。

　私は20年以上にわたって高等学校の現場で、また、開設したYouTubeチャンネルの動画授業の場で、歴史を知ることの興味深さ、奥深さを伝えようとしてきました。歴史に興味をもつカギのひとつが、「その時代に生きる人物の人間性を知ること」と思っています。実際の授業の場でも、登場人物の人間性にせまった話をしたときには生徒の目が輝きますし、私のチャンネルが登録者10万人、再生回数2200万回を数える動画シリーズになったのも、要所要所で、登場人物の豊かな人間性をお伝えすることができたからだと思います。本書で紹介した人物のほかにも、まだまだ歴史の教科書には本書以外のたくさんの魅力的な偉人にあふれています。ぜひ、それらの偉人の人生にも触れてほしいと思います。

　また、偉人たちも自分の力だけで偉人になったのではありません。その人物を支えた人々、時代背景を作った名もない民衆の一人一人も大切な要素です。そうした背景も知っていただくと、歴史の魅力が何倍にも感じられると思います。

山﨑圭一

<参考文献>
『詳説日本史B 改訂版』(山川出版社)
『日本史用語集 改訂版』(山川出版社)
『詳説日本史研究』(山川出版社)
『日本人名大辞典』(講談社)
『偉人の命日366名言集』(コミュニティ・ブックス)
『声に出して読みたい志士の言葉』(草思社)
『知っておきたい日本の名言・格言事典』(吉川弘文館)
『日本史を動かした名言　その名場面を読み解く』(青春出版社)
『人生を創る言葉』(致知出版社)
『成語大辞苑 故事ことわざ名言名句』(主婦と生活社)
『聖徳太子集』(岩波書店)
『玉葉』(明治書院)
『昭和定本日蓮聖人遺文』(総本山身延久遠寺)
『一休仮名法語集』(春秋社)
『折たく柴の記』(岩波書店)
『西郷南洲遺訓　附 手抄言志録及遺文』(岩波書店)
『夏目漱石全集』(筑摩書房)
『続日本紀』(岩波書店)
『平家物語』(岩波書店)
『現代語訳吾妻鏡』(吉川弘文館)
『宇下人言・修行録』(岩波書店)
『日本思想大系 46 佐藤一斎・大塩中斎』(岩波書店)
『講孟余話』(岩波書店)
『自由党史』(岩波書店)
『山県有朋意見書』(原書房)
『田中正造全集 第13巻 日記』(岩波書店)
『東郷平八郎』(筑摩書房)
『原敬全集』(原書房)
『徳川慶喜公伝4』(平凡社)
『昭和の宰相 第1巻 犬養毅と青年将校』(講談社)
『正岡子規 言葉と生きる』(岩波書店)
『野口英世』(岩波書店)
『史料 公用方秘録』(サンライズ出版)
『日本の偉人物語3 伊能忠敬 西郷隆盛 小村壽太郎』(光明思想社)
『手塚治虫 未来へのことば』(こう書房)

イラスト　とみたかえり（SUPER MIX）

ブックデザイン　池上幸一
DTP　ユニオンワークス

ディレクション　成澤景子（SUPER MIX）
構成　かわいゆうこ（SUPER MIX）
編集　九内俊彦、形部雅彦

山﨑圭一（やまさき・けいいち）

福岡県立高校講師。1975年、福岡県太宰府市生まれ。早稲田大学教育学部卒業後、埼玉県立高校教諭、福岡県立高校教諭をへて現職。昔の教え子から「もう一度、先生の授業を受けたい！」という要望を受け、YouTubeで授業の動画配信を開始。「神授業」として話題となり、累計再生回数約2200万回、登録者数約10万人の人気チャンネルに（2021年3月現在）。著書に『公立高校教師YouTuberが書いた 一度読んだら絶対に忘れない世界史の教科書』『公立高校教師YouTuberが書いた 一度読んだら絶対に忘れない日本史の教科書』（ともにSBクリエイティブ）などがある。

教養としての日本史
偉人たちの人生図鑑

2021年4月22日　第1刷発行

監　修　　山﨑圭一
発行人　　蓮見清一

発行所　　株式会社宝島社
〒102-8388
東京都千代田区一番町25番地
電話（営業）03-3234-4621
（編集）03-3239-0926
https://tkj.jp

印刷・製本　日経印刷株式会社

Printed in Japan
ISBN 978-4-299-01472-6